Moderne, Postmoderne, und nun Barock?

Stefan Grundmann

Moderne, Postmoderne, und nun Barock?

Entwicklungslinien der Architektur des 20. Jahrhunderts

Edition Axel Menges

ISBN 3-930698-63-3

Lektorat: Dorothea A. Duwe
Gestaltung: Axel Menges

Printed in Korea.

Inhalt

1. Einleitung

Wir leben in einer Zeit der Inflation der Stilbezüge.

Ist es da richtig, einen weiteren Stilbegriff einzuführen? Muß es gerade ein so belasteter sein wie der des »Barock«? Und ist er nicht schon längst in dem großen Sammelbecken der Postmoderne enthalten? »Dieses Buch ist ein Versuch in Architekturkritik« – so eröffnete Robert Venturi in *Complexity and Contradiction in Architecture* (1966) vor einer Generation die Diskussion um die Postmoderne. Und dieser Anfang war charakteristisch. Zentral für die Postmoderne war vom Zeitpunkt ihrer Entstehung an die Kritik an der vorangegangenen Moderne eines Le Corbusier, Mies van der Rohe, teils auch eines Frank Lloyd Wright. Bald stimmten auch die Architekturhistoriker in die Kritik des Architekten ein, so vor allem Charles Jencks im angloamerikanischen Sprachraum und Heinrich Klotz im deutschen; auch hier blieb der Ansatz der Postmoderne der einer Kritik mit im wesentlichen drei Kritikpunkten an der Moderne: dem der inhaltlichen Leere ihrer Architektur, ihres fehlenden Umweltbezugs und ihres gegenüber dem Dekor überbewerteten Funktionalismus. So ist, selbst wenn man Pamphlete wie das von Tom Wolfe oder auch die frühen Werke von Jencks nicht als Maßstab heranzieht, das Bild von den Bauten der noch immer bekanntesten Architekten unseres Jahrhunderts – neben den genannten etwa auch das eines Walter Gropius oder Alvar Aalto – stark überschattet.

Prägend für die Geschichtsschreibung der letzten Jahrzehnte zur Architektur unseres Jahrhunderts sind **ahistorisches** Vorgehen und ein Zug zum Fragmentarischen. Für den Bau eines Fischer von Erlach oder Balthasar Neumann ist es geradezu selbstverständlich, die Hagia Sophia, das Trajansforum, zumindest jedoch Michelangelos St. Peter in ihrer historischen Bedeutung heranzuziehen und auf vergleichbare Prinzipien auszuleuchten – und dies nicht nur im Hinblick auf übernommene Einzelformen, sondern auf Grundprinzipien. Demgegenüber scheint für die Architektur unseres Jahrhunderts eine entsprechende Suche nach vergleichbaren Prinzipien in älteren Epochen inadäquat. Man blickt auf solche Epochen nur, um einzelne Zitate zu finden. Wie tief ist der heute als so zentral propagierte Historienbezug tatsächlich gefühlt, wenn er eine ahistorische Architekturkritik zuläßt? Soll man ältere Werke als toten Steinbruch verstehen oder als lebende Organismen mit ihnen innewohnenden Kräften und Prinzipien, die uns etwas angehen? Die Kritik beschränkt sich jedenfalls im wesentlichen auf die der Moderne, von welcher der kleine Mann noch gar nicht weiß, daß ihre Zeit bereits vorüber ist wie die schönen Tage von Aranjuez. Die Architekturgeschichtsschreibung zur jüngsten Vergangenheit blickt aber nicht nur zu wenig weit zurück, sondern zeigt auch einen ausgeprägten Hang zum **Impressionistischen**. Dies geht so weit, daß in der Architekturgeschichtsschreibung zu diesem Jahrhundert durchweg der einzig genuine Gebäudetypus der Moderne ausgespart bleibt: der Wolkenkratzer. Die Stimmigkeit des Ergebnisses im Gesamtbild muß zufällig bleiben, wenn allein stilistisch, nicht aber auch typologisch vorgegangen wird. Und der fragmentierende Charakter dieser Architekturgeschichtsschreibung zeigt sich auch daran, daß sie Bauwerke in ihrem Kontext, dem Stadtbild, praktisch nicht behandelt. Die Geschichtsschreibung der letzten Jahrzehnte zur Architektur unseres Jahrhunderts ist sehr breit angelegt in der Anzahl der behandelten Beispiele, umgekehrt aber verhältnismäßig wenig intensiv in der Erörterung der wenigen wirklich epochalen Werke. Selbst bei Le Corbusier und bei Mies van der Rohe sind es höchstens vier oder fünf. Eine Geschichte der Hochrenaissancearchitektur könnte man gar an Hand von zwei Bauwerken schreiben, dem St. Peter des Bramante und Michelangelo und einer der großen Kirchen Palladios, etwa S. Giorgio Maggiore. Unter den postmodernen Architekten und denen des Manierismus fällt die Auswahl schwerer, doch lassen sich auch hier für die Handvoll führender Architekten im Haus- und im Wolkenkratzerbau durchaus ein bis zwei Dutzend Werke herauskristallisieren.

»Ein neuer Geist ist geboren: Der Geist des Bauens und Verdichtens und wir gehen daran mit einem klaren Konzept in der Hand ...«, so eröffnete Le Corbusier 1923 seine Schrift *Vers une architecture* und mit ihr die Geschichte der Moderne in der Architektur. Der Geist war nicht der der Kritik, sondern der des Ausblicks. Le Corbusier schöpfte aus einem sicheren Fundus der großen Geschichte: Mit schlafwandlerischer Sicherheit wurden Parthenon und St. Peter als Leitgebäude gewählt; ungestört durch historische Grenzen war das Verhältnis zur Geschichte der Weltarchitektur. Doch auch die Gattungen stellten für Le Corbusier keine Schranken dar. Ihn bekümmerte es nicht, Autos neben das Parthenon zu stellen, Flugzeuge, Schiffe, aber auch Industrieanlagen und Brücken neben den Außenbau von St. Peter. »Ein neuer Geist ist geboren.« Dieser kann sich nicht an alte Grenzen halten. Und zweifelsohne hat Le Corbusier recht behalten, er meinte mit dem neuen Konzept und den neuen Ideen nicht weniger als den Stil, dem Alfred Barr neun Jahre später seinen Namen geben sollte: Der Direktor des Museum of Modern Art in New York nannte ihn für seine für die Vereinigten Staaten bahnbrechende Ausstellung von 1932 den »Internationalen Stil«. Der Begriff des Internationalen Stils soll fortan für diese Entwicklung beibehalten werden im Gegensatz zu dem der »modernen Architektur« im weiteren Sinne, welche sich von den Formen der Renaissance, des Barock, des Klassizismus und Historismus befreit hat.

Vers une architecture und *Complexity and Contradiction in Architecture*, diese zwei epochalen Architekturtraktate unseres Jahrhunderts zeugen von zwei gänzlich verschiedenen Geistern! Nicht von ungefähr war Le Corbusier als schaffender Architekt noch ungleich bedeutender denn als Kritiker, während bei Venturi solch eine Rangordnung nicht ohne weiteres zu etablieren ist. So soll denn auch das Folgende im Geist des Internationalen Stils vorgetragen werden. Wenige epochale Werke sollen im Vordergrund stehen, geradezu Ausschließlichkeit beanspruchen – »less is more« war die Devise des zweiten Hauptmeisters des Internationalen Stils, Mies van der Rohe. Diese Auswahl tut der Postmoderne zweifellos Unrecht. Denn deren Stärke liegt mehr als die des Internationalen Stils im durchgehend guten Geschmack, in der angenehmen Tonlage nahezu aller Werke. Doch beiden Stilen wohlabgewogen Gerechtigkeit widerfahren zu lassen, ist vielleicht ein zu hoher Anspruch. Es mag ausreichen, das Gegenbild zur Kritik der Postmoderne am Internationalen Stil zu zeichnen und so das Gesamtbild wieder ins Lot zu bringen. Das Unrecht wirkt insofern klein neben dem, das die Kritik der Postmoderne bisher dem Internationalen Stil zufügte, als sie eher zweitrangige Werke auswählte, wenig detailliert auf die ausgewählten Bauten einging und das Wesentliche in einer kaum überschaubaren Vielzahl untergehen ließ. Der Postmoderne liegt das Essayistische, fast Sprunghafte; dem Internationalen Stil aber die Auslotung der Tiefe.

Vorgegangen wird mit Blick auf ein historisches Modell. **Quintessenz** daraus ist: Der Internationale Stil gibt die Grundkräfte, die die Architektur auszudrücken vermag, außergewöhnlich eindringlich und stets im dezidiertesten Wechselspiel, dadurch auch in prononcierter Wirkungseinheit wieder; und er entwickelt diese formalen Werte zudem besonders intensiv aus dem Inhalt heraus und umgekehrt, so daß beide einander bedingen. Herkömmlich nennt man solches klassisch. Was darauf folgte, die ganze Bandbreite der Stile von der Spätmoderne über das High-Tech und den Dekonstruktivismus bis hin zur eng verstandenen Postmoderne, die Historienzitate liebt, alles ist Reaktion auf die im Internationalen Stil gefundene Einheit: Entweder wird ein Punkt – im Formalen oder Inhaltlichen – herausgenommen, überspitzt und so ins Gegenteil verkehrt; oder ein solcher Punkt wird bewußt negiert. Dieses Phänomen nannte man bisher in der Kunstgeschichte Manierismus. Was den Barock als die Epoche nach der Klassik der Hochrenaissance und dem Manierismus kennzeichnet, ist weniger geklärt; jedenfalls haben beide mit durchaus positiven Seiten in den Barock Eingang gefunden, und zweifellos steht dieser im Geist der Klassik der Hochrenaissance näher als dem Manierismus. Konstatiert man nicht Ähnliches im letzten knappen Jahrzehnt der Architekturentwicklung? Doch ist bei diesem Modell Vorsicht geboten. Der Internationale Stil ist nicht die griechische Klassik unter Perikles oder diejenige der Hochrenaissance, die Postmoderne ist nicht der Manierismus, und wir treten heute auch nicht ein in den Barock. Dennoch sind am Internationalen Stil deutliche Parallelen zur Hochrenaissance festzustellen, an der Postmoderne solche zum Manierismus und an der heutigen Entwicklung solche zum Barock. Als heuristisches Modell sagt uns das gesicherte Modell der Stilabfolge von der Hochrenaissance über den Manierismus zum Barock viel über Phänomene, deren Bewertung uns für die heutige Zeit, aus der Nähe betrachtet, schwerfällt. So muß nicht jedes Phänomen in der gleichen Weise damals wie heute einem bestimmten anderen folgen, also mit der Zwangsläufigkeit eines morphologischen Modells, d.h. so sicher wie die Abfolge von Kindheit, Jugend, Reife und Alter. Für die Grundlinien aber sind doch höchst aufschlußreiche Parallelen zu finden.

Um das Umfeld abzustecken, ist kurz in die Geschichte der Architektur des Maschinenzeitalters einzuführen, die vor ziemlich exakt einem Jahrhundert in Typologie und Stil gleichzeitig ihren Ausgang nahm: einerseits mit der Erfindung des Wolkenkratzers als des wichtigsten und nahezu einzigen für dieses Zeitalter spezifischen Gebäudetypus; andererseits mit der Abkehr vom Historismus, erstmals exemplifiziert im Hôtel Tassel von Victor Horta (Kap. 2). In der Geschichte der modernen Architektur stellt der Internationale Stil, der sich in den 20er Jahren entwickelte, die der griechischen Klassik oder Hochrenaissance entsprechende Stilstufe dar (Kap. 3). Der darauffolgenden Epoche, der Postmoderne, blieb nur eine Ablehnung dieser Klassik, wollte sie selbst innovativ bleiben. Der Anfang der Postmoderne ist die Kritik (Kap. 4). Die Postmoderne erklärt sich so als Stil der Reaktion, als Manierismus (Kap. 5). Letztlich zeigt sich dies auch in der Art, wie im Großen Stadtbilder gebaut werden (Kap. 6). Nach gut 25 Jahren Kritik der Postmoderne ist die Zeit gekommen, über die Bedeutung des Internationalen Stils erneut nachzudenken. Nicht wenige Architekten weisen hierzu den Weg (Kap. 7).

2. Die Vorgeschichte zum Internationalen Stil: Anfänge der Moderne

Herkömmliche Gebäudetypen

Die moderne Architektur setzte in Europa mit der Überwindung der historisierenden Stile in der letzten Dekade des 19. Jahrhunderts ein. Sie verlief bis zur ersten Blüte des Internationalen Stils um 1930 **in zwei großen Wellen**.

Die **erste Welle** umfaßt den Jugendstil und als Reaktion darauf die Wiener Sezession und auch die Amsterdamer Schule, die zweite – nach dem Ersten Weltkrieg – Futurismus, Expressionismus, De Stijl und die Anfänge des Internationalen Stils.

Der Jugendstil, der in Brüssel von Victor Horta ab 1892/93 etwa im Hôtel Tassel entwickelt wurde, stellt insofern bereits einen modernen Stil dar, als er Ornament und Instrumentierung vergangener Stile ablehnte und tragende Strukturen aufdecken wollte. So verwendete Horta bereits in der Architektur und nicht mehr nur in der Ingenieurarbeit Metall als offen sichtbaren Werkstoff. Als Ersatz für das Ornament überkommener Stile, das er als einer fundamental neuen Zeit nicht angemessen ablehnte, griff er auf die Formen der Natur zurück. Stark vegetabile Formen prägen die Bauten, besonders die meist interessanteren und fortschrittlicheren Innenräume. Letztlich hatte dieser filigrane Stil jedoch nicht die Kraft, den Baukörper selbst umzugestalten, wie allein der Blick auf das Maison Tassel und sein historisierendes Nachbarhaus belegt. Beide prägt die – freilich unterschiedlich – instrumentierte Fläche in voller Mauerschwere, mit nur einem prominent hervorbrechenden Körper, dem Erker. Der Jugendstil konnte mit einer ganzen Tradition der Instrumentierung brechen; auch die Härte der Kanten konnte er, zumal im Innenraum, optisch auflösen; der Baukörper aber blieb weitgehend unverändert. Zentren wurden bald nach Brüssel, Paris und Wien, bedingt auch Katalonien mit einem allerdings sehr viel radikaleren Künstler wie Gaudí.

Dem stark vegetabilen Jugendstil, der schnell in einen wenig gebändigten ornamentalen Stil ausartete und dem die Strukturstrenge gänzlich fehlte, folgte bald die erste Reaktion, die Wiener Sezession. Den Gründungsbau dieser Reaktion stellt Olbrichs Kunstgalerie an der Friedrichstraße in Wien von 1897/98 dar. Der Stil wurde aber bald von dem späteren Hauptmeister dieser Richtung, Josef Hoffmann, ins ursprüngliche Zentrum des Jugendstils, nach Brüssel, zurückexportiert: 1905–11 entstand dort mit dem Palais Stoclet das Meisterwerk der

1. Victor Horta, Hôtel Tassel, Brüssel, 1892/93.
2. Josef Hoffmann, Palais Stoclet, Brüssel, 1905–11.

3. Antonio Sant'Elia, Città Nuova, 1913/14. Casa a gradinata.
4. Ludwig Mies van der Rohe, Projekt für ein Hochhaus aus Glas in ländlicher Umgebung, 1920/21.

Wiener Sezession. Dieser Stil unterscheidet sich vom Jugendstil durch eine deutliche Ernüchterung der Formen. Der Außenbau ist aus gestaffelten Kuben zusammengesetzt; der – immer noch der Flora entnommene – Dekor ist dadurch gebändigt, daß er auf Bänder beschränkt ist, die nur noch die Strukturteile, insbesondere ihre Kanten betonen. Ein besonders radikaler Verfechter der Reaktion gegen den Jugendstil im Rahmen der Wiener Sezession war Adolf Loos. Er wollte das vegetabile Ornament nicht nur bändigen, sondern verbannen; 1908 veröffentlichte er in der *Neuen Freien Presse* sein »Ornament und Verbrechen«. So wirken seine Gebäude – frei von jeglichem Dekor und weiß wie die Bauten Le Corbusiers in den 20er Jahren – schon erstaunlich »international«. Was aber Loos wie der ganzen Bewegung der Wiener Sezession weitgehend fehlt und was diese Stufe von der zweiten Welle der modernen Architektur grundlegend unterscheidet, ist das Streben nach Ausdruck für die den Teilen innewohnende (potentielle) Bewegungsenergie. Eine entwicklungsgeschichtlich und qualitativ weniger bedeutende Reaktion auf das ungebändigte Ornament des Jugendstils stellt im Nachbarland Belgiens die Amsterdamer Schule dar, die ebenfalls mit schweren Formen und Blöcken arbeitete, allerdings noch bedeutend dumpfer als die Wiener Sezession.

Zentralthema der ersten Welle der modernen Architektur war somit die Loslösung von der Instrumentierung und dem Dekor der vorangegangenen vier Jahrhunderte (von der Frührenaissance bis zum Rokoko, perpetuiert in den historisierenden Stilen vom Klassizismus bis zum Neobarock). Vorwärtsgerichtet war erst die **zweite Welle**. Ihr Grundthema war nunmehr das der Bewegung. Auch diese Welle setzte mit einer aufgelösteren Phase ein, um in eine zweite Phase der Konsolidierung zu münden.

Die erste Phase gibt das Hauptthema der Bewegung in Reinform, teils der rein mechanischen Bewegung, teils der emotional-expressiven. Eine Spielart dieser ersten Phase, die um den Ersten Weltkrieg anzusiedeln ist, findet man zunächst im italienischen Futurismus, der jedoch auf Grund des frühen kriegsbedingten Todes seines Hauptmeisters Sant'Elia nur Projekte und keine ausgeführten Werke hervorbrachte. Die Bewegung als Hauptthema trug der Futurismus besonders rein vor; er verehrte jegliche Art von Geschwindigkeit im rein mechanischen Sinn. Häuser sollten Schnellzügen gleichen, windschnittig und mit schmalen Linien. Eine kurze Phase der Auflösung fand sich auch in Deutschland unmittelbar nach dem Ersten Weltkrieg in der Architektur des Expressionismus. Glas als besonders transparentes und bewegungsfähiges Material errang für eine kurze Zeit die Vorherrschaft. Diese Phase erfaßte auch spätere Repräsentanten des Internationalen Stils wie Gropius und Mies van der Rohe. Beispiele hierfür sind die beiden Wolkenkratzerprojekte Mies van der Rohes von 1919–21, der eine im Grundriß nach Art von Ahornblättern gezackt und vielteilig aufgebaut, der andere vielfach unregelmäßig ondulierend. Die Liebe zur Bewegung wurde hier von der rein mechanischen zu einer Bewegung des Gefühls, des Expressiven verinnerlicht.

Auf diese durch Ekstase und Auflösung gekennzeichnete Phase, die der Architektur das Potential der Bewegung eröffnete, folgte eine zweite Phase der Konsolidierung; ähnlich findet sie sich in den für die 20er Jahre neben Deutschland und Frankreich wichtigsten Ländern, der UdSSR und den Niederlanden. Bald erhielt sie den Namen »Internationaler Stil«. Anders als die Wiener Sezession in der ersten Welle der Moderne wurde diese Phase der Konsolidierung allerdings kaum als Reaktion empfunden. Dies lag aber weniger daran, daß die Neuorientierung schwächer ausgefallen wäre, sondern ist vielmehr darin begründet, daß sie zumindest in Deutschland von Meistern getragen wurde, die auch eine expressionistische Phase durchlaufen hatten: von Gropius, der 1926 mit dem Bauhaus in Dessau den ersten Großbau des Internationalen Stils errichtete, und von Mies van der Rohe. Doch spätestens ab 1926 hatten nur noch zwei Meister das Sagen im Internationalen Stil in Europa, Mies van der Rohe in Deutschland und Le Corbusier in Frankreich. Gropius realisierte kaum noch wegweisende Bauten. Und auch die wichtigsten und besonders einflußreichen niederländischen Bauten stammen überwiegend aus der Zeit vor 1926: Rietvelds Haus Schröder entstand 1924 und Ouds Geschäfts- und Terrassenkomplex in Hoek van Holland 1924–27; das letzte Werk des De Stijl, van Doesburgs Café Aubette in Straßburg, entstand 1926–28. In der Zeit nach 1926 baute Le Corbusier seine Villa Stein in Garches (1927), seine Villa Savoye in Poissy (1929–31) und seinen Pavillon Suisse (1930–32). Gleichzeitig realisierte Mies van der Rohe unter Mitarbeit der führenden europäischen Architekten (auch Le Corbusiers) die Stuttgarter Weißenhofsiedlung (1927) und baute den Barcelona Pavillon (1928/29) sowie das Haus Tugendhat in Brünn (1928–30). Diese Entwicklung hin zu einer Vorherrschaft von Mies van der Rohe und Le Corbusier war von hoher innerer Konsequenz. Beide hatten, stärker als alle anderen Architekten der Zeit, eine ausgeprägte Gabe für das Klassisch-Beruhigte. Ihnen gelang es, einerseits jene klassische

Schwere in die Architektur zu tragen, die der vorangegangenen Phase mit Futurismus und Expressionismus so gefehlt hatte, andererseits der Architektur aber auch das durch Futurismus und Expressionismus eröffnete Bewegungspotential zu erhalten. Denn die Bewegung ist das Leitthema dieser zweiten Welle – nur zu verständlich angesichts des ästhetischen Anspruchs, die Architektur für das Maschinenzeitalter zu schaffen. Schließlich sah man damals, zumal im Futurismus, in nichts anderem als in der Bewegung das zentrale Charakteristikum der Maschine. Die Zusammenführung aller in der zweiten Dekade noch verstreut fließenden Richtungen Mitte und Ende der 20er Jahre wird immer wieder in der Geschichtsschreibung der modernen Architektur betont. Sie ist zweifellos eines der zentralen Momente in der modernen Architektur. Für die spätere Entwicklung ist es aber von ebenso großer Bedeutung, daß der Internationale Stil eines Mies van der Rohe und eines Le Corbusier am Ende der 20er Jahre schon eine deutliche Konsolidierung des Bewegungsdrangs in der Architektur darstellte, eines Bewegungsdrangs, der um die Zeit des Ersten Weltkriegs eingeflossen war. Dieser Bewegungsdrang war um und vor 1920 noch völlig ungebunden, in der ersten Hälfte der Dekade dann schon stärker konsolidiert, in der zweiten Hälfte aber unter Mies van der Rohe und Le Corbusier eindeutig beruhigt und mit Gewicht gepaart. Schon in den späten 20er Jahren war die Gewichtigkeit der Architektur für die Hauptmeister wieder ebenso bedeutsam wie die Qualität der Architektur, potentielle Bewegungsfähigkeit auszudrücken.

Die Wolkenkratzerarchitektur

Um 1892 wurde in Chicago mit der Erfindung des Stahlskeletts und des elektrischen Aufzugs der Wolkenkratzer geboren. Die ersten Jahre der letzten Dekade des 19. Jahrhunderts sahen also nicht nur den Beginn der modernen Architektur in der Stilentwicklung, sondern auch in der Typologie. Gebäude wie das Monadnock Building (1889–91), das Reliance Building (1894/95), das Fisher Building (1896) oder das Marquette Building (1895) und Architektennamen wie Burnham, Holabird und Roche stehen am Anfang der Entwicklung. Mit dem sogenannten **(Chicago) Commercial Style** wurde auch ein genuiner Wolkenkratzerstil ausgebildet: praktisch, klobig und allenfalls im Detail, etwa den Fensterlaibungen, verspielt. Viele der gefundenen Lösungen sind spezifisch auf die Bauaufgabe, die Probleme der Wolkenkratzerarchitektur, zugeschnitten. So wurden Erkerbänder für größtmöglichen Lichteinfall entwickelt. So verzichtete der Stil schon auf die klassische Säulenordnung und zog damit den richtigen Schluß aus dem Dilemma, daß Säulen, sollen sie den ihnen eigentümlichen Eindruck des Tragens vermitteln, nicht allzu stark überlängt werden dürfen. Einen kohärenten Stil begründete freilich die Erfindung des Erkerbandes ebenso wenig wie die des Aufzugs. Zu selten wurden die einzel-

5. Walter Gropius, Bauhaus, Dessau, 1925/26.
6. Gerrit Rietveld, Haus Schröder, Utrecht, 1924.

nen Elemente in eine schlüssige künstlerische Aussage übersetzt. Zu ausschließlich galt für den Commercial Style der Satz: »Form follows function«, geprägt von Sullivan in jenen Jahren. Auch währte dieser Stil nur wenige Jahre und blieb auf Chicago beschränkt. Selbst von den genannten Gebäuden zeigt nur das erste ihn rein. Abgelöst wurde er schon vor der Jahrhundertwende vom historisierenden Stilkonglomerat, dem seit 1893 mit der in Chicago veranstalteten Weltausstellung der Durchbruch gelang.

Der Commercial Style hätte für die amerikanische Wolkenkratzerarchitektur die Bedeutung erlangen können, die der Jugendstil für die Entwicklung der herkömmlichen Gebäudetypen in der europäischen Architektur hatte. Schwächer zwar als dieser in der künstlerischen Durchbildung, hatte der Commercial Style auf der anderen Seite die größere Kraft, auch den Baukörper anzugreifen – schon hier, ganz am Anfang der Entwicklung des Gebäudetypus des 20. Jahrhunderts, setzte die größere Bauaufgabe ein erstes Mal ihr angemessene titanische Gestaltungskräfte frei. Mit dem Durchbruch des historisierenden Stilkonglomerats aber hob ganz im Gegenteil die über ein halbes Jahrhundert anhaltende Abhängigkeit der amerikanischen Wolkenkratzerarchitektur von der europäischen Stilentwicklung an. Zunächst wurden Wolkenkratzer in historisierenden Formen gebaut – obwohl gerade zur Zeit der Entstehung des Wolkenkratzers in Amerika der Historismus in Europa als für das Maschinenzeitalter in-

7. Burnham & Root, Nordhälfte des Monadnock Building, Chicago, 1889–91.

8. Warren & Wetmore, Helmsley Building, New York, 1929. Dahinter das Pan Am Building, 1963, von Walter Gropius, Pietro Belluschi und Emery Roth, hinten die niedrigere Seitenbebau-ung aus der Entstehungszeit des Helmsley Building, vorne die höhere aus den 50er und 60er Jahren.

adäquat befunden und daher aufgegeben wurde. Sodann wurden – gegen Mitte der 20er Jahre – die ersten Phasen der europäischen Architektur der Moderne zu einer Zeit prägend für die Wolkenkratzerarchitektur, als sie in Europa vom Internationalen Stil abgelöst wurden.

Der **Historismus**, der also nur auf Grund seiner gut dreißig Jahre währenden prägenden Wirkung auf den Wolkenkratzer, den einzig genuin modernen Gebäudetypus, eine (Neben-) Rolle in der modernen Architektur spielte, folgte schon in Europa einer groben Ordnung der Stile, an denen man sich orientierte: vom Klassischen zum weniger Klassischen. Den Ausgang nahmen die historisierenden Stile daher im Klassizismus beim klassischen Stil par excellence, dem der griechischen Antike; auf den Klassizismus folgten zunächst Stile, die sich noch an die mittelbar klassischen Stile von Byzanz und der Renaissance anlehnten. Ab etwa 1850 übernahmen dann, im Anschluß an Heinrich Hübschs Plädoyer »In welchem Stile sollen wir bauen«, die Neugotik und -romanik die Führungsrolle. In Europa zeigt sich diese Abfolge noch relativ rein, etwa im »Architekturmuseum« München nacheinander in der ersten, zweiten und dritten von der königlichen Residenz ausgehenden Prachtachse, der Brienner-, der Ludwig- und der Maximilianstraße. Zuletzt, in der Gründerzeit nach 1871, wurde neobarock gebaut. In der Wolkenkratzerarchitektur zeigt sich diese (jetzt ein drittes Mal durchgespielte) Abfolge in dreierlei Hinsicht stärker verwaschen: Die ersten beiden Phasen traten gemischt

9. Shreve, Lamb & Harmon, Empire State Building, New York, 1931/32. Oben links und rechts der East und der Hudson River, die am Horizont zusammenfließen (vgl. Abb. 103).

10. Reinhard & Hofmeister, Corbett, Harrison & MacMurray und Hood & Fouilhoux, Rockefeller Center, New York, 1931–40.

hervor, dauerten unverhältnismäßig lange, und zusätzlich flossen Elemente vom Neobarock des in Europa gerade erst langsam zurückgedrängten Gründerzeitstils ein; der eigentlich signifikante Übergang zur Neugotik fand in den beiden Vorreiterstädten, New York und Chicago, zu unterschiedlicher Zeit statt, in New York 1913 mit dem Woolworth Building und in Chicago 1925 mit dem Chicago Tribune Tower; der Neobarock nach dieser schon kurzen neugotischen Phase hatte auf Grund des Hereinbrechens des Art Déco ab 1925 gar keine Zeit, sich zu entwickeln. Nur das New Yorker Helmsley Building, 1929 errichtet und solchermaßen Nachzüglerwerk, ist seinem ganzen Geist nach neobarock. So wirkt es voll auf die breite Blickachse der Park Avenue ein; so findet man den am prunkvollsten verzierten Teil des Baus ganz oben, in der Krone – ebenso verwandte der Barock nicht nur Basen, sondern ganze (sehr schlicht gehaltene) Stockwerke zur hohen Aufsockelung des oberen Teils des Gebäudes. Im Groben entspricht die stilistische Abfolge des Historismus in der amerikanischen Wolkenkratzerarchitektur dennoch derjenigen im 19. Jahrhundert in Europa. In der ersten klassischeren Phase folgten die wichtigsten Bauwerke im wesentlichen Renaissancevorbildern, wie etwa dem

11. Eliel Saarinen, Projekt für den Chicago Tribune Tower, Chicago, 1922.

Campanile von S. Marco in Venedig oder dem Tempietto des Bramante in Rom. Der Übergang vom ersten Abschnitt zum neugotischen wird besonders augenfällig im Ensemble an der Chicago River Bay, dem geschlossensten unter den erhaltenen Komplexen des historisierenden Stilkonglomerats (S. 93). Hier ging man über vom Wrigley Building (1921-24) und London Guarantee Building (1923), die noch klassischen Formen verpflichtet sind, zum neugotischen Chicago Tribune Tower (1922–25). Noch 1925 wurde unweit vom London Guarantee Building mit dem Jewelers' Building ein deutlich klassizistischer Bau verwirklicht. Der Chicago Tribune Tower stellt den wichtigsten historisierenden Wolkenkratzer überhaupt dar. Mit ihm wurde Raymond Hood zum führenden Wolkenkratzerarchitekten; diese Stellung hielt er mit seinen New Yorker Bauten auch während der folgenden Stilstufe, des Art Déco, unangefochten und wurde so zur wichtigsten Gestalt in der Wolkenkratzerarchitektur vor dem Internationalen Stil. Letztlich war auch in New York der Übergang insofern nicht rein, als das klassizistische Municipal Building zeitgleich mit dem Woolworth Building entstand und dieses zudem die Renaissance-Grundform des Campanile mit dem gotischen Überzug kombinierte. Auf Grund seiner künstlerischen Durchführung hat dieses Gebäude aber als der wichtigste historisierende Bau in New York zu gelten.

Das historisierende Stilkonglomerat trägt seinen Namen auf Grund der Übernahme von historisierenden Formen in Ornament und Instrumentierung. Mit der Verwendung der (überlängten) Säule hatte es das vom Commercial Style vermiedene Dilemma zu gewärtigen, daß diese in der Wolkenkratzerarchitektur jede Proportion verlor; mit der Betonung des Dekors wurde zudem die Größe des Gebäudes und seine Wirkung auf die Fernsicht nicht gebührend berücksichtigt. Der Chicago Tribune Tower, der konsequent die Mittel eines den Höhenzug betonenden Stils, der Gotik, einsetzte, ist ein glücklicher Ausnahmefall. Das historisierende Stilkonglomerat hat jedoch in einer viel zu selten erkannten Hinsicht nachhaltig auf die Wolkenkratzerarchitektur gewirkt: mit der Einführung des tripartiten Aufbaus, der von der Säule abgeleitet wurde (Basis, Schaft und Kapitell mit Gebälkzone). Dieser Aufbau ist in der Wolkenkratzerarchitektur allmächtig. Er erfaßte schon die Bauten des Commercial Style nach 1893 – nur das Monadnock Building zeigt rein den schlichten Gesamtkörper, dessen hervorstechende Gliederungsform mit den Erkerbändern gerade nicht horizontal, sondern vertikal verlief. Er erfaßte auch gotisierende Bauten, für die er ursprünglich keineswegs konzipiert war, besonders den bedeutendsten unter ihnen, den Chicago Tribune Tower. Das neobarocke Helmsley Building zeigt ihn ebenfalls. Er blieb auch im Art Déco gültig. Selbst Klassiker des Internationalen Stils wie etwa das Seagram Building in New York (1954–58) leben erst durch den tripartiten Aufbau, jedoch mit einer entscheidend veränderten Verteilung der Gewichte auf die drei Teile. Auch die Postmoderne, etwa in Johnsons AT&T Gebäude (1978–83), verschloß sich diesem Aufbau nicht, freilich nunmehr mit stark gelockerter Verzahnung der Teile. Historisch bleibende Wirkung hatte das historisierende Stilkonglomerat demnach dadurch, daß es einen in der europäischen Hochrenaissance geprägten Aufbautypus auf eine Bauaufgabe übertrug, die ihrer Höhe wegen auf eine Gliederung in der Vertikale schwerlich verzichten konnte.

Wiederum Abhängigkeit von der europäischen Stilentwicklung, diesmal jedoch von den ersten Phasen der Moderne, zeigt sich in der zweiten Hälfte der 20er Jahre im **Art Déco**. Der Stil fand ein jähes Ende mit dem Börsenkrach von 1929, umfaßte also – wenn man die Fertigstellungsphase begonnener Gebäude einrechnet – gerade ein Jahrfünft (1926–31), und dennoch setzte er quantitativ und qualitativ ganz neue Maßstäbe – Blüte, Ende und gigantischster Ausdruck der »Roaring Twenties«. New York übernahm nun die Führung. Mit dem Helmsley Building beherrschte erstmals ein Wolkenkratzer einen ganzen Straßenzug, kurz darauf mit dem Empire State Building (1931/32) ein Wolkenkratzer das ganze Stadtbild; und mit dem Rockefeller Center (1931–40), dem einzigen Wolkenkratzer(komplex) von Bedeutung während der zwei Jahrzehnte Rezession und Krieg nach 1931, entstand erstmals eine Gruppierung mehrerer Wolkenkratzer von einer Hand. Zu diesen gesellt sich noch das Chrysler Building (1931) als der wohl berühmteste Bau.

Zwei Wege führten von Europa in die Wolkenkratzerarchitektur. Wiederum wirkte sich eine Ausstellung entscheidend aus – wie vorher für das historisierende Stilkonglomerat die Weltausstellung von 1893 und nachher für den Internationalen Stil die Ausstellung im Museum of Modern Art von 1932. Diesmal war es die Pariser »Exposition internationale des arts décoratifs et industriels modernes« von 1925. Insbesondere der führende Architekt des historisierenden Stilkonglomerats, Raymond Hood, verwirklichte nach dem Chicago Tribune Tower von 1925 seine New Yorker Werke im Art Déco Stil: den American Radiator, der am Übergang steht, das Daily News Building von 1929/30, dem an Schönheit nur das Chrysler Building und das Empire State Building von 1931 gleichkommen, und zuletzt das Rockefeller Center I. Wieder wurde ein Stil importiert, der in Europa bereits an Bedeutung verlor. 1924 war mit dem Haus Schröder ein Hauptwerk des Internationalen Stils verwirklicht worden, und auf der Pariser Ausstellung fand sich mit Le Corbusiers Pavillon de l'Esprit Nouveau ein Beispiel dieses Stils. Futurismus und Expressionismus hatten gar bereits ihre Hauptwerke hervorgebracht. Der Art Déco aber adaptierte Prinzipien der Wiener Sezession, 1925 die arrivierte, von der Avantgarde überholte Stilphase. Nochmals hatte Hoffmann, der Erbauer des Palais Stoclet, mit dem österreichischen Pavillon das Zentrum der Ausstellung geschaffen. Adaptiert wurde also ein Stil, der in der ersten Dekade des Jahrhunderts gegen die Auflösung der Formen im Jugendstil seine blockhafte Schwere gesetzt und den (pflanzlichen) Dekor in festumrissene, kantenbetonende Zierbänder gebändigt hatte, ein Stil jedoch, dem noch die Bewegungsenergie der zweiten Welle der modernen Architektur fehlte. Mit den erstgenannten Qualitäten bot diese Stilphase wichtige Ansatzpunkte für eine Monumentalisierung und war daher für die Entwicklung eines genuinen Wolkenkratzerstils wohl geeignet. Unwichtiger erscheint daneben der andere (zeitlich frühere) Kanal, durch den der blockhafte Stil in die Vereinigten Staaten gelangte: Gemeint ist der zweitprämierte Vorschlag für den Chicago Tribune Tower des finnischen Architekten Eliel Saarinen. Die Grundform aus gebündelten und gestaffelten Blöcken ist hier noch überzogen mit historisierendem (gotisierendem) Maßwerk. So stellt dieser hochgelobte Vorschlag, der allein die Präsenz des blockhaften Stils in Wolkenkratzern vor 1925 erklärt, insbesondere in Hoods American Radiator Building von 1924, nur eine Zwischenstufe dar. Dies blieb auch bei den Nachfolgebauten vor der Pariser Ausstellung so. Erst im Anschluß daran drang die befreite Fassung des neuen Stils durch. Und darin lag nicht nur ein »oberflächlicher« Schritt. Denn der historisierende Dekor und die Befreiung der Architektur von diesem gehörten zu den zentralen Diskussionspunkten bei der Entwicklung der modernen Architektur in Europa. Die Ersetzung des historisierenden Dekors durch einen tiefer gefühlten, zunächst der Natur entnommenen war Hauptanliegen der modernen Stile gewesen und insbesondere der ersten Welle mit der Wiener Sezession. Für die Augen des Betrachters war der historisierende Überzug in dieser Zeit ein Hauptelement, das Wolkenkratzer von vor 1925 als akademisch und noch nicht modern erscheinen ließ. Spätere Phasen der europäischen modernen Architektur stellt man erst in den New Yorker Spätwerken des Art Déco nach 1930 fest, den Futurismus insbesondere im McGraw-Hill Building (1929/30) und Chrysler Building (S. 32), im Empire State Building, und im Rockefeller Center I finden sich gar Elemente des Internationalen Stils.

Das historisierende Stilkonglomerat hatte mit Ornament und Instrumentierung vergangener Jahrhunderte für die neue Bauaufgabe inadäquate Mittel gewählt, jedenfalls aber – auch in den besten gotisierenden Bauten – nicht einmal ansatzweise einen genuinen Wolkenkratzerstil geschaffen. Die erste Antwort auf diese Herausforderung fand der Art Déco mit der Zusammenstellung von nicht artikulierten Blöcken. Zumindest das enorm gesteigerte Volumen der hohen Gebäude hatte so einen ersten expressiven stilistischen Ausdruck gefunden. Und in der Tat erfaßte dieser (Wolkenkratzer-)Stil – anders als etwa das historisierende Stilkonglomerat – den privaten Hausbau nicht. Wichtiger aber erscheint, daß der Wolkenkratzer erstmals nicht wie ein vielfach addiertes Privathaus oder wie ein Kirchturm wirkte. Und machtvoll wie nie zuvor drang das Blockhafte und Titanische in die Wolkenkratzerarchitektur ein. Noch sah es roh, fast ungeschlacht aus. Den Würfeln und Quadern, aus denen diese Bauten zusammengestellt sind, fehlt meist jeglicher obere Abschluß. Sichtbar wird das etwa beim Board of Trade Building in Chicago, das aus mehreren Würfeln und Quadern zusammengesetzt ist: einem fast perfekten Würfel unten; darüber einem höheren quergestellten Quader, der hinten über die ganze Breite verläuft; und zwei kleineren, im rechten Winkel dazu gestellten Quadern rechts und links davor. Den Blöcken fehlt aber neben dem oberen Abschluß auch die deutlich sichtbare Artikulation an den Stellen, an denen sie aufeinandertreffen. Denn einerseits überziehen die Zierat- und Fensterbänder die Blöcke zu gleichmäßig, andererseits sind sie häufig zu zart, um auch für die Fernsicht einen artikulierenden Akzent setzen zu können. Diese Bauten wirken auf Grund des Fehlens klarer Kanten, gliedernder Abschlüsse und einer klaren Artikulation wie aus einem Block herausgemeißelt und nicht wie aus einzelnen Elementen zusammengesetzt. Auch darin zeigt sich die Suche nach einem genuinen Wolkenkratzerstil. Denn hier wird zum ersten Mal die Erkenntnis sichtbar, daß ein größeres Bauwerk monumentalere Formen benötigt. Man versuchte es mit einem anschaulichen Ausdruck der Massigkeit, des Dumpfen. Verglichen mit anderen Hochepochen (3. Kapitel) befinden wir uns auf der diesen meist unmittelbar vorangehenden Stilstufe des übermäßig Massigen, das weniger beweglich und auch weniger energiegeladen wirkt. Hier herrscht der Geist von Paestum vor, nicht der des Parthenon.

12. Holabird and Roche, Board of Trading Building, Chicago, 1930.

3. Der internationale Stil: Klassik der Moderne

Die Anfänge des Internationalen Stils bis zu seiner weltweiten Etablierung

Die bisher behandelte Entwicklung bildet die Voraussetzung für das eigentliche Thema dieses Buches, die Architektur der Gegenwart, die von zwei Stilrichtungen beherrscht wird. Bis in die 50er und 60er Jahre hinein war dies der Internationale Stil, der die Wolkenkratzerarchitektur sogar bis Mitte der 70er Jahre prägte. Danach folgte die Postmoderne. Diese beiden Stile, ihre tiefere historische Verwurzelung in der älteren abendländischen Architektur- und Kunstgeschichte, die wichtigsten Ausdrucksmittel sowie die zwischen ihnen bestehenden Kontroversen sind Gegenstand der folgenden Kapitel. Vorauszuschicken sind nur noch einige Bemerkungen zu den Anfängen des Internationalen Stils, insbesondere zu den Verbreitungswegen. Hier ist vor allem die Geschichte seiner Etablierung in den Vereinigten Staaten gemeint, die fast drei Jahrzehnte andauerte und erst mit den Werken der 50er Jahre als abgeschlossen gelten kann.

Ein Wort noch zu der Sprache, die hier Verbreitung fand: Häufig werden die »weißen« 20er Jahre als Einheit gesehen, als eine erste Blüte des Internationalen Stils. Es besteht jedoch ein gravierender Unterschied zwischen dem ersten Jahrfünft, in dem beispielsweise Rietvelds Haus Schröder errichtet wurde, und den späten 20er Jahren. In dieser Zeit entstanden die Villenbauten Le Corbusiers in Garches und Poissy, die Villa Stein (1927) und die Villa Savoye (1929–31), und sein Pavillon Suisse (1930–32), und die Mies van der Rohes, vor allem der Barcelona Pavillon (1928/29) und das Haus Tugendhat (1928–30). Zwischen dem Haus Schröder und den späteren Bauten besteht der gleiche Unterschied in der Auffassung wie zwischen der Frührenaissance und der Hochrenaissance. Jenes lebt noch stark von der zentrifugalen Bewegungsenergie, diese prägt darüber hinaus bereits klassische Gewichtigkeit (S. 37). Um die Verbreitung der Sprache Le Corbusiers und Mies van der Rohes geht es im folgenden. Wie das Verhältnis beider Meister zueinander gesehen wurde, wird besonders deutlich an der Ausstellung des New Yorker Museum of Modern Art von 1932, die dem Internationalen Stil den Weg in die Vereinigten Staaten und in die Wolkenkratzerarchitektur ebnete. Erstmals fand so ein Stil den Weg in diese Gattung, der zu dieser Zeit auch in Europa die Avantgarde bildete.

Le Corbusier wurde auf der Ausstellung der breiteste Platz eingeräumt. Seine Villa Savoye in Poissy feierte man als das Meisterwerk der modernen europäischen Architektur, nicht **Mies van der Rohes** Idealbild eines Privathauses, seinen nahezu gleichzeitig entstandenen Ausstellungspavillon für die Weltausstellung in Barcelona: Mit seinen edlen, aber althergebrachten Materialien (Marmor, Onyx, graudunkles Glas), auf Grund seiner festen Verankerung mit der Erde, seiner Vermeidung auffälliger Formen und seiner klassischen Schlichtheit wirkte dieser Bau weniger modern. Gänzlich der Welt des Maschinenzeitalters schien hingegen Le Corbusiers Werk anzugehören: mit dem »Turm« beispielsweise, der aus einem kartonartigen ersten Geschoß emporragte, das selbst auf Pilotis über die Erde erhoben war und aus dem lange rechteckige Streifen für die Bandfenster herausgeschnitten waren; mit seiner makellosen Weißfarbigkeit in Stuck, der hier – obwohl als Werkstoff alt – in völlig neuartig wirkender Präzision eingesetzt wurde und die einzelnen Teile wie ausgestanzt erscheinen ließ. Eine solche Gewichtsverteilung zwischen den Meistern überrascht freilich nicht. Auch in der wichtigsten Gemeinschafts-»Ausstellung« in Europa war sie bereits ablesbar. Den Bau der Stuttgarter Weißenhofsiedlung 1927 organisierte zwar Mies van der Rohe, er ließ jedoch Le Corbusier als einzigen zwei Gebäude errichten, während sogar er selbst sich auf nur eines beschränkte.

Überraschender und folgenreicher ist die rückhaltlose Entscheidung der Kritik für den neuen europäischen Stil und **gegen den Art Déco**. Immerhin hatte diese Richtung gerade ein Jahr zuvor und unweit der Ausstellungsräume so herausragende Werke wie das Empire State Building und das Chrysler Building, aber auch das noch subtilere Daily News Building hervorgebracht. Die ökonomische Grundlage in der Wolkenkratzerarchitektur wurde ihm schon durch den Börsenkrach von 1929 entzogen. In der Kunstwelt aber begrub man diesen Stil 1932, als er seinen Höhepunkt erreicht hatte – ein sehr beeindruckendes Indiz für die künstlerische Potenz der neuen Formensprache. Die wenigen Werke, die während der Flaute vor dem endgültigen Durchbruch des Internationalen Stils in den 50er Jahren entstanden sind, stellen letzte Zuckungen des Art Déco dar, die sich mit den ersten unausgegorenen Versuchen, zu einer »internationalen« Formensprache zu finden, vermischen. Dies gilt für das Rockefeller Center I (1931–40). Dort ist die vom Internationalen Stil propagierte Asymmetrie in für den Betrachter weitgehend uneinsehbare Höhen verbannt; und wenn hier auch ein Platz inmitten der Wolkenkratzer ausgebildet ist, so fehlt ihm doch noch gänzlich die raumschaffende Weite und damit die Beweglichkeit, die den Plätzen des Internationalen Stils eigen ist. Dies gilt auch für das Philadelphia Savings Fund Society Building von Howe und Lescaze (1929–32), das sein »internationales« Gesicht erst in einer zweiten Planungsphase erhielt; diese setzte ein, nachdem Lescaze die ersten Bauten des Internationalen Stils in Europa besucht hatte, das Bauhaus in Dessau (1925/26), die Stuttgarter Weißenhofsiedlung (1927), Le Corbusiers Villa Stein (1927) und die holländischen Bauten, die fast alle vor 1926 errichtet wurden. Der Form des Philadelphia Savings Fund Society Building mangelt es mit ihrer Ausbuchtung am Kopfende des Hauptquaders an Klarheit; der Sockelbereich wird nicht als liegender Quader energisch gegen den aufrecht stehenden abgesetzt, vielmehr ist seine Form abgerundet und nicht dezidiert flachgehalten; im Gesamteindruck wirkt der untere Teil noch immer gestuft. Es fehlt die wahrhaft zündende Idee, wie man sie dann im Lever House findet (S. 99). Und ganz besonders spricht die nicht verstandene Formgebung des Internationalen Stils zuletzt noch aus den ersten Bauten, die nach dem Zweiten Weltkrieg an der Park Avenue entstanden sind. Ihre Ziggurathform – wenn auch in der Proportion leicht verändert – ist dem Art Déco verbunden. Nur die Oberfläche ist stärker in der Formensprache des Internationalen Stils gestaltet. Sie besteht aus beweglichem, leichtem Material, hat Bandfenster und keine Zierbänder. Noch war kein Bau der europäischen Meister in den Vereinigten Staaten realisiert, noch stand allein das hohe Lob der Ausstellung von 1932 auf den Internationalen Stil im Raum. Erst die Präsenz europäischer Meister verbürgte jedoch effektiv die Einführung des Internationalen Stils in den Vereinigten Staaten und noch nicht die insoweit stets in den Mittelpunkt gerückte New Yorker Ausstellung. Die Ausstellung bedeutete den ersten großen Triumph dieses Stils. Die großen Prototypen des Internationalen Stils der 50er Jahre jedoch entstanden erst, nachdem sich wichtige Architekten dieser Richtung von Europa nach Amerika begeben hatten. Alle diese Bauten weisen die gleichen Grundcharakteristika auf: Reduzierung der Mittel und Geschlossenheit der Form, außerdem den Eindruck von Gewichtigkeit, gepaart mit demjenigen von Bewegungsenergie.

Den bedeutendsten unter den drei Prototypen bildet zweifellos Mies van der Rohes Seagram Building (1954–58). Der Bau ist noch wichtiger als das Sekretariat des UN-Komplexes (1947–50), dessen Gesamtplanung Le Corbusier zwar bestimmte, dessen konkrete Ausführung ihm jedoch genommen wurde. Das Seagram Building ist sicherlich auch wichtiger als das Pan Am Building von Gropius. Denn **nicht Le Corbusier** kam in die USA, **sondern Mies van der Rohe**, der sich dort Ende der 30er Jahre still und zurückhaltend einführte. Und er blieb. 1938 wurde er Direktor des Illinois Institute of Technology (IIT), der wichtigsten Architektenschule derjenigen Stadt, die die Wolkenkratzerarchitektur hervorgebracht hatte: Chicago, wo er bis zu seinem Tod blieb und aus dem IIT die bedeutendste Architektenschule Amerikas machte. Mit dem Neubau des IIT Campus verwirklichte er den ersten Baukomplex der USA in der voll entwickelten Formensprache des Internationalen Stils und gleichzeitig das erste auch realisierte Modell für eine Wolkenkratzerstadt (S. 99). Er entfaltete dabei eine modifizierte, eine amerikanische Formensprache (S. 63), einen anderen Internationalen Stil, der dem größeren Bauvolumen entsprach. Die anderen Protagonisten des Internationalen Stils, die den Weg in die USA fanden, vermochten sich nicht in dieser Weise zu entwickeln. So lehrte insbesondere Gropius in Harvard weiter den Stil der 20er Jahre.

Le Corbusier blieb in Europa. Die USA hatten ihn höher gepriesen als jeden anderen. Seine Liebe zu diesem Land, seinen Wolkenkratzerstädten, Erfindungen und dem geistig-freiheitlichen Klima war stärker als bei allen anderen. In seinem einleitend erwähnten Traktat von 1923 erscheint sie geradezu blind, unverkennbar auch noch in seinem kurz nach seiner Rückkehr aus den USA (1936) geschriebenen *Quand les cathédrales étaient blanches.* Das hinderte ihn jedoch nicht daran, sich mit dem Land seiner Träume in den wenigen Monaten seines Aufenthalts grundlegend zu überwerfen. Gnadenlos offen hatte er dem New York Herald diktiert: »New Yorks Wolkenkratzer sind zu klein.« Dem »molochartigen Unternehmertum« rief er seine Verantwortung für die »eklatanten Fehler in der amerikanischen Städteplanung« ins Gesicht. Als Reaktion darauf erhielt er fortan in den USA keinen Auftrag mehr, auch nicht den zum UN-Komplex, dessen Realisierung ihm so sehr am Herzen lag; erst zuletzt ließ man ihn im Harvard Center of Visual Arts ein funktionsloses, kaum beachtetes Kleingebäude errichten. In der restlichen Welt jedoch schuf er Prägebauten für die wichtigsten anderen Gebäudetypen: den Kirchenbau (Ronchamp, 1950–54); den Staatsbau (Regierungszentrum im nordindischen Chandigarh, 1950–64); und den Wohnungsbau (Marseille, 1947–52). Damit beeinflußte er die gesamte Architektengeneration des Internationalen Stils nach ihm: Alvar Aalto seit den 30er

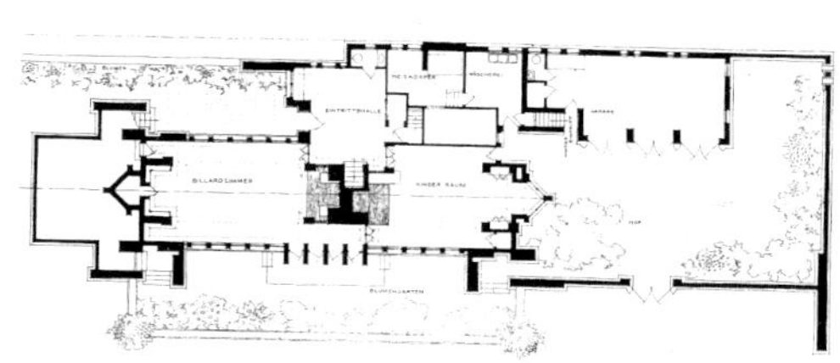

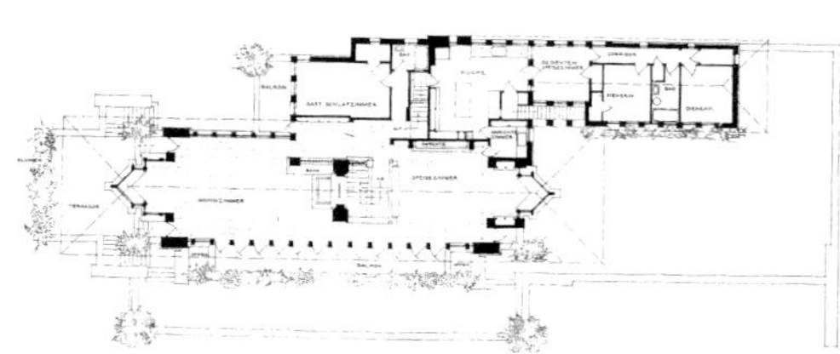

Jahren mit seinen regional-naturbezogenen Bauten; und nach dem Zweiten Weltkrieg besonders Louis Kahn in den USA, Kenzo Tange in Japan sowie den Dänen Jørn Utzon.

Die Ausstellung von 1932 gab auch Aufschluß über den **Standort Frank Lloyd Wrights** in der zeitgenössischen Architektur. Er hatte die Architektur mit seinen beweglichen Grundrissen seit 1900, insbesondere dem des Robie House (1907–09), revolutioniert; und publiziert wurden sie 1910/11 bei Wasmuth. Seitdem haben sie die jüngeren europäischen Architekten grundlegend geprägt. Seinen Hauptwerken der 20er Jahre aber, dem Tokyo Imperial Hotel, dem Ennis und dem Hollyhock House in Los Angeles, verlieh er mit japanischem, aztekischem oder Maya-Dekor ein gegenüber den europäischen Bauten veraltetes, ja folkloristisches Aussehen. Deswegen wurde er 1932 im Katalog des Museum of Modern Art als »standing alone« beschrieben (S. 22), d.h. als isoliert oder nicht mehr zum Hauptstrom gehörig. Wright selbst erwähnte diese für ihn vernichtende Ausstellung, die wohl bedeutendste in der Architektur des 20. Jahrhunderts, in seiner späteren Autobiographie mit keinem Wort. Auch seine späten Meisterwerke, das Kaufmann House von 1935–39, der Johnson-Wax-Komplex von 1936–50 und zuletzt das Guggenheim Museum von 1943–46 und 1956–59, übten im Vergleich zu seinen früheren Werken einen weniger großen Einfluß auf die amerikanische, insbesondere auf die Wolkenkratzerarchitektur aus. In den großen Einzelwerken läuft seine Entwicklung nahezu unberührt und wenig spürbar neben dem eigentlichen Internationalen Stil her, artverwandt, aber unter bewußter Abkehr seitens des Meisters. Jedenfalls hat Wright den amerikanischen Gebäudetypus, den Wolkenkratzer, kaum mitbestimmt. Häufig äußerte er sogar seine grundsätzliche Abneigung gegen diesen. Unter etwa 600 Projekten (inklusive ausgeführten Werken) gibt es gerade sechs für Wolkenkratzer, von denen nur eines realisiert wurde, und zwar in der tiefsten amerikanischen Provinz, in Bartlesville (1953–56). Wrights Ideal war das der dezentralen Gartenstadt. 1932 führte das erste Museum des Landes den Internationalen Stil als eine sehr städtische Formensprache mit höchstem Lob in die USA ein; 1932 veröffentlichte Wright sein erstes Buch über Stadtplanung mit dem unmißverständlichen Titel *The Disappearing City.* Seine Studien auch der späten 30er und 40er Jahre zeichnen »Broadacre City« als Idealbild einer Stadt, einer Stadt mit »breiten Fluren« mitten in ihrem Zentrum. Dem entsprach trotz der zurückgekehrten Klarheit und Einfachheit sein Baustil. In jeder Villa, jedem Haus betonte er seine Naturverbundenheit: mit Materialien, die der Natur entnommen wurden; mit bewußten Überleitungen zur Natur, niedrigen Übergangsmauern beispielsweise, schweren Dächern, die das Haus auf und in den Boden drücken; und mit geradezu vegetabilen Formen, einer Schneckengrundform etwa, und das beim Guggenheim Museum mitten in New York! Wolkenkratzerarchitektur jedoch ist städtische Architektur und wirkt daher am eindrucksvollsten, wenn sie sich als Gegenpol zur Natur darstellt. Man kann Le Corbusier kaum widersprechen: »Die Stadt ... ist das Werk des Menschen, das gegen die Natur gerichtet ist.« Wright lehnte die Wolkenkratzerstadt ab. Deshalb ging auch ihre Entwicklung an ihm vorüber, und er blieb ein großer Einsamer mit einer späten Wirkung auf die Postmoderne (S. 113). Der Schlüssel zur Postmoderne liegt jedoch in der vorangegangenen Klassik der Moderne.

Das Konzept der Klassik

Dem Begriff und dem Konzept der Klassik begegnet man heute mit Mißtrauen. Und doch fällt eine Koinzidenz auf. Architektur von großer Eindringlichkeit, zwingender Einfachheit und mit leicht verständlichen großen Symbolen ist stets im Anschluß an geistige Umbruchphasen entstanden, in denen die Auseinandersetzung mit Materie und Körper das zentrale Thema bildete. Dies ist verständlich, wird doch in Architektur und Skulptur der Körper stärker betont als in allen anderen Künsten. Wir bezeichnen diese Epochen als klassisch. Zu ihnen gehören die griechische Klassik und die italienische Hochrenaissance. Dabei sollen zunächst die formalen Werte, die Körperbetonung behandelt werden. Natürlich wird die Suche nach enger wechselseitiger Verknüpfung mit den inhaltlichen Werten stets und zu Recht als ebenso zentral für das Konzept der Klassik angesehen. Dieser Punkt wurde jedoch erst beim Aufkommen der Postmoderne besonders intensiv diskutiert und soll deshalb noch zurückgestellt werden (4. Kapitel). Die griechische Klassik folgte etwa ein Jahrhundert auf die Naturphilosophen Kleinasiens, die erstmals die natürlichen Abläufe nicht auf Götter und Wunder zurückzuführen suchten, sondern auf Naturgesetze. Die Skulptur konzentrierte sich jetzt mit bemerkenswerter Ausschließlichkeit auf die Darstellung der Gesetze der Bewegung. Die Architektur klärte anschaulich die Gesetze von Tragen und Lasten. Das Interesse an diesen Naturgesetzen keimte

13. George Howe and William Lescaze, Philadelphia Savings Fund Society Building, Philadelphia, 1929–32.
14. Frank Lloyd Wright, Robie House, Chicago, 1907–09.
15. Frank Lloyd Wright, Ennis House, Los Angeles, 1924.

wieder im ausgehenden Mittelalter und in der Zeit des Humanismus auf. Etwa ein Jahrhundert später setzte die Hochrenaissance ein, die sich auf die Darstellung der Bewegungsenergie konzentrierte. Dieses war auch das wohl wichtigste Forschungsgebiet der nachantiken Naturphilosophie mit der Beobachtung und Berechnung der Bewegung der Gestirne und der Gegenstände auf der Erde. Kurzum, das Thema Bewegung beschäftigte die Zeit, in der der entscheidende Umbruch durch die Erkenntnisse eines Kopernikus gelang, obwohl die präzise Ausarbeitung erst ein Jahrhundert später durch Kepler, Galilei und schließlich Newton erfolgte. Einen ähnlich grundlegenden geistigen Umbruch in den Natur- oder »Körper«-Philosophien stellt wohl die Umsetzung der Gesetze der Bewegung in die angewandte Mechanik der Maschine dar. Dieser Umbruch sollte sogar noch mehr als die ersten beiden praktische Folgen für die gesamte Bandbreite des täglichen Lebens haben. Für das Maschinenzeitalter ist der Internationale Stil die der Klassik entsprechende Epoche. Sicherlich muß nicht jedem großen Schritt in der Naturphilosophie, d.h. jedem großen geistesgeschichtlichen Einschnitt, dem neue Erkenntnisse über physikalische Körper und deren Bewegung zugrunde liegen, eine Klassik folgen, in der besonders intensiv um die Darstellung von Bewegungsfähigkeit und Gewicht gerungen wird. Große Umbrüche in diesem Bereich scheinen solchen Entwicklungen jedoch einen fruchtbaren Boden zu bereiten.

Die drei genannten Epochen, griechische Klassik, Hochrenaissance und Internationaler Stil, werden im folgenden auf Gemeinsamkeiten im Grundsätzlichen, hier noch beschränkt auf das Formale, untersucht. Dabei sollen die **Vergleichspunkte** vor allem die nächstliegenden sein: Die Architektur stellt die körperlichste aller Künste dar. Ihr Grundthema sind die körperlichen Kräfte und ihre Darstellung. Das sind einerseits die Schwerkraft, d.h. das Lasten und die **Gewichtigkeit,** andererseits die dagegenwirkende **Bewegungsenergie**, die des Tragens beispielsweise oder die, die aus dem Baukörper herausdrängt. Ausgehend von den Bauformen der griechischen Klassik hat man bisher zwischen den Funktionen Tragen und Lasten unterschieden. Gerade die Hochrenaissancearchitektur eines Michelangelo zeigt jedoch, daß Bewegungsfähigkeit sich nicht auf die Funktion des Tragens beschränken muß. Ungleich wichtiger ist für ihn die aus dem Bau herausdrängende Energie. Zum Generalthema avancierte der anschauliche Ausdruck von Bewegungsfähigkeit schließlich in der Moderne. Dabei ging es längst nicht mehr nur um die Darstellung der Funktion Tragen. Bewegung war die Kraft, die man seit den Tagen des Ersten Weltkriegs in der ersten Blütezeit der Baukunst der Moderne geradezu vorrangig umsetzen wollte. Oft wird die Funktion des Tragens als Teil des Ausdrucks von Gewichtigkeit in der Architektur angesehen. Es handelt sich jedoch um eine bestimmte Form der Bewegungsfähigkeit. Und gerade die intensive Interaktion von Gewichtigkeit und Bewegungsfähigkeit ist im Formalen das Merkmal klassisch geprägter Epochen. Je reiner die zwei Basisenergien von Gewichtigkeit und (potentieller) Bewegungskraft dargestellt werden, je weiter die **Reduzierung der Mittel** gerade auf diese zwei abzielt, desto stärker treten sie hervor, desto gewaltiger wirken sie und desto **geschlossener** erscheint zugleich die **größere**

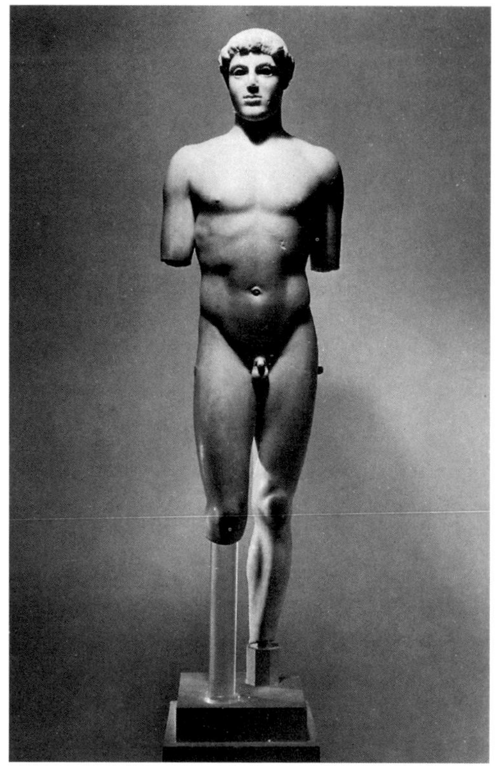

16. Phidias (?), Parthenon, Athen, 447–438 v. Chr.
17. Kritios und Nesiotes, Ephebe Nr. 698 (sog. Kritiosknabe), Athen, kurz vor 480 v. Chr.

18. Athenatempel, Paestum, um 510 v. Chr.

Einheit. Denn zwei Energien, die sich wie diese bedingen und ohne einander nicht sein können, vermeiden ein Zerfallen in parataktische Vielheit. So sind die Vergleichskriterien: Gewichtigkeit, Bewegungsenergie, die Reduzierung der Mittel und die Schließung zu einer größeren Einheit. Eine Architektur, die diesen Werten besonders prägnant Ausdruck verleiht, dürfen wir als klassisch bezeichnen. Daß es auch eine diaphane, unkörperliche Architektur gibt, besonders in der Gotik, die jedoch ganz andere Zielsetzungen hatte, soll die Fragestellung hier nicht berühren. Denn gotische Diaphanie und Körperlosigkeit sind unzweifelhaft nicht die Themen von Archaik, Klassik und reichem Stil, von Früh- und Hochrenaissance sowie Manierismus und erst recht nicht von früher Moderne, Internationalem Stil und Postmoderne, Stilrichtungen, denen hierzu gänzlich das geistige Umfeld fehlt.

Erster Exkurs: Die Herausbildung der Klassik der griechischen Antike

Stilentwicklungen müssen nicht in allen Gattungen parallel verlaufen. Die Parallelen innerhalb der verschiedenen bildenden Künste sind jedoch typischerweise stärker ausgeprägt als diejenigen zu anderen Künsten; zwischen Skulptur und Architektur sind sie im späten 6. und im 5. vorchristlichen Jahrhundert unverkennbar. Man kann kaum einen trefflicheren Ausdruck für Bewegungsfähigkeit finden als den des Kontraposts, die zentrale Erfindung der Klassik, die im sogenannten Kritiosknaben, der kurz vor 480 v. Chr. entstand, zum erstenmal Gestalt annimmt. Anders als bei den gleichbelasteten Beinen in der skulpturalen Kunst der Archaik, bedingt die Bewegung der Beine hier diejenige des gesamten Körpers und den Funktionszusammenhang zwischen allen Einzelteilen. Und die mächtig ausladende Brustpartie des Kouros, des Jünglings, macht Gewichtigkeit in vorher ungekanntem Maße anschaulich. Für die Kore, das Mädchen, wählte man statt des archaischen Chitons, der dünn war und den vielfache Röhrenfalten besetzten, den dicken, am Bauch quer abgeschnittenen Peplos, der über den auch hier kontrapostisch bewegten Beinen wie ein Architravstück wirkt. Die geistige Entsprechung des Gewichtes ist der Ernst. In der frühen Klassik werden die Gesichter sehr ernst und gemessen, sie haben schwere Brauen, Wangenknochen, und ihnen fehlt das geradezu sprichwörtliche archaische Lächeln. Die erste Phase der Klassik nennt man deshalb sehr treffend den strengen Stil.

Die Architektur folgte etwa 30 Jahre später. Wegen ihrer größeren Dimensionen entwickelt sie sich langsamer als die anderen Künste und ist von Natur aus »konservativer«, was sich konsequenterweise nochmals verstärkt in der Wolkenkratzerarchitektur zeigt. Das erste Bauwerk des jüngeren Stils ist gleichzeitig dessen Meisterwerk: der Parthenon auf der Akropolis (447–438 v. Chr.). Unter den archaischen Tempelstädten gelten die süditalienischen als herausragend, und unter diesen nimmt zweifelsohne nochmals die von Paestum, vor allem mit dem Athenatempel (um 510 v. Chr.) eine Sonderstellung ein. Vergleicht man ihn mit dem jüngeren Bau, so fällt zunächst bei ähnlichen Höhen- sowie Längen- und Breitenausdehnungen auf, daß die Gewichte sehr unterschiedlich verteilt sind: Die Giebelhöhe (mit Gebälk) steht zu der Säulenhöhe (mit Kapitell) nicht mehr im Verhältnis von 5:6, sondern im Verhältnis von 2:3,2. Der Giebel nimmt somit im älteren Bauwerk fast die Hälfte der Gesamthöhe ein, im neueren nur gut ein Drittel. Zum anderen werden die Säulen dichter gestellt: 8 statt 6 auf der Vorderseite, 17 statt 13 auf der Längsseite. Als Einzelkörper sind sie schlanker und gerader. Die Krasis, die Bauchung der Säule ist abgeschwächt. Der nochmals zwanzig Jahre ältere Nachbarbau des Athenatempels, die sogenannte Basilika, hatte sie ins fast Rundliche übertrieben. Im Parthenon ist sie weitgehend zurückgenommen, ihre belebende Kraft bleibt fühlbar, ohne deutlich ins Auge zu stechen. Auch die für den Athenatempel charakteristische fladenartige Abrundung der Kapitelle, die wiederum in der Basilika noch stärker war, fehlte gut ein halbes Jahrhundert später. Wie wirkten sich diese Neuerungen aus?

Zunächst werden die Funktionen der einzelnen Teile **klarer geschieden**, die zur Erreichung einer bestimmten Wirkung eingesetzten Mitte l werden ausschließlicher auf diese zugeschnitten. Diese Scheidung von Mitteln und Funktionen bewirkt aber nicht Vielfalt, sondern größere Einheit, da sie in bewußtere Kommunikation miteinander treten können und stärker aufeinander angewiesen sind. Die Funktionen sind die des Lastens (Gewichts) und die der Bewegungsenergie (hier in Form von Tragen, d.h. einer vertikal aufwärts führenden Energie). Jede dieser Kräfte und Funktionen wird im Parthenon viel augenfälliger vorgeführt.

Die **Funktion des Tragens** kommt im Parthenon viel energischer zum Ausdruck. Durch die Schrägstellung der äußeren Säulen wirkt ihre tragende Funktion – und damit zugleich die lastende von Gebälk und Giebel – besonders anschaulich. Im älteren Gebäude bewirkt die sehr starke Krasis jeder einzelnen Säule, daß der Eindruck, die äußeren Säulen neigten sich schräg nach innen, nicht entsteht. Erst bei geradlinigen Säulen wird eine Abweichung von der parallelen Stellung aller Säulen sichtbar. Von den älteren Säulen hat jede ihre eigene Krasis. Diejenigen des Parthenons haben eine Gesamtkrasis. Dies hat seine Entsprechung im Grundriß, der leicht zur Mitte der vier Seiten hin ausgebaucht ist und so eine dem Tempel innewohnende latente Bewegungsenergie anzeigt. Der Eindruck, ein Gewicht werde gemeinschaftlich in die Höhe gestemmt, wird durch die Schrägstellung der äußeren Säulen viel stärker erweckt als durch eine Reihe von gerade stehenden, selbst wenn jede von ihnen die Krasis aufweist. Die schräg gestellte Säule zeigt Dynamik im Kräftespiel der einzelnen Teile miteinander. Alle Teile werden einer größeren Einheit, der Dynamik der gegeneinander wirkenden Kräfte, untergeordnet. Der tragende und ragende Charakter der Säulen wird aber auch durch ihre größere Schlankheit und Geradlinigkeit betont – vergleichbar mit der Schlankheit der tragenden Teile beim Kritiosknaben. Im Gegensatz zu den Säulen der älteren Bauwerke, deren Kapitelle und Schäfte sich in der Mitte unregelmäßig ausbauchen, wirken sie weniger gestaucht, und die Exklusivität der Richtung – nach oben – wird betont. Neben der Schrägstellung und Geradlinigkeit der Säulen im jüngeren Bauwerk, die Hochstemmen und Aufragen stärker sichtbar machen, ist auch die größere Anzahl der Säulen geeignet, die aktive Kraft in Richtung Höhe zu verdeutlichen. Trägt Masse, die darüber hinaus gestaucht wird, den lastenden Teil, so kommt das Energische des Tragens, das nicht auf der Quantität der Tragkraft, sondern auf ihrer Qualität beruht, viel weniger zum Ausdruck als bei schlankeren Säulen in größerer Anzahl.

Das Gegengewicht zum Tragen und Aufragen ist das Lasten und breit Lagern. Diese Funktion ist wiederum im Parthenon in dem Element, das das Lasten und breit Lagern deutlich machen soll, dem Gebälk und dem Giebel, viel klarer hervorgehoben. Im Verhältnis zur Gesamthöhe ist der Giebel viel flacher und breiter gehalten. Es wird deutlicher, daß er den Querabschluß einer Gesamteinheit bildet und nicht wie ein Stockwerk eine Einheit für sich. Die klare Zuteilung der jeweiligen Rolle, die ein Element zu spielen hat, fördert die Einheit insofern, als nicht mehr zwei etwa gleich starke Elemente nebeneinander existieren (etwa gleich massig, gleich hoch), sondern beide sich so voneinander unterscheiden. Solchermaßen unterschiedlich können sie allein nicht mehr bestehen, sondern sind aufeinander angewiesen.

Zur gesteigerten Einheitlichkeit und verstärkten Darstellung des Gewichtes und der Bewegungsenergie gesellt sich im Parthenon die größere **Strenge**: Geradlinigkeit tritt beispielsweise in den Säulen und Kapitellen an die Stelle von Krasis und Bauchung, die mangels strenger Geometrie unbestimmter und weniger straff wirken müssen. Allgemein vermeidet der Parthenon die sichtbare Abweichung von der präziser wirkenden Geometrie – etwa bei der Krasis und beim Hervortreten der Säulen in der Mitte der Längsseiten. Die Einzelteile sind generell schärfer geschnitten, die Kanneluren ebenso wie die Kanten. Die weicheren (und verunklärenden) Übergänge fehlen.

19. Tizian, Madonna des Hauses Pesaro, Venedig, 1519–26.
20. Michelangelo, St. Peter, Rom, ab 1546.

Zweiter Exkurs: Die Herausbildung der Klassik der Hochrenaissance

Mit dem Übergang von der Früh- zur Hochrenaissance vollzog sich die Abkehr von der Vielfalt und Parataxe hin zur Einheit und Syntaxe, zugleich von der Atmosphäre der farbenfrohen Unbeschwertheit hin zu einer mit Bewegungsenergie gepaarten Gewichtigkeit und strengen Emphase. Wieder stellt die spätere Epoche den Höhepunkt einer gesamten Stilentwicklung, diesmal der des christlichen Abendlandes dar. In der weniger körperlichen Gattung der Malerei, der für die Früh-und Hochrenaissance wichtigsten künstlerischen Ausdrucksform, zeigt sich dies besonders deutlich an den venezianischen Meistern: Bellini, dem größten Maler der Frührenaissance, und Tizian, dem wohl fruchtbarsten Maler der Hochrenaissance. Zwischen beiden liegen, was die Bewegungsfähigkeit und die Gewichtigkeit angeht, Welten. Beide Meister haben uns in der Frarikirche die Darstellung einer Sacra Conversazione hinterlassen. Für Bellini ist die Bildarchitektur aus kleinen Säulen charakteristisch, die aus der Rahmenarchitektur übernommen wurde. Tizian setzte in seine Pala der Madonna des Hauses Pesaro ein gewaltiges, pathetisch schweres Säulenpaar, das gewichtigste in der gesamten Kunstgeschichte, das jede Architektur der Umgebung in den Schatten stellt. Und Bellini baute symmetrisch, in abgeschlossenen Kompartimenten, während Tizian – in derselben Pala der Pesaromadonna – die quer durch das Bild gezogene Schräge mit ihrer gewaltigen, die gesamte Gestaltung erfassenden Bewegungsenergie erfand. Ähnlich unterschiedlich in der Energiegeladenheit sind die Orte für die Madonnen, bei Bellini ist es ein gewöhnlicher, mit einfachen Stufen erschlossener Thron, bei Tizian eine Riesenstufe, eine übermenschliche Stufe – abgehoben von der kleinen daneben, die der Menschenwelt angehört.

Eine Geschichte der Hochrenaissancearchitektur könnte sich auf nur zwei Werke beschränken: St. Peter des Bramante und des Michelangelo, dem großen Gründungsbau, der im ersten Jahrzehnt des 16. Jahrhunderts begonnen wurde; und eine der großen Kirchen Palladios, vor allem S. Giorgio Maggiore. Zur besseren Vergleichbarkeit mit dem bisher Beschriebenen bleiben wir beim Außenbau, dieser hat in der Antike und auch in der Moderne zudem die größere Bedeutung. Unter diesem Blickwinkel ist St. Peter als Vergleichsbeispiel weniger geeignet, der Bau fällt zu sehr aus dem Rahmen. Das Drängen und Bewegen in der Mauermasse ist allgegenwärtig und so titanisch, daß diese selbst die Pilasterordnung schräg herauszutreiben scheint; doch gleich gegenwärtig ist die Schwere, besonders in der Attika, die stärker auslädt als je zuvor, um diesen gewaltigen Bewegungsdrang oben zu bändigen; Michelangelos Außenbau- und Konchenlösung lebt von beiden Prinzipien wie kaum ein anderer Bau der Weltarchitektur; in der Frührenaissance jedenfalls ist auch typologisch kein annähernd als Vergleichsbeispiel geeignetes Gebäude auszumachen. Darüber hinaus wirkt zwar im Innenraum von St. Peter die sprichwörtliche gravitas romana der Hochrenaissance, eine (Eingangs-)Fassade wurde aber in der Hochrenaissance nicht gebaut. Ganz anders ist dies bei S. Giorgio: Der Bau wurde in wenigen Jahren abgeschlossen. Er steht in noch stärkerem Maße für eine Qualität, die zunehmend an Bedeutung gewann und schließlich in der Diskussion um die Postmoderne ins Zentrum der Aufmerksamkeit rückte. Gemeint ist hier die Ausrichtung eines Baus auf seine Umgebung, die immer weiter reichende Einbeziehung des Kontextuellen. Sie wächst mit Ausweitung des Bezugsrahmens. Zunächst werden Stadtbilder einbezogen, dann Regionen, schließlich die ganze Welt. Außerdem ist das beste Vergleichsbeispiel zu S. Giorgio in der Frührenaissance schnell gefunden: Von den führenden Architekten dieser Epoche, Brunelleschi und Alberti, war es nur dem zweiten vergönnt, (drei) große Fassaden zu gestalten. Unter ihnen zeigt diejenige von S. Maria Novella in Florenz am deutlichsten die basilikale Form. Vom Typus her ist sie damit der Fassade von S. Giorgio am nächsten. Zwischen beiden Werken liegen jedoch wiederum Welten, was die Ausformulierung der zwei Kräfte, der Gewichtigkeit und der (aufragenden) Bewegungsenergie, in der Ausschließlichkeit ihrer Herrschaft und in der solchermaßen verwirklichten Geschlossenheit der größeren Einheit betrifft. Das von der monumentalen Giebelform vorgegebene Leitthema ist dabei die Einbindung des Dreiecks in das Gesamtbild.

Palladio gelang der Schritt zur Gesamtfassade – die Grundlage für die Architektur nach ihm vom Barock bis zur Moderne. Bei Kirchen mit Langhaus traten in der Frührenaissance die Kuppel und das Querhaus bei der Gesamtfassade nicht in Erscheinung. Dies blieb selbst noch bei Michelangelos Projekt für S. Lorenzo so, dem wichtigsten, aber unausgeführten Hochrenaissanceentwurf einer Langhausfassade im römisch-florentinischen Bereich. Und dem Zentralbau der Hochrenaissance war die gerichtete Fassade in den großen Beispielen des 16. Jahrhunderts wesensmäßig fremd geblieben, sie war tendenziell nur Anhängsel. Palladio brach damit und ließ den gesamten Kirchenbau bewußt in die Fassadengestaltung eingehen. Eine Gesamtfassade entstand. Die Einheit wurde ungleich größer, und die Teile waren stärker integriert. Den nächsten vergleichbaren Schritt vollzog erst die nächste klassische Epoche, der Internationale Stil in der Wolkenkratzerarchitektur. Es ist der Schritt zur Gestaltung des gesamten Stadtbilds, nicht mehr nur des einzelnen Gebäudes (S. 88, 93). Palladio konnte mit der Gesamtfassade, die schon äußerlich mit den früheren radikal bricht, sein Thema vertiefen. Denn er konnte fortan mit zwei Ebenen arbeiten, der Fassade des Langhauses und derjenigen des gesamten Kirchenbaus.

Die Langhausfassade selbst, die vor Palladio noch der einzige Teil war, der als Fassade gestaltet wurde, spielt das Thema der drei Dimensionen oder Bewegungsrichtungen bereits mit größter Einfachheit durch. Das Hervortreten, die zweite Dimension, wird in der Mitte deutlich gemacht: Hier und seitdem allgemein in Hochrenaissance und Barock tritt die steilere der beiden übereinandergelegten Tempelfronten um eine Schicht hervor. Deutlich wird dies in den Sockeln, im Giebel und in den Säulen, die an die Stelle der flacheren und bescheideneren Pilaster der »Abseiten« treten; die vorgelagerte Tempelfront überschneidet die flachere. In ihr lebt auch die dritte Dimension, die Höhe: mit der höheren Aufsockelung, mit höheren und schlankeren Säulen, mit dem zur Spitze geschlossenen Giebel. Daß der Giebel als das wichtigste aufstrebende Element voll geschlossen wird, ist von Bedeutung. Die flachere Tempelfront hingegen gestaltet die erste Dimension, die Breite. Nicht von ungefähr ist sie im Giebel fragmentiert. Und die Linie, an der überhaupt erst deutlich wird, daß es sich auch hier um eine zusammenhängende, allerdings überschnittene Tempelfront handelt, ist eine Horizontale: die des durchgehenden Gesimses. Das Fehlen des entscheidenden Elements für den Höhenzug soll man an dieser Tempelfront als charakteristisch erkennen. Eine Tempelfront tritt hervor, überschneidet, steigt in die Höhe und übernimmt so den aktiven Teil der Gestaltung; die andere wird fragmentiert. Eine Hierarchie, die gleichzeitig Einheit schafft, wird erkennbar. Dies ist das klassische palladianische Fassadenschema, revolutionär in seiner Einfachheit. Wegen seiner Einfachheit und Nachahmbarkeit hat dieser Schritt Berühmtheit erlangt.

Doch damit ist nur der Nukleus angesprochen. Zu ihm tritt die Gesamterscheinung der Kirche. Vom Nukleus beziehen alle Bauteile ihre Kraft; sie unterstreichen das von ihm angeschlagene Thema und füllen es mit Leben: Im Gesamtverband setzen sich die aktiveren Dimensionen des Höhenzuges und der hervortretenden Tempelfront, die voller Bewegungsenergie sind, in fast herrischer Weise von den passiven ab, deren Ausdehnung nach beiden Seiten hin erfolgt.

Was die hohe Tempelfront für den Nukleus leistet, leistet dieser für die Gesamtfassade. Mit dem Höhenzug und durch das Hervortreten der Tempelfront wird er zum aktivsten Teil der Fassade. Im Verhältnis zur Rahmenfassade tritt selbst die flachere Tempelfront besonders

21. Andrea Palladio, S. Giorgio Maggiore, Venedig, 1565.

deutlich hervor und vollzieht eine Stufung nach oben. Dies erscheint offensichtlich, soweit man den Vergleich auf die vordere Ebene beschränkt, d.h. auf die angrenzenden niederen Klostermäuerchen links und rechts mit den Ädikulatürchen. Diese Türchen sind mit ihren Giebeln der steilen Tempelfront nachgebildet. Die drei Giebel bringen so das Leitmotiv der energisch hervortretenden, aufsteigenden Mitte prägnant auf einen Nenner; ebenso werden sie in ihrer Dreizahl von der Kuppel und den zwei Chorflankentürmen hinten thematisch aufgegriffen. Das Hervortreten einzelner Fassadenelemente ist jedoch auch im Vergleich zu den Querhausarmen unbestreitbar, die weit im Hintergrund liegen; ihre Instrumentierung (fast mehr Lisenen als Pilaster) gliedert die weit ausgebreitete Wand nur zurückhaltend, während selbst die flachere Tempelfront vorn auf Grund der Vielzahl der Gliederungselemente stärker modelliert wirkt und damit Tiefe erhält. Aber auch in der Steilheit (Höhenzug) übertrifft selbst die flachere Tempelfront die Querhausarme. Deren größerer absoluter Höhe wird durch die größere absolute Breite die Steilheit genommen. Daß die Querhausarme sogar den Eindruck stärkerer Flachheit und Breite vermitteln, beruht auf den übrigen Gliederungselementen und den Dachneigungen: Die Doppelpilaster der Querhausarme, die die Doppelpilaster der flacheren Tempelfront darunter aufnehmen, werden in deutlichem Kontrast zu den darunterliegenden auseinandergezogen; die Dachneigungen im Querhaus mit seinem sehr niedrigen Pultdach sind noch flacher als der Giebelansatz der flacheren der beiden Tempelfronten. Die Querhausarme verbindet wiederum eine einzige durchgehende lange horizontale Linie – sie wird in der steileren der Tempelfronten fortgeführt. Aber auch das höhere Element der Kirche hinter der Fassade, die Kuppel, wirkt trotz der größeren absoluten Höhe weniger aufragend und nach vorne tretend als die mittlere Tempelfront. Dies liegt u.a. daran, daß die Kuppel, so sehr sie auf venezianische Formen anspielt, breit und flach gehalten ist. Die hohe venezianische Stelzung wird zugunsten eines horizontal auslaufenden Randes am unteren Ende vermieden. Flach wirkt insbesondere der kaum sichtbare Tambour, der im Kontrast zu der sehr hohen Aufsockelung der Tempelfront steht. Die mittlere Tempelfront und nach ihr der Rest der Nukleusfassade stellen so den steilsten Teil der Gesamtfassade dar, den, der besonders energisch nach vorn tritt. Im Gegensatz zu den weich anmutenden und passiven Elementen des hinteren Bereichs ist die Bewegungsenergie an dieser Stelle sehr stark.

Der Eindruck, daß der Nukleus eine aktive und energische, die restliche Gesamtkirchenfassade dagegen eine weiche, passive Rolle spielt, beruht fast noch mehr auf der Gestaltung beider Teile als auf den tatsächlichen Breiten- und Höhenausdehnungen und ihren Proportionen. Der Nukleus tritt nicht nur über verschiedene Stufen und Schichten dominierend hervor, was durch Überschneidungen (auch gegenüber der Kuppel) noch unterstrichen wird. Den Nukleus zeichnet vielmehr auch eine viel stärker energiegeladene Kantigkeit im Abschluß aus; die Kuppel hingegen schließt selbst am unteren Rand weich ab. Hier offenbart sich der eigentlich entscheidende Kontrast zwischen der weißen Nukleusfassade und der braun-grauen Randfassade, zwischen dem Energisch-Gebauten und dem Weich-Naturgebundenen. Das Hervortreten und der Höhenzug sind die beiden aktiven Dimensionen, die der Natur, die hier breit und flach ist, entgegengesetzt sind und die sich als Menschenwerk von ihr absetzen. Daß beide in der mittleren Tempelfront und allgemein in der Nukleusfassade am reinsten verwirklicht sein sollen, erklärt auch den Einsatz der Farben. Der kalte Haustein, der fest und beständig ist, wird der Nukleusfassade vorbehalten, die diese Dimensionen verkörpert, der vergänglichere Backstein, der die Farben der Erde trägt, den anderen Teilen der Kirche, die passiver zurücktreten und sich in die Breite ausdehnen. Die hart-kantige Nukleusfassade steht gegen die weiche Rahmenfassade des Querhauses und der Kuppel. Den äußersten Rahmen nach oben und zu den Seiten hin bildet folgerichtig die weichste, die runde Form. Es zeigt sich der Kontrast zwischen dem von Menschenhand Gestalteten – der starken Gliederung, der Instrumentierung und der Kantenbetonung in Haustein – und dem Erdfarbig-Breitlagernden und Naturbelassenen. Palladio wagte es, den Nukleus deutlich gegen die Natur abzusetzen. Die Klassik scheut die klar als solche ausgewiesene Kunst nicht: Tizian nicht die überdimensionierte Stufe und die Säule für seine Madonna; Phidias scheute sie nicht in seinem Parthenon, der stets als Krone (auf dem Fels), nicht als Teil der Natur gesehen wurde, Palladio scheute nicht die Nukleusfassade, die als hart geschnittener, gestalteter Block aus der Gebäudemasse hervortritt, welche wiederum nach hinten und nach außen zunehmend weicher und runder wird. Für die Werke Picassos, Mies van der Rohes und Le Corbusiers lassen sich später ähnliche Merkmale herausarbeiten. Die Klassik hat den Mut hervorzuheben, daß die Kunst die Natur übertreffen kann.

Die Gestaltungsprinzipien werden im Turm zusammengefaßt. Hauptteil ist ein weißes Gehäuse, das ebenso gegliedert und mit Säulen besetzt ist wie die mittlere Tempelfront. Dieser Hauptteil ist auf einfachem Backstein aufgesockelt und hat hart geschnittene, hervortretende Kanten. Gestaltetes tritt wieder aus weniger Gestaltetem hervor. Diesmal wird noch deutlicher, daß dem Teil, der gegliedert und gestaltet ist, auch die Dimension der Höhe zuge-

22. Leone Battista Alberti, S. Maria Novella, Florenz, ab 1458.

ordnet wird. Er bildet die Krone. Nach oben hin entsteht der Abschluß wieder durch eine venezianische Form, die alle drei Dimensionen zusammenfaßt. Palladio ist eben – wie Mies van der Rohe, bei dem gerade der fehlende Umweltbezug polemisch behauptet wird (S. 63, 98) – nicht nur Klassiker, sondern er ist sich auch deutlich seiner Umgebung bewußt. Das Kontrastbeispiel stellt die vielleicht am straffsten gegliederte Fassade der Frührenaissance dar, und doch wirkt es im Vergleich fast, als sei es ohne Einheit und Gewichtigkeit.

In einem Element erreichte **Alberti** annähernd dieselbe Gewichtigkeit und Energie wie Palladio, im abschließenden, sehr einfachen Giebel oben. Entscheidend für den Ausdruck von **Bewegungsenergie** war bei Palladio die klare Scheidung verschieden ausgerichteter Teile, d.h. die Kontrastierung der Mitte und der Abseiten. Ein ähnlicher Kontrast, der Dimensionen wirken ließe und damit Bewegung erzeugte, fehlt hier weitgehend. Natürlich kannte die Frührenaissance noch nicht die Vorstufung in Richtung Mitte. Das Charakteristische an S. Giorgio ist insoweit aber, daß Palladio dieses Mittel auch dort nur einmal, an der entscheidenden Stelle, einsetzte. Wieviele Probleme ein nichtklassischer Bau mit der Erzeugung eines Eindrucks von Energie haben kann, der durch Vorstufung erzielt wird, zeigt nahezu zeitgleich Vignolas Il Gesù in Rom. Il Gesù gilt als Initialbau des Typus der großen Kongregationskirchen. Dort wird über die Vielzahl der Vor- und Rückstufungen der entscheidende Schritt nach vorn, der Schritt voller Bewegungsenergie, verwischt. Albertis Fassade jedenfalls ist noch fast flach wie ein Brett. Die Mitte und die Abseiten wurden aber auch aus anderen Gründen nicht energisch voneinander geschieden. Die Trennung beider Teile ist nur im oberen Geschoß durchgeführt. Im unteren dagegen läuft eine Arkadenreihe über die ganze Breite der Fassade. Alberti nutzte nicht einmal einen der vielen Pilaster, um die Trennungslinie zwischen der Mitte und den Abseiten zu bezeichnen. Eine Scheidung der Säulen von den Pilastern oder verschieden hohe Aufsockelungen sucht man vergebens. Oben ist die mittlere Tempelfront auf Grund ihrer Flachheit fast übergangslos in die Fläche der angrenzenden Voluten eingebunden. Und auch im Übergang von einem Stockwerk zum anderen entsteht kein Energieschub. Vermittelt somit die Fassade schon sehr viel weniger den Eindruck von innewohnender Bewegungsenergie, so scheint sie doch im großen Maße **Gewichtigkeit** zu besitzen. Immerhin krönt ein klarer, auch nach vorn recht ausladender Giebel das obere Geschoß, ein breiter Architrav das untere. Nur bedingt kann man darauf verweisen, die Buntfarbigkeit mindere den Eindruck von Gewichtigkeit, denn die Buntfarbigkeit war durch die bereits vorhandenen Partien, die Bogennischenreihe unten, vorgegeben. Doch wie Alberti mit ihr verfuhr, ist wiederum bezeichnend. Er gestaltete den Abschlußrand außen und die Pilaster oben quergestreift, d.h. ornamental aufgelöst und destabilisierte sie auf diese Weise. Überhaupt ist zwar ersichtlich, daß Alberti mit dem äußeren, vorkragenden Rand, der auch den Giebel umfaßt, Festigkeit nach außen verleihen wollte. Dabei handelt es sich jedoch um ein rein äußerliches Mittel, das den Baukörper nicht prägt. Der Rand wirkt im Verhältnis zur Fassade zum einen als zufälliger Zusatz. Zum anderen ist er im wichtigsten Übergangsstück, den Voluten, unterbrochen: Dort fehlt jegliches vorkragende Element. Wie dünn solch ein Rand wirken kann, zeigt eine Fassade, die zeitgleich mit der S.-Giorgio-Fassade entstand, die des S.-Giuliano-Projektes in Venedig von Sansovino. Um die gesamte Fassade wird ein solcher Rand gelegt, der durch seine Länge im Verhältnis zur Fläche viel zu dünn wirkt. Aber nicht nur der Rand erscheint in der Fassadengestaltung von S. Maria Novella wenig gewichtig, sondern ebenso der Architrav. So breit er ist, so wenig ausladend ist er auch; und man hat den Eindruck, als sei er gezeichnet. Erst durch Michelangelo entstanden wahrhaft ausladende und damit auch gewichtige Architrave, etwa im Palazzo Farnese. Der Architrav von S. Maria Novella ist jedoch nicht nur (zu) flach im Relief, sondern liegt auch auf sehr wackeligen Stützen auf, den dünnen, langgezogenen Säulen und den extrem schmalen Pilastern; zudem ist der Übergang zwischen den Stützen und dem Architrav unklar. Die maßlos überlängten Pilaster des Arkadenfrieses stehen geradezu paradigmatisch für fehlende Stabilität und Gewichtigkeit. Hier ist die Fassade Teppich, ohne Tektonik. So ist denn auch die Einheit bei Alberti schwächer ausgebildet als bei Palladio. Die großen dunklen Akzente sind ebenfalls weniger eindeutig gesetzt. Bei Alberti sind es mehrere, bei Palladio nur einer. Bei Alberti gliedert sich die Fassade in Stockwerke, denn die kolossale Säulenordnung kannte er zu dieser Zeit noch nicht. Später hat er sie selbst für S. Andrea in Mantua entwickelt, wo er alle Säulen und die dahinterliegenden Schiffe mit einem sehr breiten Giebel zusammenband, der jedoch zu breit war, um den Eindruck von Gewichtigkeit zu vermitteln. Beim Vergleich der Fassadenkunst Palladios mit derjenigen Albertis ergeben sich extreme Gegensätze: Gewicht gegen Unruhe; Einheit gegen Vielfalt; Reduzierung und Ordnung der Mittel gegen Parataxe; Strenge und Ernst gegen Unbestimmtheit.

Die Klassik der Moderne: der Internationale Stil

Mit der Beurteilung von Moderne und Postmoderne tut man sich in der Gegenwart schwer. Lange als künstlerische Blüte des industrialisierten Zeitalters gepriesen, ist der Internationale Stil heute als herrisch, sinnentleert und ohne Gespür für den urbanen Kontext verpönt (4. Kapitel). Noch schwieriger scheint die Beurteilung der Postmoderne. Die äußerst eleganten und raffinierten Formen, die glatte dünne Glashaut, die die Wolkenkratzerarchitektur in den späten 70er und den 80er Jahren vorzugsweise als Oberfläche verwendete, und die historisierenden Zitate interpretiert Goldberger als typisch barocken Zug. Andere (miß)verstehen die postmoderne Architektur als eine neue Phase des Historismus und heben damit hervor, daß beide Stilrichtungen sich gern an frühere Stile anlehnen; doch bleibt der Vergleich oberflächlich, da die Postmoderne nur ironisierend und in Zitaten solchermaßen Bezug nimmt. Dagegen treffen Huxtable und Curtis mit dem gelegentlichen Hinweis auf manieristische Züge die Wahrheit schon sehr viel besser, wenn sie auch andernorts wieder barocke und sonstige Bezugspunkte betonen. Dezidierter wird der Hinweis auf den Manierismus bei Joedicke. Da jedoch der Manierismus ohne die Klassik nicht denkbar ist, gilt es zunächst, die Klassik darzustellen. Jencks – schon immer ein Freund der Vielfalt – vergleicht die Postmoderne als Bewegung in einigen seiner Publikationen mit der Renaissance, in anderen mit dem Manierismus oder mit dem Barock. Es handelt sich dabei jedoch hauptsächlich um Impressionen.

Die ahistorische Tendenz in der Geschichtsschreibung zur Architektur der Moderne findet ihren Höhepunkt in den Auseinandersetzungen mit den Wolkenkratzern, dem Gebäudetypus, der für dieses Jahrhundert bezeichnend ist. Bei der Betrachtung dieses Typus schiebt man sogar die in der frühen Architektur des eigenen Jahrhunderts erkennbaren Wurzeln meist achtlos beiseite, so vor allem der Nestor der Wolkenkratzer-Architekturkritik, Paul Goldberger, bei dem es heißt: »Daß diese amerikanischen Türme teils auf in Europa entwickelte theoretische Modelle zurückgehen, ist zwar wichtig, oder gar komisch, weckt aber wenig wirkliches Interesse für die neuen europäischen Bauten.« Eine Architekturkritik, die sich auf die Wiedergabe von Impressionen beschränkt, ist unzureichend. Geschichtslosigkeit kommt der Blindheit gleich. Das Wesen der Moderne und Postmoderne wird erst erfahrbar durch einen Vergleich in wichtigen Grundzügen, der auch die Tradition berücksichtigt: Der Internationale Stil stellt die Klassik der Moderne dar (vgl. hier im folgenden), die Postmoderne den auf eine solche Klassik folgenden Manierismus (5. Kapitel), der überwiegend von seiner kritischen Abwehrhaltung gegenüber dem Vorgängerstil lebt und daher weniger als agierender denn als reagierender Stil zu verstehen ist (4. Kapitel).

Die Wolkenkratzerarchitektur

Die für die griechische Antike und die Hochrenaissance beschriebene Entwicklung prägte auch das frühe 20. Jahrhundert. Für die Malerei und die Plastik erfolgte der entscheidende Schritt mit dem Übergang von Impressionismus, Kubismus und Expressionismus zu einer neuen Klassik, für die Picassos Phase der »Schweren Mütter« oder die Plastiken Matisses im zweiten Jahrzehnt beispielhaft sind. In der Architektur konstatiert man diesen Entwicklungsschritt Mitte der 20er Jahre, in der Wolkenkratzerarchitektur, soweit sie realisiert wurde, erst in den 50er Jahren. Dennoch sollen die ersten Vergleichsbeispiele aus dieser Gattung gewählt werden.

Es ist schon verfehlt, daß die Architekturgeschichte eines Jahrhunderts gerade den Bautypus ignoriert, der für dieses Jahrhundert spezifisch ist. Man gibt sich so mit einer nur halben Architekturgeschichte zufrieden. Und wirklich trug die Vernachlässigung des (großen) Typus der Moderne dazu bei, den Internationalen Stil in seiner wichtigsten Qualität, der großen Form, zu verkennen und die Unzulänglichkeiten der kleinen Form, in der Postmoderne, die in der Wolkenkratzerarchitektur besonders sichtbar werden, herunterzuspielen. Auch hat sich in keiner Gebäudegattung dieses Jahrhunderts ein Typus so einheitlich und klar herauskristallisiert. Insofern wird der Wolkenkratzer dem Zentralbau der Hochrenaissance vergleichbar. Deshalb kommt ihm eine zentrale Bedeutung zu. In den 50er Jahren entstanden mit dem UN-Sekretariat (1947–50) und dem Seagram Building (1954–58) erstmals Gebäude, die sowohl im Typus als auch im Stil modern sind. Nur das zweitgenannte, das Seagram Building, wurde vom entwerfenden Meister selbst auch ausgeführt. Zum ersten Mal realisierte einer der beiden großen Meister einen solchen Bau. Er gilt denn auch als Inkunabel einer ganzen Generation von Wolkenkratzern, mit denen das Land des 20. Jahrhunderts, die Vereinigten Staaten, in der Architekturgeschichte aus dem europäischen Schatten heraustrat. Das Seagram Building hat zwar

23. Ludwig Mies van der Rohe und Philip Johnson, Seagram Building, New York, 1954–58.

ein gebürtiger Europäer geschaffen, in der Formensprache spiegelt sich jedoch der Geist Amerikas wider (S. 63). Wohl niemand würde die Hochrenaissance statt an St. Peter oder S. Giorgio am Haus Raffaels beschreiben wollen. Und entsprechende Großprojekte finden sich erst in der Wolkenkratzerarchitektur der 50er Jahre, nicht in der Villenarchitektur der 20er Jahre. Außerdem vermittelt die Architektur der Wolkenkratzer eine geballte Kraft, die über das einzelne Gebäude wirksam wird. Deshalb ist diese Architekturgattung stark genug, ein Stadtbild zu gestalten oder, um es mit Hans Kollhoff auszudrücken, »Stadt zu bilden« und dabei vergleichbare Prinzipien umzusetzen (S. 88, 93).

Da die Stilentwicklung hin zur Moderne bei den Wolkenkratzern nach dem Gesagten erst verzögert einsetzte, liegt es nahe, zwei Vergleichsbeispiele heranzuziehen: Den Chicago Tribune Tower (1922–25), den bedeutendsten Bau des historisierenden Stilkonglomerats, also des Stils, in dem man in Amerika Wolkenkratzer baute, als in Europa der Internationale Stil aufblühte; und das Chrysler Building (1931), das Gebäude, das in der ästhetischen Diskussion um den Art Déco, den Stil, den der Internationale Stil letztlich ablöste, wohl am stärksten von sich reden machte. Beide Vergleichsbeispiele zeigen die Eigenschaften, die schon bei den anderen Beispielen der Vorläuferepochen erläutert wurden, in ähnlicher Weise. Sicherlich bilden beide Gebäude, jedes für sich, bereits eine gelungene Einheit, wobei die Umgebung beim Chicago Tribune Tower überaus feinsinnig einbezogen ist. Trotzdem sind sie durch Welten vom Vergleichsbeispiel des Seagram Building, dem Werk der darauffolgenden Epoche, getrennt, in dem die Werte von Einheit, Beweglichkeit und Gewicht ungleich stärker veranschaulicht werden.

Einheit und Gewicht sind im **Chicago Tribune Tower** nicht besonders auffallend thematisiert. Dabei ist es sogar nicht einmal so wichtig, daß der ganze Bau in einen Haupt- und einen Nebenturm aufgelöst ist, der nur 2/3 der Höhe des Hauptturms erreicht. Der Hauptturm selbst setzt sich aus drei verschiedenen horizontalen Bereichen zusammen: dem vier Geschosse umfassenden Sockelbereich, dem durch lisenenartige vertikale Bänder gegliederten Hauptbereich und dem oberen Abschlußbereich, der durch ein filigranes Gespreng in Steinmetzarbeit eingeleitet wird und darüber, rechnet man die Verstrebungen hinzu, gestuft ist. Alle drei Bereiche weisen untereinander, aber auch in ihrer Binnengliederung Unterschiede auf. Zwei Gliederungselemente prägen den Bau: die Fenster und die Lisenen bzw. Streben. Die Fenster sind von Bereich zu Bereich unterschiedlich und weisen selbst innerhalb der einzelnen Abschnitte keine Einheitlichkeit auf. Lisenen hat nur der Hauptbereich, oben sind sie zu Streben aufgelöst, unten zugunsten der glatten Wand zurückgedrängt. Die zunehmende Auflösung nach oben hin kann man zwar als vereinheitlichendes Element ansehen. Im Grunde zeigt sich hier jedoch ein ähnliches Ergebnis wie bei der Untersuchung der Gewichtigkeit: Mit den eingesetzten Mitteln wird zwar ein gewisses Maß an Einheit erzielt, doch ein Archetyp, in dem diese Werte einen zwingenden Ausdruck finden, entsteht nicht. Ebenso hat der Bau ein gewisses Gewicht, das jedoch durch den Einsatz verschiedener Ausdrucksmittel reduziert erscheint. Die Form ist prismatisch gebrochen. Die Oberfläche wird nach oben zunehmend aufgebrochen, so daß besonders im oberen Teil Licht- und Schattenspiele entstehen. Die Gewichtsverteilung erfolgte also nach traditionellen Methoden. Man hat wiederum nicht den Eindruck, daß Gewichtigkeit durch kein anderes Ausdrucksmittel anschaulich gemacht werden könnte.

Viel geschlossener schon erscheint die Form des **Chrysler Building**: So führt etwa die langgezogene Arkade aus dem Mittelbereich in den oberen hinüber und gibt dort die Leitform für die Spitze als dessen Hauptstück vor. Der Turm ist im Grunde nach einem Prinzip aufgebaut. Er ist in viele Kuben aufgelöst, aus denen der Schaft des Mittelteils geradezu herauszuschießen scheint. Nach oben hin verjüngen sie sich. Im Hauptbau des Art Déco in Chicago, dem dortigen Board of Trade, waren die Kuben noch wenig deutlich artikuliert und die Zierbänder verunklärend gesetzt. Man hatte nicht den Eindruck, als sei das Gebäude aus Einzelteilen zusammengefügt und habe somit Struktur, sondern als sei es durch das Herausskulptieren aus einer riesigen Felsmasse entstanden (S. 18). Wie aber verhält es sich insoweit mit dem Chrysler Building? Das Chrysler Building gehört zu jenen wenigen Bauten der Spätphase des Art Déco, an denen man Einflüsse des Futurismus unschwer erkennt, der Stilstufe, die auch in Europa an den Art Déco – dort die Sezession – anschließt. Das futuristische Ideal schubweise vorgeführter rasanter Bewegung wird aufgenommen und in der Vertikalen weiterentwickelt. Einen sehr einheitlichen, schubweise vorgeführten Höhenzug kann man dem Bau nicht absprechen. Aus dem gleißenden Schnellzug, zu dem der futuristische Bau Anklänge sucht, wird hier die ebenso gleißende Rakete. Bewegung hat der Bau im Übermaß, aber hat er auch Gewicht? Vor allem in der Gesamtproportion werden die Schwächen deutlich. Die Kanten sind zwar fester als im Board of Trade, jedoch selbst diese geraden Kanten wirken zumindest im Hauptteil wie ausgefranst. Denn für sie wurde eine gestreifte Musterung gewählt, ähnlich wie in der Fassade von S. Maria Novella; deswegen wirkt die Kontur so, als sei sie stärker aufgelöst als die durchgehend weiße Bahn in der Mitte. Der Rand, und damit der Abschluß nach außen, erscheint schwächer als die Mitte. Viel entscheidender für die im Vergleich zum Seagram Building ungleich geringere Gewichtigkeit ist aber, daß durch die Art, wie Proportionen eingesetzt sind, nicht geklärt wird, welches der Hauptteil ist. Der Bau folgt – wie der Chicago Tribune Tower vor ihm und das Seagram Building nach ihm – einem tripartiten Aufbau. Dieser allein gewährleistet wie beim Tribune Tower jedoch noch nicht Festigkeit und Gewicht. Der mittlere Teil, der für den Hauptteil prädestiniert ist, hat davon deutlich zu wenig. Im Vergleich zum Unterbau wirkt er schmal, schwach und klein. Dieser ist viel breiter als jener. Der Mittelteil darüber wirkt dünn. Dem Blick von der Straße her ist er durch den breiten Überhang unten geradezu verschlossen. Und selbst die Anzahl der Stockwerke des Mittelteils ist (wenig) geringer als die des Unterbaus, so daß jener nicht einmal in der Höhenausdehnung dominiert. Oben dann nimmt ihm die Spitze Aufmerksamkeit und Gewicht. Alle Bewegung entflieht nach oben hin. Umgekehrt haben jedoch weder der untere noch der obere Teil genügend Gewicht, um selbst die führende Rolle bei der Setzung der Proportionen zu übernehmen. Einem Bau

24. Raymond M. Hood und John Mead Howells, Chicago Tribune Tower, Chicago, 1922–25.

25. William Van Alen, Chrysler Building, New York, 1931.

mit einem schwachen Hauptteil fehlt zwangsläufig auch die notwendige Gewichtigkeit im Ganzen.

Auch das **Seagram Building** folgt einem tripartiten Aufbau. Im Gegensatz zu den älteren Bauten vermittelt dieser jedoch das Gefühl, daß so und nur so Einheit, Bewegungsenergie und Gewicht in der modernen Wolkenkratzerarchitektur in Einklang gebracht werden können. Die durch alle Stockwerke und über die ganze Breite des Bauwerks laufenden, dieses jeweils voll überspannenden Linien sind dabei nur ein äußerliches, allerdings besonders auffälliges vereinheitlichendes Element. Stufungen, Brechungen, verunklärende Kanten – all dies fehlt hier ... und über zwanzig Jahre lang in der gesamten Wolkenkratzerarchitektur des Internationalen Stils. Denn allen Formen gemein bleibt die bis zum Erdboden durchgehende, entschieden vereinfachte geometrische Grundform. Wichtiger freilich ist die viel prägnantere Verteilung der Proportionen: Nur ein Stockwerk und damit eine geringstmögliche Höhe sind für den Sockelbereich veranschlagt, der offen bleibt und auf Stelzen ruht, so daß er niedergedrückt wirkt und das Gewicht des Baukörpers optisch wahrnehmbar wird. Hierdurch auch erhält der Bau Bodenfreiheit und damit Beweglichkeit in der Horizontalen. Nicht von ungefähr setzt gerade hier die einzige horizontale Form an, das Vordach, d.h. die Form des Baus, die die Flachheit und die Ausdehnung in der Horizontalen anzeigt. Wie der Platz vor dem Gebäude den Untergrund darstellt, auf dem es aufbaut, so ist das Vordach die Basis für den Hauptbereich, der so viel eindeutiger auf dem Sockelgeschoß sitzt als bei den älteren Vergleichsbeispielen. Bodenfreiheit und damit Beweglichkeit empfängt das Gebäude aus dem Sockelbereich, der wie ein »Luftkissen« erscheint. Der Eindruck des Schwebenden und Bewegten kann dem Bau nur im Bodenbereich vermittelt werden, denn dieselben Mittel würden, weiter oben eingesetzt, dazu führen, daß das Gebäude sich optisch entmaterialisiert. Das Gewicht und damit die zur größeren Einheit erforderliche Gegenkraft schenken ihm die anderen beiden Bereiche. Der Hauptbereich dominiert klar in der proportionalen Bedeutung. So zeigen die Proportionen viel klarer als beim Chicago Tribune Tower und erst recht beim Chrysler Building, daß dies der alleinige Hauptbereich ist: Der Sockel ist eingeschossig, die »Attika« undurchfenstert. In dieser liegt, mächtig quergelagert, viel gewichtiger und breiter als der Sockelbereich, das eigentliche Gewicht des Baus, das von oben her auf ihn herunterdrückt. Die Proportionen unterstreichen somit, was die einfache Oberfläche, der jede prismatische Brechung fehlt, nahelegt: Der Bau ist in sich geschlossen und ungemein kantenfest. Die vereinheitlichenden Züge des Tribune Tower und selbst des Chrysler Building wirken daneben schwach und unentschlossen.

Einheit, Gewicht und Strenge sind aber ebenso stark wie in den Proportionen und der fest geschlossenen Oberfläche in der Wahl der Farbe begründet. Der Farb- und Materialeinsatz war ja auch mitverantwortlich für den Erfolg dieses Baus. Mies van der Rohe schrieb im Jahrzehnt der Entstehung des Tribune Tower: »Wolkenkratzer legen ihre kühne Struktur während der Bauphase offen ... Sobald sie vollendet sind [ergänze: ihre Steinverkleidung haben], beeindrucken sie nur noch durch ihre Größe ... Statt neue Probleme mit alten Formen lösen zu wollen, sollten wir neue Formen zu entwickeln versuchen, die den Kern der neuen Probleme treffen.« Mit der Offenlegung des tragenden Metallgerüstes reduzierte Mies van der Rohe den Bau auf seine Struktur; diese ist die »Wahrheit« des Baus; zugleich konnte er den Bau rundum vereinheitlichen, d.h. alle vier Seiten gleich gestalten. Schon in diesem Punkt ging er weiter als die beiden anderen Meister der 50er und frühen 60er Jahre, die die anderen zwei Grundtypen des »internationalen« Wolkenkratzers entwickelten: Im UN-Sekretariat findet sich der aus dem Frühwerk Le Corbusiers herzuleitende Typus eines schmalen Quaderbaus, dessen Breitseite eine große Glasfläche bildet, während die Schmalseiten durchgehend mit Stein geschlossen sind. Gropius führte in seinem Pan Am Building in Anlehnung an spätere Werke von Le Corbusier die dritte wichtige Form ein, den Betonwolkenkratzer, der im Gegensatz zu den anderen beiden Gebäudetypen nicht quaderförmig, d.h. über einem rechteckigen Grundriß errichtet ist, sondern vertikale Brechungen in der Hauptansichtsseite aufweist. Gropius unterteilte zusätzlich – anders als Le Corbusier – seinen Bau nochmals durch Horizontaleinschnitte. Nicht von ungefähr wird unter diesen Wolkenkratzertypen derjenige von Mies van der Rohe mit seiner noch etwas weitergehenden Vereinheitlichung und Durchbildung die Zukunft dominieren. Doch das nach außen vorgezogene Metallgerüst leistet noch mehr: Für Mies van der Rohe hat es immer auch eine künstlerische Wirkung, die der farblichen Vereinheitlichung. Stets sind die Gerüste seiner Gebäude dunkel. Damit werden zum einen die Fensteröffnungen, die wegen der Dunkelheit des dahinterliegenden Raumes ebenso dunkel wirken, den rahmenden Strukturteilen angeglichen. Zum anderen wird dadurch das Licht- und Schattenspiel zurückgedrängt und mit ihm die Unruhe, die jeder Gestaltung immanent ist, die dem natürlichen und somit vom Künstler nicht gesteuerten Lichteinfall nahezu freies Spiel läßt. Zudem wirken Schatten kontrastreicher auf hellem als auf dunklem, zumal stumpfem, weil unpoliertem Untergrund. Eine gewisse, jedoch ungleich weniger strenge farbliche Vereinheitlichung zeichnet das Chrysler Building aus. Geradezu reich an Auflösungen und folglich reich im Licht- und Schattenspiel ist der Tribune Tower. Dies ist, weil der Turm am spiegelnden Wasser steht, schön im konkreten Kontext; eine allgemeingültige, genereller verwendbare Lösung ist erst mit dem Seagram Building gefunden.

Auch in der Einbeziehung der Umgebung unterscheidet sich das Seagram Building von den zwei Vergleichsbeispielen grundlegend. Das Problem, das Kontextuelle in die Baukonzeption miteinzubeziehen, wird als solches erst in der späteren Epoche wirklich erkannt und gelöst, ähnlich wie auch erst Palladio den Bezug der Nukleusfassade zu den restlichen Außenteilen der Kirche als Problem erkannt und geklärt hatte. Mit einigen Anspielungen bezieht sich zwar auch der Chicago Tribune Tower auf den einzigen früheren Wolkenkratzer in seiner Nähe (S. 95). Doch bei diesen Anspielungen handelt es sich um einzelne, nicht um grundsätzliche Lösungen. Das Chrysler Building steht zwar inmitten des wichtigsten Art Déco Wolkenkratzerareals in New York; man vermißt jedoch gänzlich die bewußt gestaltende Auseinandersetzung mit seiner Umgebung. Unentschieden weist es mit vier völlig gleichen Seiten in alle Richtungen. Dies ist bereits anders im wenig späteren Empire State Building, bei dem Breit- und Schmalseite unterschieden werden und der Bau so eine Richtung erhält. Erstmals spürt man hier den Einfluß des Internationalen Stils in der Wolkenkratzerarchitektur. Der gerichtete Turm mit Breit- und Schmalseite ist eine Erfindung des Internationalen Stils. Hier entsteht der Bau, in dem sich die Höhe und die Schlankheit des Turmbaus, die beide für den Wolkenkratzerbau so wichtig sind, mit der Festigkeit und Gerichtetheit der Bauwerke der älteren Architektur vereinen.

Der Tribune Tower und das Chrysler Building stehen in einer städtischen Umgebung und nehmen lediglich deren Charakter in die eigene Gestaltung auf. Erst das Seagram Building stellt die Umgebung in Frage und verleiht ihr ein neues Antlitz. Die Erfindung des gerichteten Turms ist insoweit von grundlegender Bedeutung. Hier wird nicht mehr nur – parataktisch – wiederholt und verdoppelt, sondern – syntaktisch – umgestaltet und eine größere Einheit gesucht. Hier erfand Mies van der Rohe für die enge Wolkenkratzerstadt den Freiraum, den Wolkenkratzervorplatz, die untrennbare Einheit zwischen Wolkenkratzer und Platz. Heute kennen wir diese Art der Gestaltung zu gut, um noch den revolutionären Charakter eines solchen Schrittes ermessen zu können. Er besteht darin, die Hälfte des Areals unverbaut zu belassen, der Wolkenkratzerstadt Luft und Raum zu geben und gleichzeitig das Gebäude gebührend zu inszenieren. Denn inszeniert wird das Seagram Building. Die Voraussetzungen hierfür waren denkbar ungünstig. Denn das Seagram Building hatte auf einer Seite der Park Avenue zu ste-

26. Le Corbusier bzw. Wallace K. Harrison, UN-Komplex, New York, 1947–50. Links das Sekretariat, im Hintergrund freistehend das (weiße) Daily News Building,1929/30, von Raymond Hood und das Chrysler Building, 1931.

27. Le Corbusier, Pavillon Suisse, Paris, 1930–32.

hen, die unweit des Gebäudes mit dem Helmsley Building in der Mitte einen starken Blickfang hat, ungewöhnlich für eine Straße, die zwischen Wolkenkratzern hindurchführt. Mies van der Rohe wählte nun die in ihrer Einfachheit geniale, die einzig treffende Lösung: Er schaltete die Konkurrenz des Helmsley Building aus, indem er den Blick des Betrachters mit dem Vorplatz in eine andere Richtung zwang, senkrecht zur Park Avenue. Er schuf eine neue Welt für seinen Bau. Durch den Vorplatz erhielt die Wolkenkratzerstadt neue Freiräume und die Bauten dahinter ungleich größere Entfaltungsmöglichkeiten. Mies van der Rohe schuf bereits in diesem ersten Beispiel eine sehr enge Verknüpfung zwischen Platz und Gebäude. Er beschränkte sich dabei auf ein einziges Gestaltungselement, das Rechteck, das er in meisterhafter »Monotonie« jeweils quer bzw. längs stellte und hell bzw. dunkel färbte. Der Platz wirkt so wie ein helles, quergestelltes Rechteck, über dem das Gebäude dunkel emporragt. Die Längsstellung des Baus findet in den beiden dunklen längsgerichteten Becken auf dem Platz ihre Entsprechung, während die Querstellung des Platzes mit den beiden von der Helligkeit her abgesetzten Abschlußbereichen am oberen und unteren Ende des Gebäudes korrespondiert. Auch das Vordach entspricht in seiner Querausrichtung und der Helligkeit wieder dem Platz, zu dem es außerdem, ähnlich einer Treppenstufe, hinunterführt. Das Thema des Emporragens wiederum wird von den aus dem Bassin hervorsprudelnden Fontänen aufgegriffen und variiert. Bei der Betrachtung des Gesamtkomplexes fällt auf, daß die einzelnen Bereiche von unten nach oben kontinuierlich dunkler und schwerer werden: vom hellen Platz über das offene, auch noch lichthaltige Sockelgeschoß und den Hauptbereich mit den grauen Jalousien bis hin zum Abschlußbereich oben. Der Abschlußbereich ist besonders dunkel und schwer. Er bildet einen Kontrast zu dem sehr hellen Himmel, die gebildete Kunst steht hier in betontem Gegensatz zur freien Natur. Und wie impressionistisch unbekümmert wirkt daneben der Tribune Tower!

Einheit, Gewichtigkeit und Bewegungsdrang als Grundwerte der 20er und der 50er Jahre: Gibt es zwei Internationale Stile?

Das Seagram Building läßt sich mit den Begriffen Einheit, Bewegungsdrang und Gewicht beschreiben. Ein einziges Werk jedoch läßt noch keine Klassik entstehen. In der Tat wird bezweifelt, ob diese Charakteristika, insbesondere das der Gewichtigkeit, auch die erste Blütezeit in den 20er Jahren richtig beschreiben und ob sie, vor allem das der Bewegungsenergie, alle noch in den 50er Jahren fortleben. Auch fragt man sich, ob die wichtigsten Gestaltungsprinzipien nicht bei den beiden Hauptvertretern, Mies van der Rohe und Le Corbusier, eine allzu unterschiedliche Ausprägung erfahren haben, um noch von einer Klassik sprechen zu können. Zumindest das Werk dieser beiden Architekten muß daher in den Grundzügen durchgesehen werden, um zu belegen, daß der Internationale Stil von Anfang an und bis zuletzt viel intensiver um Bewegungsenergie und Gewicht rang als alle Stile der Moderne vor und nach ihm. Die Werte des Seagram Building leben in allen wichtigen Werken des Internationalen Stils, vor allem in denjenigen seiner Hauptvertreter.

Die 20er und frühen 30er Jahre

Die erste Blüte des Internationalen Stils fällt in die späten 20er Jahre und die Zeit kurz nach 1930. In den Vereinigten Staaten wurde er durch die Ausstellung von 1932 eingeführt. Das gleichzeitig von Hitchcock und Johnson herausgegebene Buch *The International Style* förderte den Erfolg der Ausstellung wesentlich. Als grundlegend an dem europäisch geprägten und als vorbildlich dargestellten Stil wurden drei Prinzipien betont: die freiere und verinnerlichte Ordnung der Asymmetrie, die die tote und äußerliche Ordnung der Symmetrie ersetzte; die Beweglichkeit der Volumina; und – weniger wichtig für die Struktur – das Fehlen des aufgesetzten Dekors. Die Asymmetrie ist in der Tat in vielen Werken des Internationalen Stils erstaunlich subtil eingeführt worden (vgl. S. 101). Im vorliegenden Zusammenhang der Klassikdiskussion soll aber zunächst nur das Element der Beweglichkeit interessieren. Es ist das entscheidende für Le Corbusier, der 1932 als Hauptvertreter des Internationalen Stils gefeiert wurde. In seinen *Fünf Punkten zu einer neuen Architektur* von 1926 vertrat er folgendes Postulat (vgl. etwa Abb. 32): Pilotis (Stelzen) seien nötig, um dem Gebäude Bodenfreiheit und damit Beweglichkeit in der Vertikalen zu geben und um den Erdboden weitgehend unverbaut zu erhalten; der freie Grundriß, der die Aufteilung in abgetrennte orthogonale Räume aufgibt, solle Beweglichkeit in der Horizontalen gewährleisten; die Freiheit der Fassade (des Aufrisses) solle die unterschiedlichen Funktionen von Tragen (Struktur) und Füllen bzw. Lasten (Fassade) sichtbar machen; der Dachgarten solle der Natur den Ausschnitt, den das Gebäude ihr nimmt, zurückgeben; das Bandfenster, das er ebenfalls befürwortete, ist nur Ausdruck eines anderen Prinzips, der Freiheit im Aufriß. Nur der vierte Punkt betrifft nicht direkt die Bewegungsenergie und ihre Darstellung. Beweglichkeit gilt daher allgemein und zu Recht als zentral für die 20er Jahre.

Die Klassik jedoch lebt erst aus dem Zusammenspiel mit der Gegenkraft, der Gewichtigkeit. Erst so wird Bewegungsenergie von einer flüchtigen Kraft zu einer titanischen. Ein eindringlicherer Gegensatz als der von Schwere und Strenge und von potentieller Bewegungsfähigkeit ist in der Architektur kaum vorstellbar. Dies sind die beiden gewaltigsten Kräfte, zu deren Ausdruck diese Gattung fähig ist. Gleichzeitig gehört ihre Verbindung und ihr Ausgleich zu den schwierigsten und lohnendsten architektonischen Aufgaben. Vom Parthenon bis Palladio, von Michelangelos St. Peter bis zum Seagram Building, stets fand man diese beiden Kräfte im Zusammenspiel auf die Spitze getrieben und in eine größere, alle anderen Elemente zurückdrängende Einheit verschmolzen. Für die 20er Jahre konkretisiert sich die Klassikfrage daher auf das zweite Element: Fehlt ihren Werken noch das **Gewicht** in der Architektur?

Dieses Gewicht wurde in den *Fünf Punkten* Le Corbusiers weniger hervorgehoben als die Bewegungsenergie. Auch Hitchcock und Johnson erwähnten es 1932 mit keinem Wort. Allgemein konstatierte man diesen Wert erst in den 50er und 60er Jahren und sah darin einen deutlichen Bruch zwischen beiden Dekaden. Hitchcock selbst sprach sogar vom Tod des Internationalen Stils (der 20er Jahre), und über Le Corbusier sagte er in diesem Zusammenhang: »In den 50er Jahren bewegte sich Le Corbusier in fast diametral anderer Richtung als in den 20er Jahren.« Klotz behandelte Ronchamp gar unter »Ausflüchte und Neuorientierungen«. Diese Auffassung teilen auch so grundsätzliche Verfechter einer »internationalen« Ästhetik wie Curtis und Blake. Leichtigkeit sei das zentrale Thema der 20er Jahre gewesen. Doch trifft es wirklich zu, daß der Architektur der 20er Jahre die Gewichtigkeit fehlt? Gewicht und Monumentalität sind nicht absolut, sondern relativ. Verglichen mit zeitgleichen oder unmittelbar vorangegangenen Werken und als Verteter eines bestimmten Bautypus sind Mies van der Rohes und Le Corbusiers Hauptwerke der 20er Jahre, der Barcelona Pavillon und die Villa Savoye, von einer Gewichtigkeit, die sich mit der der Hauptwerke der 50er und 60er Jahre durchaus messen kann.

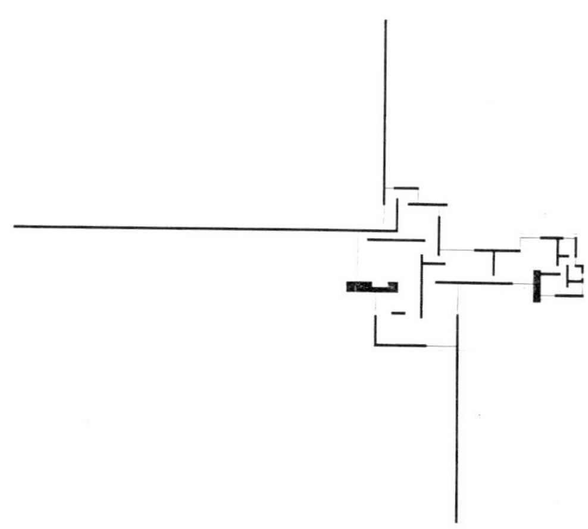

Der Wille zu Monumentalität kommt bei Mies van der Rohe und Le Corbusier in den 20er Jahren bereits darin zum Ausdruck, daß man sich von einem viel größeren Maß an Aufgelöstheit im architekturgeschichtlichen Vor- und Umfeld bewußt absetzt. Abgesetzt hat man sich ohne Zweifel von den historisierenden Stilen des 19. Jahrhunderts, die längst ihr Gewicht verloren hatten, denen jegliche energisch durchgezogene horizontale Linie oder kontinuierlich gewölbte Form fehlte. Die Zeit eines Schinkel war lange vorüber. Abgesetzt hat man sich ebenso

28. Konstantin Melnikow, Pavillon der UdSSR auf der Exposition internationale des arts décoratifs et industriels modernes, Paris, 1925.
29. Ludwig Mies van der Rohe, Projekt für ein Landhaus aus Backstein, 1923.
30, 31. Ludwig Mies van der Rohe, Deutscher Pavillon auf der Weltausstellung in Barcelona (»Barcelona-Pavillon«), 1928/29.

von den Werken der ersten Welle der modernen Architektur. Auch diese wirkten aufgelöster und weniger gewichtig. Die Moderne brachte in einer ersten Welle Jugendstilfiligranarbeiten ohne Gewicht. Später folgte mit der Sezession und der Amsterdamer Schule eine Konsolidierungsphase; der Art Déco brachte die vergleichbare Entwicklung für Amerika. Im Vordergrund stand die Masse, doch weniger die Strenge und das Gewicht. Noch interessanter ist der Vergleich mit Bauwerken der zweiten Welle der modernen Architektur. Denn sie entstanden am Anfang und im Verlauf der Dekade, die dann der Barcelona Pavillon und die Villa Savoye beschließen werden. Auch diese wenig früher geschaffenen Bauwerke wirken im Vergleich aufgelöst und weniger gewichtig. Das trifft für die Bauwerke des Futurismus, des Expressionismus, des De Stijl und die sowjetischen Bauten zu. Die Vorliebe für das Stromlinienförmige in futuristischen Plänen und für das Bizarre, für reine Glasgebäude im deutschen Expressionismus, mithin die Vorliebe für das leichteste und diaphanste aller Materialien, mußte zu einer weniger gewichtigen Architektur führen. Im Gegensatz dazu steht die darauffolgende Phase des De Stijl. Wie der Internationale Stil, als dessen Teil sie häufig angesehen wird, beruft sie sich auf Einfachheit und die geometrische Form als Grundprinzip der Architektur. Die Bewegung De Stijl bildet so am ehesten eine Konkurrenz zu Mies van der Rohe und Le Corbusier, was den Wert der Gewichtigkeit angeht.

Ihr Vordenker, van Doesburg, entwickelte 1923 für die Große Berliner Kunstausstellung die Thesen zu De Stijl: Es sind insgesamt sechzehn, nicht knapp und prägnant fünf, wie sie drei Jahre später Le Corbusier vorlegte. Die elfte lautet: »Die neue Architektur ist antikubisch, d.h. sie versucht nicht, die Raumzellen für verschiedene Funktionen in einen geschlossenen Kubus einzufrieren. Vielmehr schleudert sie die verschiedenen Raumzellen zentrifugal nach außen vom Zentrum des Kubus aus. ... Dadurch erreicht die Architektur einen schwebenden Aspekt, sozusagen gegen die natürliche Schwerkraft.« Und in der Tat wird Rietvelds Haus Schröder, das erste realisierte Werk der Gruppe, gerade ein Jahr danach die quadratischen und rechteckigen Scheiben um einen zentralen Körper herum kompliziert verstreuen. Die Bewegung dominiert über die Schließung der Form und das Gewicht in der Architektur. Wie Speichen eines Rads bewegen sich die Einzelkörper weg von der Mitte des Baus. Und doch: verglichen mit dem weitgehend noch historistisch anmutenden Nachbarbau, wirkt auch das Haus Schröder bereits sehr gewichtig (S. 60).

Die Merkmale des De Stijl prägen auch die sowjetischen Bauten, so beispielsweise die schrägen Spiralen und filigranen Paläste. Vor allem bei Melnikow sind sie zu sehen, etwa an seinem Pavillon der UdSSR für die Pariser »Exposition internationale des arts décoratifs et industriels modernes« von 1925. Hier wird – geradezu postmodern – versucht, den Block aufzubrechen, schräg aufzuschneiden und zu zertrümmern. Doch trifft diese Beschreibung auch für den Pavillon in Barcelona zu? 1923 plante **Mies van der Rohe** noch mit ähnlichen Stilmitteln

32, 33. Le Corbusier, Villa Savoye, Poissy, 1929 bis 1931. Außenansicht und Blick vom Wohnraum auf den Dachgarten.

wie De Stijl ein Landhaus aus Backstein, 1928/29 jedoch setzte er den Barcelona Pavillon dagegen, der für sein zukünftiges Werk wegweisend wurde. Die Backsteinvilla erscheint in ihrer Einfachheit – ebenso wie die De Stijl Bauten – auch schon viel schwerer als die flüchtigen historisierenden Bauten, die in der gleichen Zeit in den USA entstanden, oder die Jugendstilbauten am Anfang der Entwicklung der modernen Architektur. Der wuchernde Dekor bzw. die filigranartigen Pflanzenmotive allein nahmen diesen jegliches Gewicht. Die Gesamtform der Backsteinvilla ist jedoch auch stark zergliedert und nach oben hin nicht eindeutig abgeschlossen. Sie ist von einer ganz anderen zentrifugalen Bewegung geprägt, als sie bei den späteren Bauten auszumachen ist. Eine deutliche Abkehr von diesen Prinzipien stellt der Barcelona-Pavillon dar. Im Inneren ist zwar die Bewegungsfähigkeit mit den Raumkontinuen erhalten, das Ganze ist jedoch in ein großes rechteckiges Gehäuse gebannt. Die Form wirkt nach außen hin gänzlich beruhigt. Auch nach oben und unten ist sie durch lange gerade Linien gefaßt: durch das weit überhängende, dominierende Dach sowie die ausgesonderte Plattform. An die Stelle der Rotation ist die ruhige Ausrichtung getreten, deren Grenzen nach außen klar und einfach abgesteckt sind, so daß erst in den gebändigten Umrissen Bewegung aufkommt. Die Bewegung innen wird in eine feste Außenschale gebannt, die rechteckig ist und ruhig wirkt. Man erkennt die gleiche Strenge und Bewegung wie beim Seagram Building, diesmal aber in der Verteilung von außen nach innen und nicht von oben nach unten. Die weitreichenden Wurzeln werden deutlicher.

Bei **Le Corbusier** setzte der Kampf gegen die Zersplitterung und für das Gewicht schon zu Beginn seiner Arbeit ein. 1917 kam er nach Paris, wo er und Ozenfant 1918 die Schrift *Apres le Cubisme* herausbrachten. Darin zeigten sie ihre puristische Malerei, deren klare Formen einen bewußten Angriff auf die kubistische Malerei darstellten. Der Kubismus fragmentiert, gliedert den Gegenstand in eine Vielzahl geometrischer Formen und Einzelteile auf und schafft eine Ansicht aus einer Vielzahl unterschiedlicher Perspektiven. In der De-Stijl-Architektur sieht man Ähnliches; es scheint, als würden die einzelnen Teile durch die Zentrifugalkraft in unterschiedlichen Richtungen auseinanderstreben. Daß Le Corbusier 1918 nicht auch De Stijl angriff, liegt allein daran, daß diese Bewegung damals noch keine Architektur hervorgebracht hatte. Einen entsprechenden Schritt der Vereinfachung tat Le Corbusier schon bald auch in der Architektur. So war es ein glücklicher Zufall der Geschichte, daß sein Pavillon für die Pariser Ausstellung 1925 in der weitest möglichen Entfernung zu dem Melnikows plaziert wurde. Ganz entschieden löste sich Le Corbusier von der fragmentierenden Bauweise in seinen Hauptwerken, der Villa Stein (1927) und der Villa Savoye (1929–31), um fortan die Gewichtigkeit in der Architektur sehr dezidiert zu betonen. Deutlich wird dies an der straffen Organisation des Außenbaus und an dessen klarem Verhältnis zum Innenraum, den zwei Hauptanliegen des Meisters bis zu seinem Tod.

34, 35. Le Corbusier, Villa Stein, Garches, 1927. Straßen- und Gartenseite.

Den Außenbau – etwa der Villa Savoye – teilte Le Corbusier in drei unterschiedlich charakterisierte Zonen ein: eine verschattete im Erdgeschoß mit den Pilotis, auf denen ein geschlossener, meist eckiger Hauptkörper im »piano nobile« ruht, und eine Dachgartenzone mit Skulpturengarten, in dem die Teile freie, modellierte Formen annehmen. Die Dreiteilung behielt er zeitlebens bei, auch in der Unité d'habitation (1947–52) und im Parlament von Chandigarh (um 1960). Wäre es Le Corbusier nur um eine Maschinenästhetik und den Ausdruck des Schwebens gegangen, hätte die Dreiteilung eigentlich verblüffen müssen: Hatte er nicht gerade – wie andere – die Säulenordnung mit ihrem tripartiten Aufbau aus seiner Architektur verbannt? Doch Le Corbusier war eben in der Ordnung immer auch klassisch-monumental. Der mittlere Teil ist der Hauptkörper, der eigentlich architektonische Teil; der untere hebt nur, der obere ist häufig Bedeutungsträger und stets skulpturaler Schmuck, wie bei einem Tempel, dem Parthenon etwa, den Le Corbusier in seiner Villa nach eigenen Aussagen wiedererstehen lassen wollte. Selbst das Dachgeschoß, das als der »verspielte« Teil eines jeden Gebäudes konzipiert ist, erscheint in dieser frühen Zeit strenger als später in Chandigarh, denn die skulpturalen Teile sind hier horizontal geführt, obgleich sie in sich gerundet sind. Rigider als im Hauptteil aber kann keine Form geschlossen werden: Hier ließ Le Corbusier eine auf das Minimum reduzierte quadratische Schachtel mit Bandfenstern entstehen, die sich in voller Länge über alle vier Fassaden ziehen – ganz im Gegensatz zur zentrifugalen Aufgliederung bei De Stijl. Außerdem bilden sich im Hauptteil drei schwere horizontale Streifen – ein zweites Mal wirkt das eherne Gesetz des tripartiten Aufbaus. Die kompromißlose Einheitlichkeit der weißen Farbe verstärkt den strengen Charakter des Gebäudes. Er wird auch durch den einzigen Rotakzent, der sich in den Türen im Zentrum jeder der vier Fassaden befindet, eher unterstrichen als abgemildert. De Stijl hingegen gab den fragmentierten Einzelteilen verschiedene Farben und Abschattierungen. Selbst Le Corbusier wird später – etwa in der Unité d'habitation – viel verspielter mit den Farben umgehen.

Der mittlere Teil bildet das feste Gehäuse, in dem sich der obere Teil mit seinen skulpturalen, freien Elementen, die häufig Bedeutungsträger sind, scheinbar bewegt. Das zugrundeliegende allgemeine Konzept zeigt, wie wichtig die Geschlossenheit und Schwere des Außenbaus für Le Corbusier war. Ähnlich wie man es von Mies van der Rohe kennt, wird der Innenraum als beweglich verstanden, er öffnet sich nach außen dramatisch und läßt Licht durch die harte äußere Schale eindringen. Die Konzeption der Lichtführung erschließt sich im Verlauf des Aufstiegs. Aus dem dunklen Erdgeschoß führt der Weg in den lichten Innenraum des »piano nobile«, von wo aus man in einen Raum unter freiem Himmel gelangt. Anschließend erreicht man die Zeremonienrampe, die in gänzlich freie Höhe, auf die »Zinnen« hinaufführt. Der Anstieg kommt fast einer sich stufenweise vollziehenden Befreiung gleich. Anders als der Innenraum wirkt das Äußere des Gebäudes trotz seiner Schönheit und Eleganz und im Vergleich zu

36. Michelangelo, St. Peter, Rom, ab 1546. Innenraum mit Blick in die Südkonche.

den zeitgleichen Werken der De-Stijl-Architektur sehr geschlossen und schwer. Einen ähnlichen Kontrast weist die Villa Stein auf. Hier ist es der Kontrast zwischen der geschlossenen Straßen- und der geöffneten Gartenseite. Von der Straße aus gesehen, fallen der geradezu überproportionierte obere Abschluß sowie die bis ins Extrem getriebene Wiederholung von horizontalen (schweren) Streifen auf. Die Schale ist extrem geschlossen, die Ausblicke in die offene Welt dahinter sind bewußt klein gehalten, und die Tür ist durch einen überdimensionierten »Zugbrücken«- Deckel abgesichert. Völlig anders dagegen die Gartenseite! Die offenen Teile, die Fenster, haben doppelte Größe. Der obere Abschluß wird ganz schmal. Das aufgebrochene Loch nimmt ein Drittel der gesamten Front ein. Der Dachgarten ist nicht nur durch einen Durchblick angedeutet, sondern in voller Breite aufgedeckt. Dennoch fehlt dem Bau auch auf der Gartenseite die aufgeregte Aufgelöstheit der Bauten des De Stijl völlig. Ein ähnlicher Gegensatz zwischen geschlossener Außenform und geöffnetem Innenraum war vorher nur bei einem Hochrenaissancebau zu finden. Dem Außenbau St. Peters wohnt jene titanische Kraft inne, die die Teile herauszudrängen scheint, gleichzeitig aber die überschwere Steinmasse in einem Bündel gestraffter Energie zusammenhält (S. 25). Den Innenraum aber riß Michelangelo an den Konchen geradezu auf, so daß er sich zum Licht hin öffnet, das durch übergroße Maueröffnungen hereinbricht – davor tunnellang und dunkel die von der Vierung auf die Konchen zuführenden Arme.

Ob ein Bauwerk monumental erscheint oder nicht, hängt aber nicht nur vom architekturgeschichtlichen Umfeld ab. Wichtig ist auch der Typus. Um es auf eine einfache Formel zu bringen: Größere Bauten bedürfen größerer Monumentalität. Die Villa Savoye in Poissy ist für einen Villenbau sicherlich ebenso monumental wie das Parlamentsgebäude in Chandigarh für einen Staatsbau. Dasselbe gilt für den Barcelona Pavillon im Verhältnis zum Seagram Building. Größere Werke oder Komplexe durften beide Architekten jedoch erst ab 1938/39 errichten: Mies van der Rohe das IIT (S. 99), Le Corbusier das Kultusministerium in Rio de Janeiro. In den Jahren vorher war die Auseinandersetzung mit größeren Bauten über das Projektstadium nicht hinausgekommen. Der größte verwirklichte Bau war der Pavillon Suisse (1930–32), ein Studentenwohnheim für nicht viel mehr als 30 Bewohner. Nicht von ungefähr übertrifft dieser Bau jeden anderen, den einer der beiden Meister bisher realisiert hatte, an Monumentalität. In den Substrukturen nimmt er bereits den Stil der 50er Jahre vorweg. Nicht der Umstand, daß Mies van der Rohe und Le Corbusier nach dem Zweiten Weltkrieg, d.h. bei ihren großen Aufträgen, monumentaler bauten, ist bemerkenswert; vielmehr müßte es verwundern, wenn dies nicht der Fall gewesen wäre. Die nunmehr gesteigerte Monumentalität stellt nichts anderes dar als die Fortentwicklung einer beschränkten Anzahl von Grundprinzipien, die in den 20er Jahren herausgearbeitet wurden, anhand einer neuen, größeren Aufgabe. Le Corbusier und Mies van der Rohe wären nicht die Meisterarchitekten gewesen, die sie waren, hätten sie nicht für die monumentalere Aufgabe auch eine qualitativ andere, monumentalere Formensprache entwickelt. Die Bedeutung des Typus für die Monumentalität zeigt sehr deutlich Mies van der Rohes Farnsworth House, die einzige wichtigere Villa, die einer der Meister in den 50er Jahren zu errichten hatte. Die Monumentalität ist dort gegenüber dem Barcelona Pavillon in der Tat nicht gesteigert worden.

Die 50er und 60er Jahre

Auch die 50er und 60er Jahre prägten Le Corbusier und Mies van der Rohe, der sich seit Ende der 30er Jahre in den USA befand. Wenn große Teile der Architekturkritik von einem Bruch zwischen den 50er und den 20er Jahren ausgehen, so wird vor allem die gigantische Schwere der späteren Bauten herausgestrichen. Bei Le Corbusier kam vor allem der Zug zum Organisch-Erdbetonten hinzu und die Verwendung von Materialien, die nicht mehr der Maschinenästhetik der 20er Jahre entsprachen. Und für Mies van der Rohe behauptet Frampton, daß mit dem Reichsbankprojekt von 1933 eine Versteifung eingesetzt habe, die in den kühlen Klassizismus münde, der für sein amerikanisches Werk bezeichnend geworden sei. Für diese zweite Blütezeit des Internationalen Stils stellt sich die Klassikfrage demnach umgekehrt: Fehlt ihr nunmehr die Beweglichkeit in der Architektur, der Ausdruck potentieller **Bewegungsenergie?**

Ein Wort zur gesteigerten Monumentalität und Schwere mag zunächst jedoch das zu den 20er Jahren Gesagte abrunden. Diese waren bereits durch die geänderte Gattung und Größe der neueren Bauten weitgehend erklärt. Hinzu kam, daß der Geist der 50er Jahre sich von dem der vorherigen Jahrzehnte erheblich unterschied. In den 20er Jahren wurden die Bewegung und die Maschinenästhetik gepriesen. Mies van der Rohe und Le Corbusier machten hier keine Ausnahme; doch waren für sie auch andere Werte wichtig, vor allem die Monumentalität. Gerade in dieser Hinsicht waren sie ihrer Zeit weit voraus, mehr als in den 50er Jahren, als ihre »monumentaleren« Werke entstanden. Denn unmittelbar nach dem Krieg wurde die Architekturdiskussion von den USA, der Siegernation, beherrscht. Und nach der Nüchternheit unter dem New Deal und der Neuen Sachlichkeit suchte man dort zunehmend nach einem monumentalen Baustil. Als erster tat dies Giedion mit seinen 1938/39 gehaltenen Harvard-Vorlesungen, die er 1941 unter dem Titel *Space, Time and Architecture* veröffentlichte. Neben Pevsner und Hitchcock wurde Giedion damit zum dritten Pionier in der Geschichtsschreibung des Internationalen Stils. Noch während des Krieges folgten die *Neun Punkte zur Monumentalität* (mit Fernand Léger und José Luis Sert) und *The Need for a New Monumentality*. Nach dem Krieg verstärkte sich dieser Trend. Auf der ersten wichtigen Nachkriegsausstellung des Museum of Modern Art, 1945, standen diese Thesen im Mittelpunkt. Gleiches geschah auf der 8. Tagung der CIAM, des Zusammenschlusses der Architekten des Internationalen Stils. Yale widmete dem Thema Monumentalität sogar ein neue Architekturzeitschrift (*Perspecta*), der Dekan der Universität, Howe, machte die Monumentalität zum Entscheidungskriterium bei der Vergabe von Bauaufträgen. Yale wurde damit zur führenden Universität des Landes. Verwunderlich ist in dieser Atmosphäre nicht die neue Monumentalität im Werk der beiden Altmeister; verwunderlich ist vielmehr, daß sie noch ein weiteres Mal – weit massiver und früher als die jungen amerikanischen Architekten Johnson und Kahn beispielsweise – die Symbole fanden, die wichtigsten Bauten konzipierten und den Stil prägten. Ihnen war vergönnt, was vor ihnen vielleicht nur Michelangelo und Tizian (in ihrem strahlenden Früh- und dem dunkleren Spätstil) gelungen war: den Stil ihrer Zeit zweimal zu prägen. Mies van der Rohe und Le Corbusier vernachlässigten jedoch bei der Suche nach größerer Monumentalität zugleich nicht die andere Seite: Beweglichkeit und Bewegungsenergie blieben für sie weiterhin ein zweites Zentralthema, jedoch wurde die titanische Seite der Bauwerke mehr betont, schon weil die Massen, die sie zu gestalten hatten, erheblich größer geworden waren.

Le Corbusier hat die *Fünf Punkte* von 1926, in denen er seine Bewegungsphilosophie zusammenfaßte, auch in seinen drei Hauptwerken nach 1945 nicht vernachlässigt: der Unité d'habitation in Marseille (1947–52), der Kapelle Notre-Dame-du Haut in Ronchamp (1950–54) und dem Regierungszentrum von Chandigarh (1950–1964).

Die Pilotis geben dem Gebäude Bodenfreiheit, d.h. Beweglichkeit in der Vertikalen; Pilotis fordert Le Corbusier im ersten der fünf Punkte. Neben Chandigarh steht besonders die Unité d'habitation auf (sehr massiven) Pilotis, die unter dem Gewicht des Gesamtblocks sichtbar auseinandergedrückt werden. Nimmt die Massivität ihnen und dem Gebäude die Beweglich-

37. Le Corbusier, Unité d'habitation, Marseille, 1947–52.

38, 39. Le Corbusier, Notre-Dame-du-Haut, Ronchamp, 1950–54.

keit? Das Gegenteil ist der Fall. Werden die Bauten schwerer und größer, so müssen auch die Pilotis einen qualitativen Sprung vollziehen von dünnen Zylindern zu massiven, relativ frei modellierten Pfeilern mit gewaltigem Umfang. Diese Pilotis sind aber nun weiter zurückgesetzt, unter den Bau verschoben; sie stehen nicht mehr auf der Höhe seiner Vorderwand. Die Schattenzone unter dem Bau erscheint so, als sei sie nicht mehr durch tragende Elemente unterbrochen, wodurch der Eindruck des Schwebens entsteht – stärker noch als bei den Bauwerken der 20er Jahre. Dies ist auch notwendig, weil der Bau insgesamt schwerer und größer geworden ist, so daß das Mittel, mit dem Beweglichkeit ausgedrückt wurde, ebenfalls verstärkt werden mußte. Die Pilotis verschwinden im Schatten. Gleichzeitig wirkt aber das Schweben eines so massiven Baus um so wunderbarer. Auch im Inneren bleibt die Beweglichkeit vorherrschend. Die Appartements der Unité d'habitation sind – nach außen ebenfalls erkennbar – im Wohnbereich zweistöckig, sonst aber einstöckig. Im Querschnitt ergeben sie eine L-Form, d.h. der einstöckige Teil zieht sich quer durch das Gebäude, während der zwei-

40. Le Corbusier, Parlament und Sekretariat (verdeckt) in Chandigarh, 1952–64.
41. Le Corbusier, Justizpalast in Chandigarh, 1950–56.

stöckige nur eine Haushälfte einnimmt. Die L-förmigen Wohneinheiten sind so ineinander und mit dem in der Mitte durchlaufenden Gang verschachtelt, daß sie aufeinander wie auf einer Schiene zu gleiten scheinen.

Damit ist der zweite der fünf Punkte angesprochen, der freie Grundriß, der Beweglichkeit in der Horizontalen gewährleisten soll. Le Corbusier hatte ihn bereits in den 20er Jahren in einer für ihn sehr charakteristischen Weise verwirklicht: Er gab außen ein festes Gehäuse, die von diesem umfaßten Innenteile aber waren nur locker an dieses gebunden und blieben so beweglich. Die Dachgartenarchitektur der Villa Savoye hat auf diese Weise den Raum und die Freiheit, innerhalb des festen Gehäuses des »piano nobile« zu »schweben«. Beim Außenbau der Kapelle von Ronchamp (1950–54) wurde das Thema ähnlich vorgetragen. Wie in der Unité d'habitation werden selbst massive Träger, hier Mauern, unter dem Gewicht des schweren Dachmonoliths auseinandergedrückt. Gewaltige Kräfte, hier zunächst nur Schwerkräfte, werden sichtbar. Daß aber auch Kräfte potentieller Bewegung walten und zu bändigen sind, wird besonders durch die Verankerung in den vier Ecken deutlich. An zwei Ecken werden die Türme wie Zeltpflöcke zur Befestigung eingesetzt, an der dritten befindet sich der diesen Türmen sehr ähnlich gebildete Altar im Freien und an der vierten Ecke der markante Grat, der die Spitze des Dachmonoliths erdet. Einem Bau, der solch eine schwere Verankerung benötigt, muß eine gewaltige Bewegungsenergie innewohnen. Im Außenbau von Ronchamp wird dadurch eine geradezu titanische Bewegungsenergie sichtbar gemacht, stärker als in jedem an-

deren Werk des Meisters. Dieser Außenbau hat nur einen Vorläufer, denjenigen von St. Peter. Demgegenüber bleibt das Schweben als die leichtere, wundersamere Art der Beweglichkeit dem Innenraum vorbehalten. Wie in der Unité d'habitation in Marseille wird der Eindruck dadurch gesteigert, daß der Schwebezustand selbst die größten Massen erfaßt, hier den Dachmonolith, den dünne, im Gegenlicht überleuchtete Stege von der Mauer leicht abheben.

Eine Variante zu der Art von Bewegungsenergie, wie sie für den Außenbau von Ronchamp beschrieben wurde, weist auch der Parlamentsbau in Chandigarh auf. Wieder ist es das Thema Le Corbusiers: Ein fester, geometrisch-eckiger Rahmen, in dem sich eine kleinere, stärker modellierte Form zu bewegen scheint. So sind mit dem »Schornstein« und der Pyramide kleinere, sehr plastische Einheiten in den harten, zellenartigen Quader außen eingesetzt, die sich in diesem größeren Rahmen sichtbar bewegen können. Diesem Eindruck entspricht innen deutlich die Lichtführung: Um den »Schornstein« herum führt kreisförmig ein Spalt, der Licht eindringen läßt und diesen Körper von der Anbindung an den rigiden Rahmen freistellt. In Chandigarh wurde aber auch der dritte Punkt zur Beweglichkeit noch reiner verwirklicht als früher, die Freiheit der Fassade, des Aufrisses. Im Justizpalast scheinen alle Räume zu schweben. Sie sind wie eckige Zellen an einem riesigen Dach aufgehängt. Diese Art, Bewegungsenergie und Schweben zum Ausdruck zu bringen, hatte später einen erheblichen Einfluß auf die Architektur der 60er und 70er Jahre.

Auch für **Mies van der Rohe** blieb der Wert der Bewegungsfähigkeit in den 50er und 60er Jahren zentral. Er fand dafür jedoch etwas andere Ausdrucksformen als Le Corbusier. Dies wird an seinen Hauptwerken in den Vereinigten Staaten deutlich, dem Farnsworth House und dem Seagram Building, den wichtigsten Einzelbauten, mehr aber noch an den Baukomplexen, wie dem Illinois Institute of Technology (ab 1940) oder dem Federal Center (1964–68).

Das Farnsworth House in Plano, Illinois, zeigt Schweben und Beweglichkeit, gleichzeitig Schwere und Ruhe in klassischem Ausgleich. Der Eindruck des Schwebens wird durch die ätherischste aller Farben erzeugt, weiß, und durch die kleinen Pilotis, die das Haus um knapp einen Meter über die Umgebung herausheben. Im Vergleich zu den von Le Corbusier erbauten Villen der 20er Jahre, bei denen die Pilotis ganze Stockwerke einnehmen und somit eher Säulen gleichen, wird hier eine ganz besonders starke schwebende Wirkung erzielt. Dort scheint der Kontakt zum Boden fast aufgehoben zu sein. Bei Mies van der Rohe hingegen bleibt er zu spüren, er wird deutlicher thematisiert. So wird der Eindruck des scheinbaren Vom – Boden – Abhebens optisch verstärkt. Eine Steigerung in der Beweglichkeit ist jedenfalls gegenüber seinem eigenen Werk der 20er Jahre unbestreitbar, besonders gegenüber dem Barcelona Pavillon, der noch wohlgegründet auf der Erde bzw. seinem Sockel stand. Von dort bleibt jedoch das – bei Le Corbusier meist schwächere – Schweben in der horizontalen Ausdehnung erhalten. Wie im Barcelona Pavillon herrscht hier der Eindruck vor, daß die Räume sich ineinanderschieben und kontinuierlich ineinander übergehen. Wieder ist kaum eine feste Wand eingebaut; nur die Mitte mit Küche und Bad ist feststehend, während der Rest sich durch absolute Beweglichkeit auszeichnet. Doch natürlich war Mies van der Rohe in den 50er Jahren auch

42. Ludwig Mies van der Rohe, Farnsworth House, Plano, Illinois, 1945–50.

den Werten von Monumentalität und Gewicht verpflichtet. Langgezogene horizontale Linien, viel länger als funktional erforderlich, dominieren und geben das nötige Gegengewicht. Das Gewicht ist natürlich ungleich weniger lastend als im Bürowolkenkratzer, der auf Grund der unterschiedlichen Gattung und Größe, aber auch wegen seines weniger privat-freiheitlichen Charakters andere Anforderungen stellt.

Die mit Gewicht gepaarte Beweglichkeit, die Mies van der Rohe in seinem Bürowolkenkratzertyp verwirklichte, wurde am Beispiel des Seagram Building deutlich, das als Inkunabel aller anderen Gebäude dieses Typs in seinem späteren Werk gilt. Wichtig ist vor allem zweierlei: Zum einen wird Bewegungsenergie anders als bei Le Corbusier bei Mies van der Rohe weniger titanisch, sondern schwebend dargestellt. Als Beispiel mag Ronchamp dienen. Zum anderen gab Mies van der Rohe dem Wolkenkratzer nicht nur als Einzelgebäude Beweglichkeit, sondern auch als Bestandteil seiner Umgebung, in der er verschiebbar scheint. Dieses Prinzip hatte Mies van der Rohe bereits im Inneren der Einzelhäuser verwirklicht. Dort waren es Mauern und Räume, die gegeneinander verschiebbar waren. Gerade darin liegt sein großer Beitrag zur Kunst der Wolkenkratzerensembles. Ganz deutlich wird dieser Aspekt in Komplexen, die er, wie das IIT oder das Federal Center, umfassend gestalten konnte. Aber auch bei der Errichtung seiner sonstigen Wolkenkratzer im Ensemble einer schon bestehenden Wolkenkratzerstadt ist dieser Ansatz ein besonderes Merkmal seiner Arbeit. Voll erfaßt werden kann diese Stärke nur im konkreten Kontext einer Stadt, etwa in seinem Wirkungskreis Chicago. Erst durch die Bedürfnisse, die ein konkretes Stadtbild stellt, wird die hervorragende Qualität seiner Lösungen deutlich (S. 98).

Mies van der Rohe und Le Corbusier

Mies van der Rohe und Le Corbusier strebten in den 20er und 50er Jahren gleichermaßen nach einem prägnanten Ausdruck für den eindringlichsten Gegensatz körperlicher Kräfte, den Architektur sichtbar machen kann, den Kontrast zwischen Gewicht und Bewegungsfähigkeit. Beide Perioden sind daher als Einheit zu sehen. Seit dem Zweiten Weltkrieg besteht in der Architekturgeschichte eine ungute Tendenz zur Aufsplitterung. Autoren der späten 70er und 80er Jahre wie Charles Jencks werden – ganz postmodern – gar dazu übergehen, eine im wesentlichen homogene Entwicklung zu zertrümmern, um sechs unabhängige Parallelentwicklungen festzustellen. Auch in der Hochrenaissance wären unschwer ein früher und ein später Tizian-, ein ebensolcher Michelangelo- und Raffaelstrang festzustellen, zu denen sich Correggio-, Giorgione- und Leonardostränge hinzugesellten. Bei der Auseinandersetzung mit den Unterschieden sollte man jedoch die Gemeinsamkeiten, die die Grundlagen betreffen, nicht übersehen. Dies gilt auch für die **unterschiedliche** bauliche **Entwicklung** in **den 20er und 50er Jahren**. So wird besonders Le Corbusier Stuck durch Beton und damit gleichzeitig die plane, gänzlich geglättete, weiße Oberfläche durch die stärker modellierte, roh belassene, natursteinartige ersetzen. In der Tat wird Le Corbusier tendenziell die modellierte Form gegenüber der geometrischen seiner Frühzeit bevorzugen. Aber wollte man darauf einen Stilunterschied aufbauen, müßte man auch Michelangelos Sklaven von 1530–34 aus dem Corpus der Werke der Hochrenaissance aussondern, ebenso wie die Spätwerke Tizians. Bevorzugte Le Corbusier Naturstein und Beton anstelle der Oberflächenglättung durch Stuck, so ist dieser Entwicklungsschritt dem eines Tizian oder Michelangelo vergleichbar: Der erstere gab in seinem späteren Werk die klar gezogene Kontur zugunsten einer lockereren Farbenvielfalt auf; und Michelangelo arbeitete in seinem Frühwerk den Körper in jedem Detail aus, wie bei den Sklaven für das Juliusgrabprojekt von 1513, um später bei den Sklaven von 1530–34 nur noch vereinzelte Körperpartien zu glätten. Bei anderen beließ er es hingegen bei der skizzenhaften Andeutung oder gar beim gänzlich rohen und ungestalteten Stein. Vielen großen Künstlern ist gemein, daß sie in ihrem späten Werk persönlicher werden und an kristalliner Präzision und Oberflächenexaktheit verlieren. Die Oberfläche wird mit dem Alter als buchstäblich zu »oberflächlich« vernachlässigt.

Wichtiger sind die **Unterschiede zwischen beiden Meistern**. Le Corbusier und Mies van der Rohe entwickelten den Kontrast von Bewegungsenergie und Gewichtigkeit auf verschiedene Weise. Dies begründet zwar keinen Stilunterschied zwischen beiden, ebensowenig wie zwischen Tizian und Michelangelo, führt aber zu verschiedenen Stärken beider Meister bei unterschiedlichen Bauaufgaben. In den 50er Jahren traten die Unterschiede noch prägnanter hervor. Die in dieser Zeit gefundenen Formulierungen zeitigten auch besonders in der Wolkenkratzerarchitektur noch mehr Wirkung. Der Unterschied zwischen ihnen ist, auf einen Nenner gebracht, der zwischen einem Bildhauer und einem Urbanisten. Le Corbusier verwirklichte Be-

43. Le Corbusier, Projekt für einen Wolkenkratzer in Algier, 1938.

wegung in der skulpturalen Kraft seiner Einzelbauten. Mies van der Rohe hingegen sah das einzelne Bauwerk immer auch als Element in einem größeren beweglichen Zusammenhang. Welches sind die wesentlichen Gestaltungsprinzipien, die beide Meister für ihre Zwecke einsetzten?

Der großen Fähigkeit Le Corbusiers, seine Bauten so zu modellieren, daß eine starke plastische Wirkung entsteht, setzte Mies van der Rohe ein Modell entgegen, das von der Kantenfestigkeit und der Schärfe in der Definition der Flächen lebt. Den Bauten Le Corbusiers wohnt anschaulich eine Kraft inne, die nach außen drängt oder Teile des Baus gegen andere verschiebt. Man kann sich bei diesen Bauten vorstellen, daß sie ihre Form verändern. Mies van der Rohes Gebäude der Spätzeit sind hingegen harte, eindeutig definierte Körper von unwandelbarer Klarheit.

Bei Le Corbusier wird die plastische Wirkung der Bauten durch die komplizierte und weniger abgeschlossene Oberflächengestaltung unterstrichen. Mies van der Rohe setzte dem mit der absolut vereinfachten Form eine kompromißlose Reduktion entgegen. Le Corbusier war von Rhythmus und Proportion besessen. Mit dem Modulor erfand er sein eigenes System der rhythmischen Gliederung – wie die griechische Klassik den Goldenen Schnitt und die Hochrenaissance Leonardos und Dürers ein aus dem Menschen entwickeltes Proportionensystem. Le Corbusier konnte keine Fläche einheitlich, »monoton« gestalten; in seiner Auffassung wäre dies dem Fehlen jeglicher Gestaltung gleichgekommen. So schuf er, soweit er seinen Bau nicht plastisch modellierte, zumindest in den Gliederungselementen, den Fenstern, Schattenspendern, Treppen und Stockwerksböden, ein rhythmisiertes System unterschiedlicher Formen, die den Bau beleben. Die andere Auffassung besagt: »Less is more.« Nach dieser Maxime reduzierte Mies van der Rohe eine Vielzahl seiner Bauten auf die prägnanteste, die allgemeingültigste Formel. Schon in den frühen Wolkenkratzerprojekten von 1919–21 hatte er die einfachste Dichotomie der Materialien gefunden – tragende und füllende, Beton(baum) und Glas, später Metall und Glas. In den 50er Jahren entwickelte er die schlichtestmögliche Dichotomie in den Bauaufgaben – Privathaus und Geschäftshaus. Sogar seine Maxime verdichtete er in drei Worte. Und mit dem Wolkenkratzer reduzierte er auch die Form auf die einfachstmögliche, die »box«. Sie war verführerisch. Philip Johnson sprach vielen aus dem Herzen: »Der große Einfluß und der Erfolg Mies van der Rohes beruhten darauf, daß er so leicht zu kopieren war.« Die künstlerische Qualität vieler Nachfolgebauten straften ihn jedoch Lügen. Die Abwechslung war der Anfang – bei Mies van der Rohe etwa in den frühen Wolkenkratzerprojekten mit ihrer vielfach prismatischen Brechung. Die Reduktion war der Fortschritt. Ihre Wirkung hing jedoch von der besonderen Proportionsgabe Mies van der Rohes ab, die seine Wolkenkratzer schon als Einzelwerke zeitlos und formschön erscheinen ließ, noch mehr aber von seiner Fähigkeit, diese Gebäude ungewöhnlich einfühlsam mit der schon vorhandenen Architektur der Umgebung in einen Dialog treten zu lassen. War aber die »box« tatsächlich kopierbar, und nahm dies der Erfindung die Genialität? Mit der Trennung der Materialien und der Glättung der Oberfläche war die eigentliche Leistung doch bereits vollbracht. Die meisten großen Erfindungen sind einfach im Resultat, und gerade darin liegt ihre Allgemeingültigkeit. Nur der Weg dorthin ist schwer. Niemand vor Mies van der Rohe konnte ihn so konsequent gehen.

Die von Le Corbusier erzielte stärkere plastische Wirkung der Gebäude beruht nicht nur auf der Form, sondern auch auf dem eingesetzten Material. Im Spätwerk Le Corbusiers war es fast ausschließlich Beton, bei Mies van der Rohe Metall. Nach der Übergangsphase der 30er Jahre legten sich die Meister auf das ihren Zielen adäquate Material fest. Und diese Wahl hielten sie noch strenger und klassischer durch als in den 20er Jahren. Für Le Corbusier begann seine sogenannte »organische« Phase. Seine Materialwahl begründete er mit niedrigeren Preisen und der Modernität des Materials. An der Art, in der er es gestaltete, erkennt man aber noch einen weiteren, wichtigeren, ästhetischen Grund. Beton ist – wie vorher der Stuck, ja noch stärker als dieser – ein Material, das an die klassische mediterrane Architektur erinnern kann. Man kann es modellieren und formen. Es ist roher und hat stärkere haptische Qualitäten. Es kann den Eindruck von Gebautem, aufeinander Geschachteltem vermitteln – ganz anders als Metall und Glas, Materialien, die das Maschinenzeitalter viel unmittelbarer widerspiegeln. Mies van der Rohe jedoch war immer auch ein Liebhaber glatter, scharf geschnittener Oberflächen. Er befand sich stets auf der Suche nach distinguierten Materialien und nach großer Strukturehrlichkeit: Deshalb zog er dem nicht tragenden Stuck anfangs noch den Backstein vor. Die edlen Materialien der 20er Jahre, Onyx, Marmor und verschattetes Glas, die sich gut für die beweglichen Grundrisse und die Horizontale verwenden ließen, versagten, so-

bald Mies van der Rohe die Vertikale zu gestalten hatte. Das für diesen Zweck gewählte Metall hatte drei Vorteile: Es war amerikanisch (S. 63); es machte die Struktur selbst sichtbar, war nicht beliebig verformbar, gleichzeitig aber in jeder Dimension einsetzbar (Strukturehrlichkeit); und es war in der Form, die Mies van der Rohe wählte, distinguiert. Er entschied sich für Bronze, was eine ganze Generation von Auftraggebern bis in die 70er Jahre hinein faszinierte, als die Einheit des Materials der postmodernen Vielfalt weichen mußte.

Alle Mittel, die das Einzelwerk bei Le Corbusier plastischer erscheinen lassen, rufen im Stadtbild in seiner Gesamtheit eine entgegengesetzte Wirkung hervor. Dies wird besonders in dem Typ Stadtbild deutlich, den das 20. Jahrhundert hervorgebracht hat, d.h. im Wolkenkratzer-Stadtbild. Die modellierte titanische Form wirkt als lagernde im höchsten Maße eindringlich. So aber kann sie das Bild einer Wolkenkratzerstadt nur an wenigen Stellen mitgestalten, an einem Fluß etwa. An den meisten Orten jedoch ist sie verstellt. Die modellierte Form wirkt umso weniger dynamisch, je stärker sie sich von der Erde erhebt – auch in ihrer Kraftquelle ist sie titanisch. Die bullige Form, die zu stark gelängt wird, erzielt keine kompakte Wirkung mehr. In der Höhe, gegen den Himmel, erscheint die scharfe Kante viel eindringlicher und energischer. Gleichzeitig stellt die modellierte Form ein fortissimo dar und ist in der Stadt des 20. Jahrhunderts weniger verallgemeinerungsfähig als die nüchterne geometrische Form. Das Stadtbild des 20. Jahrhunderts benötigt für die meisten Gebäude nicht die ausgefallene Form, sondern die, die den Zusammenklang fördert. Für manche Gebäude wie etwa den UN-Komplex hätte man sich allerdings Le Corbusiers titanische Modellierkraft gewünscht. Auch die weniger abgeschlossene Oberfläche wirkt unter vielen Gebäuden weniger energisch als ein schlichter, nicht unterteilter Körper. Zuletzt hat Beton bei all seinen plastischen Eigenschaften farblich gegenüber der älteren Bebauung im Stadtbild den Nachteil, daß er sich vom Steinbau kaum abhebt. Dunkles Metall hat hier eine ganz andere anschauliche Mächtigkeit. Mies van der Rohe beschränkte sich jedoch nicht nur darauf, nach Formen und Farben zu suchen, die auf das Stadtbild einwirken. Auch die Art, wie er durch die Schaffung von Raumkontinuen Beweglichkeit darstellte, kam dem Stadtbild zugute (S. 98, 99). Le Corbusier war wie Michelangelo auch als Architekt Bildhauer, Mies van der Rohe hingegen Urbanist.

4. Die Postmoderne und ihre Hauptkritikpunkte gegenüber dem Internationalen Stil

Die Vergleichskriterien für das 3. Kapitel lagen auf formalem Gebiet. Fortan geht es um die **inhaltlichen Hauptfragen**, die zwischen Postmoderne und Internationalem Stil diskutiert werden. Hierfür ist ein Vergleich mit früheren Epochen weniger fruchtbar, da sich in ihnen viele Fragen nicht vergleichbar stellen konnten. Mangels eines weltweiten Wirkungskreises war in der griechischen Klassik und in der Hochrenaissance die Frage ohne Bedeutung, inwieweit auf lokale Bautraditionen einzugehen sei – **Regionalismusdiskussion**. Auch auf **frühere Stile der eigenen Region** konnte sich zumindest die griechische Klassik schwerlich beziehen, da sie am Anfang einer Entwicklung stand. Und auch die Frage einer **Einfügung in das gewachsene Stadtbild** stellte sich bei den Stilen der griechischen Klassik und der Hochrenaissance, die für isolierte Prägebauten entwickelt wurden, weniger als heute. Denn an die Stile der Gegenwart wird überall im Stadtgefüge die Anforderung gestellt, daß sie mit anderen Stilen harmonieren sollen; zudem mußten sie in der Wolkenkratzerstadt immer im Ensemble mit anderen Stilen auch in die Ferne wirken. Die Tatsache, daß im Inhaltlichen ein Vergleich zwischen griechischer Klassik sowie Hochrenaissance in der älteren Architektur und dem Internationalen Stil in der Gegenwartsarchitektur schwerer möglich ist als im Formalen, bedeutet aber nicht, daß den Internationalen Stil im Inhaltlichen nicht auch die Züge einer Klassik auszeichneten. Die formale und die inhaltliche Seite ist nicht zu trennen. In der Tat zeichnet sich der Internationale Stil im Inhaltlichen durch analoge Wesenszüge aus. Auch auf inhaltlicher Ebene fällt beispielsweise auf, daß die gewählten Symbole einfacher, prägnanter und treffender gewählt werden als in anderen Epochen. Entprechendes gilt für die Bezüge zur kulturellen und baulichen Umwelt sowie für die Mittel zur Abstimmung auf die jeweilige Bauaufgabe. Auf formaler und auf inhaltlicher Ebene nimmt man die gleiche Reduktion der eingesetzten Mittel wahr, ebenso ihre klare Einbindung in eine größere organische (und hierarchische) Ordnung. Mit einem Wort: Die Klassik zielt überall mit großer Einfachheit auf das Naheliegend-Zentrale. Und für die vierte inhaltliche Frage, die Dekorfrage, können sogar wiederum die vorangegangenen Hochepochen als Vergleichsbeispiele herangezogen werden. Aber widerspricht die These, der Internationale

44. Jørn Utzon, Opernhaus in Sydney, 1956–73.

Stil sei in besonders hohem Maße und mit schlagender Prägnanz inhaltsreich, regions- und bauaufgabenbezogen, nicht eklatant den wichtigsten Kritikpunkten, die die postmoderne Architekturanschauung gegen diesen Stil anführt?

Die Entwicklung der postmodernen Architekturanschauung

Die heute als Väter der Postmoderne bekannten Architekten entstammen alle einer Generation. Geboren zwischen 1925 und 1935, konnten Venturi, Moore und die führenden Köpfe der New York Five, Eisenman, Meier und Graves, frühestens ein Jahrzehnt nach dem Zweiten Weltkrieg eine Unabhängigkeit erlangen, die sie eigene Projekte entwickeln ließ. Anders war es noch Alvar Aalto (* 1898), in Amerika Louis Kahn (* 1901) und selbst noch Jørn Utzon (* 1918) ergangen. Sie hatten zwar den Internationalen Stil in den 20er Jahren nicht mehr mitbegründet, in den 40er und frühen 50er Jahren jedoch an der Ausformulierung der neuen Monumentalität und des neuen Regionalismus teilgehabt; sie hatten mitwirken dürfen, als die Architektur ihre Antwort auf die erste pathosgeladene weltweite Dekolonialisierungswelle der unmittelbaren Nachkriegszeit suchte (S. 55, 61). Um 1960 aber standen die großen Monumente bereits oder waren im Bau: der IIT Komplex, das Seagram Building, die Unité d'habitation, Ronchamp, Chandigarh, die wichtigsten Werke Alvar Aaltos und Louis Kahns sowie Utzons Opernhaus in Sydney. Den jüngeren »Vätern« der Postmoderne ging es bei diesen großen Themen daher wie Schillers Poet bei der »Teilung der Erde«: »Ach, da war überall nichts mehr zu sehen,/ und alles hatte seinen Herrn./ ›Weh mir, so soll ich denn allein von allen/ vergessen sein, ich, Dein getreuster Sohn,‹/ so ließ er laut der Klage Ruf erschallen/ und warf sich hin vor Jovis Thron./« Die Enttäuschung zeigte sich denn auch zuerst in den Reihen der Schüler Kahns, des einzigen amerikanischen Architekten, der bei der vorangegangenen Teilung mitgewirkt hatte. Venturi und Moore riefen ihren Unmut am Internationalen Stil bereits Mitte der 60er Jahre viel lauter heraus als die New York Five in ihren ersten Werken am Ende der Dekade.

Robert Venturi
Venturi gilt als der geistige Vorreiter der Reaktion. 1966 erschien sein *Complexity and Contradiction in Architecture*, dem Scully sehr bald für die postmoderne Bewegung in der Architektur den gleichen Stellenwert einräumte wie Le Corbusiers *Vers une architecture* und den *Fünf Punkten*, den Manifesten des Internationalen Stils. In der Schrift Venturis werden zunächst Beispiele eines verkommerzialisierten und inhaltslosen Internationalen Stils angegriffen, die großen Meister aber ausdrücklich von der Kritik ausgenommen. Folgenreicher ist die weitergehende zweite These des Buches: Der hohe, pathetische Stil und die klaren, schlagenden

Grundaussagen des Internationalen Stils seien nicht wünschenswert; vielmehr müsse sophistisierend-hintergründig gebaut werden. Die großen, sprechenden Bauten, die »ducks«, seien durch den einfachen »shed« oder »Stall« zu ersetzen, den man mit hintergründigen Anspielungen dekorieren müsse; so entstehe der »decorated shed«. Denn dies sei das Vokabular des Volkes. Für die Vereinigten Staaten mit ihrer schwachen architektonischen Tradition, geprägt von Fast-Food- und Hot-Dog-Buden, mag dies eher gelten als etwa für Indien, wo der »dekorierte Stall« sicher weniger dem regionalen Charakter entspricht als etwa Chandigarh, Paradebeispiel eines »duck« (S. 55). Abgesehen von solchen Rechtfertigungsversuchen ist jedoch unverkennbar, daß solch ein Konzept nahezu zwangsläufig entstand, weil sein Autor einsehen mußte, daß andere die Hauptbeispiele für »ducks«, die Formulierungen des hohen Stils, gerade erst gefunden hatten: sein Lehrer, Kahn, zuletzt im Hauptwerk, dem Parlament in Dakka (ab 1962); und dessen geistiger Lehrer, Le Corbusier, in Ronchamp, Chandigarh und der Unité d'habitation.

In der ausgeführten Architektur konnte sich Venturi mit Le Corbusier nicht messen. Es gelang ihm nicht, einen Bau zu errichten, der als überzeugendes Beispiel für seinen »decorated shed« gelten könnte. Die einzige Ausnahme ist vielleicht die goldene Antenne auf dem Altersheim des Guild House in Philadelphia (1960–63), die die Fernsehsüchtigkeit der Alten symbolisieren soll. Die Bauten sind zu sauber durchgezeichnet, um auszusehen wie eine dekorierte Scheune oder ein geschmückter Christbaum. Anders war dies bei seinem Mitschüler, Charles Moore, der schon sehr früh mit ungewöhnlichen Effekten arbeitete und dabei auch Neonlicht einsetzte. Mit der 1972 publizierten Schrift *Learning from Las Vegas* trieb Venturi die Philosophie der Postmoderne nochmals voran. Die darin vertretenen Ansätze realisierte Charles Moore in seinen Bauten. Venturi lehnt in dieser Schrift nicht mehr nur das Pathos ab, weil es nicht die Sprache des (amerikanischen) Volkes ist, sondern geht jetzt so weit, die Überlegenheit der »Scheunen« auch in ästhetischer Hinsicht zu propagieren. Neon und Flimmer, wie man sie aus Las Vegas kennt, werden als die originellste amerikanische Mundart identifiziert.

Charles Moore

Moore führte in seinen Bauwerken aus, was Venturi dachte. Er arbeitete extensiv und konsequent mit den Mitteln der Reklame, ähnlich wie man es aus der zeitgleichen Pop-Art Malerei kennt. Sein Repertoire hatte er spätestens 1968 im Faculty Club der University of California in Santa Barbara ausgebildet. Fortan wurde seine Architektur vom Neonlicht beherrscht, dem Medium, das man für Reklame, soweit sie mit Architektur verbunden ist, bevorzugt wählt. Beim Faculty Club fügte Moore ausgestopfte Tierköpfe und die Porträts der Honoratioren hinzu, wie sie schon in der älteren Architektur in solchen Clubs üblich waren. Sieht man aber einmal von dieser »decoration« ab, so fällt bei der darunterliegenden Scheune der Manierismus nur allzu deutlich auf. Sie weist eine erstaunliche Verwandtschaft zu den Bauten des Internationalen Stils der 20er Jahre auf, zumal sie bis Mitte der 70er Jahre und stellenweise darüber hinaus in reinem Weiß gehalten war. Die 20er Jahre waren weniger monumental, weniger bedrohlich nahe als die 50er und zeigten in ihrer noch nicht von Le Corbusier und Mies van der Rohe beherrschten Frühphase auch einen stärkeren Hang zum Fragmentieren (S. 37). Die Verwandtschaft zu den Bauten der 20er Jahre findet sich bei Moore auch noch im Kresge College (1973/74), bei den New York Five sogar verstärkt, denn sie verzichteten auf die postmoderne Dekoration der »Scheune«. Gegenüber den Bauten der 20er Jahren wirkt der Baukörper jedoch manieriert und sinnentleert. Damals sollte mit schwebenden Flächen das Gefühl von Beweglichkeit vermittelt werden, und man wollte der Idee der »promenade architecturale« Ausdruck verleihen. Der Manierismus übernimmt die Einzelteile, die Machart, verwandelt sie aber und überspitzt sie. So wurde aus der Beweglichkeit (Schweben) und der »promenade architecturale« Verschachtelung und labyrinthische Unordnung. Besonders augenfällig ist dies an den »undekorierten« Werken und Strukturen aus dem Kreis der New York Five zu erkennen. Vergessen war die zugrundeliegende Philosophie.

Diese Form der Scheune wurde von Moore später aufgegeben. In seinem späteren Hauptwerk, der Piazza d'Italia in New Orleans (1975–78), ist die Collage das Bauprinzip. Moore arbeitete seitdem mit Versatzstücken aus den verschiedenensten Stilen und Buntfarbigkeit, wobei die Neonröhre allesbeherrschend blieb. Mittelpunkt des Brunnenspiels im Zentrum des Ensembles ist, da dieses für die italienische Gemeinde der Stadt errichtet wurde, der italienische Stiefel. Zu den fünf (italienischen) Säulenordnungen erfand Moore eine sechste »Feinschmecker«-Säulenordnung hinzu, die an Würste erinnern soll. Dieser Vorgang ist höchst

45. Venturi and Rauch, Guild House, Philadelphia, 1960–63.
46. MLTW/Moore–Turnbull, Faculty Club, Santa Barbara, Kalifornien, 1966–68.
47. Charles W. Moore Associates, Kresge College, Santa Cruz, Kalifornien, 1973/74.
48. Charles W. Moore und Urban Innovations Group. St. Joseph's Fountain, Piazza d'Italia, New Orleans, 1975–78.

charakteristisch für die Art, wie eine Grundrichtung der Postmoderne das Problem der Inhaltsbetrachtung von Architektur anging. Mit dem Stiefel für Italien wählte Moore ein Symbol, das jedermann, auch der ganz einfache Mensch, sofort erkennt. Ähnlich verhält es sich mit der Wahl eines kulinarischen Symbols; denn in den Vereinigten Staaten reduziert sich das Land der Hochrenaissance für den kleinen Mann in der Tat auf seine kulinarische Seite. Daß nun die Wurst gewählt wurde, die eher in Deutschland beheimatet ist, ist nur ein Nebenaspekt; in den Vereinigten Staaten spielt die exakte Geographie Europas eine eher untergeordnete Rolle. Moore wählte die einfachsten, geradezu banalsten Symbole für Italien aus. Er machte es jedermann leicht, sie zu verstehen. Darin liegt ein vergleichbarer Schritt im Inhaltlichen wie derjenige, den Moore im Formalen mit der Einbeziehung von Neonröhren vollzog. Dies ist Las Vegas auf inhaltlicher Ebene – für den Gebildeten vielleicht zu marktschreierisch, ähnlich offensichtlich (und teils ungenau) wie Reklame, doch für jedermann verständlich. Indem er diese »banale« Symbolik wählte, machte Moore mit der Forderung der postmodernen Philosophie Ernst, daß der Graben zwischen der Kunst und dem Mann auf der Straße überbrückt werden solle. Auch insoweit »lernte« er besonders eindeutig »von Las Vegas«. Nicht zu verschweigen ist allerdings schon an dieser Stelle, daß diese Philosophie auch sehr viel tiefsinniger in einem Bau umgesetzt werden kann, wie die Stuttgarter Staatsgalerie zeigt (S. 119). Ähnliche Effekte weist bei Moore schon das Frühwerk auf. Die wieder eingeführten Honoratiorenköpfe für einen Faculty Club sind hier zu nennen. Im Kresge College ließ Moore in den Nischen des Eingangstors zum Auditorium Maximum Telefone anbringen, um damit die erste Freiheit der Studenten von zu Hause zu thematisieren, die Möglichkeit, unbeaufsichtigt Verabredungen, »dates«, zu treffen. Die Büsten und Statuen, die einst solche Triumphbögen zierten, sind einem Symbol der Massen- und Kommunikationsgesellschaft gewichen. Das Symbol ist wiederum fast banal einfach. Moores Architektur macht sehr deutlich, warum die Postmoderne in den Vereinigten Staaten auch als »Consumerism« bezeichnet wird.

Die New York Five und die Omnipräsenz des Internationalen Stils

Im Vergleich zu Moore, der mit den Symbolen der Konsumgesellschaft arbeitete, kann man die Architektur der New York Five – Peter Eisenman, Richard Meier, John Hejduk, Charles Gwathmey und Michael Graves – als eine des ästhetisierenden Elfenbeinturms bezeichnen. Was die Mitglieder dieser Gruppe untereinander verband, ist ihre rückhaltlose Verehrung der »elysischen« 20er Jahre und ihrer weißen Landhäuser. Als die »Whites« setzten sie sich von Venturi und Moore als den »Greys« ab. Ihr Mentor, Colin Rowe, hatte sich in seinem frühen Artikel »Mannerism and modern Architecture« (1950) mit den 20er Jahren auseinandergesetzt und die Vergleichbarkeit der Grundprinzipien mit der Architektur von Palladio hervorgehoben. Mit dieser Formensprache der 20er Jahre konnten sich die New York Five identifizieren, nicht mit der härteren, monumentaleren nach dem Zweiten Weltkrieg, in der Beton als Material dominierte. Noch heute sind manche Werke der Gruppe – vor allem die Richard Meiers – von weltabgewandter Schönheit. Die Hinwendung zu den 20er Jahren hat zwei Aspekte. Man verschloß sich dem neuen und harten Zeitgeist, und nur die alten Meister fanden den Mut, sich mit ihm auseinanderzusetzen. Zugleich konnte man nicht vergessen machen, daß die 20er Jahre vorüber waren; so atmen die Werke der New York Five keineswegs mehr den Geist, der die Bauten der 20er Jahre hatte entstehen lassen. Die Bezugnahme auf die 20er Jahre ist inhaltsleer. Damals galt es, dem Ideal der Bewegung und Beweglichkeit einer neuen Ära Ausdruck zu verleihen, einem Ideal, an dem der Historismus, aber auch die ersten modernen Stile gescheitert waren. In den späten 60er Jahren aber war dieser Gedanke nicht nur allgemein überholt, sondern inspirierte nicht einmal mehr die Werke der New York Five. Ihre verschachtelte Bauweise ließ Beweglichkeit nicht zu. So entstand etwa Eisenmans Robert Miller House III dadurch, daß Teile der Flächen des Kubus wie bei einem Knobelwürfel um 45° gedreht wurden. Die Bauten sind nicht beweglich, sondern verkeilt. Und in der Benacerraf Addition von Graves wird 1969 die »promenade architecturale«, einst treffliches Beispiel für Beweglichkeit in der Architektur, zum sinnlosen Labyrinth. Sie führt buchstäblich in eine unentwirrbare Sackgasse. Indem man die Machart des Vorbildes überspitzt, negiert man unversehens das im Vorbild eigentlich angestrebte inhaltliche Ideal, und dies ist ein typisch manieristischer Zug. Die Übernahme ist formal, inhaltsleer und wegen dieser Umkehrung sogar bewußt inhaltsfeindlich. Das zeigt sich exemplarisch an Graves' Verwendung des Pilot, der früher Garant für die Bodenfreiheit und die Beweglichkeit des ganzen Gebäudes war. Er wird regelrecht gefällt und zum Geländer degradiert. Denn Graves selbst erklärte das Geländer am Eingang im Vordergrund als den umgelegten Pilot des Internationalen Stils. Die gesunde Skepsis gegenüber dem reinem Funktionalismus bei Le Corbusier mutierte zur vollständigen Ablehnung des Funktionalismus. Was bisher ein Gebäude trug, darf gerade noch einer Hand zarte Stütze sein. Den Tod des zugrundeliegenden Gedankens kann der Eingeweihte entschlüsseln. Dem gewöhnlichen Betrachter jedoch bleibt verborgen, daß mit dem Geländer die ehemalige Rundstütze des frühen Internationalen Stils gemeint ist. Die Postmoderne ist eben auch insofern manieristisch, als sie Anspielungen »geistreich« verklausuliert. Und damit zeitigt sie entgegengesetzte (und negativere) Wirkungen als Moore mit seiner Banalisierung der Anspielungen. Heute sind die Symbole meist weniger verständlich als die, denen der Internationale Stil in seinen Baukörpern, den »ducks«, Ausdruck verlieh. Kunstwerke sprechen nicht mehr, sie müssen erklärt werden.

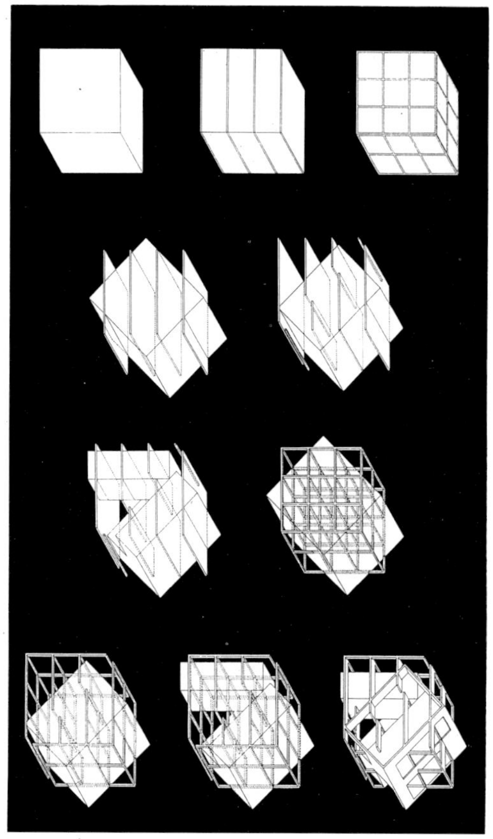

Die Anfänge in der Wolkenkratzerarchitektur

Auslöser der postmodernen Bewegung waren Schüler von Kahn, des wichtigsten amerikanischen Architekten der monumentalen Richtung des Internationalen Stils. In die Wolkenkratzerarchitektur übertragen, vertrat diese neue Richtung wiederum der wichtigste Schüler des wichtigsten Internationalen Meisters dieser Gattung in Amerika: Philip Johnson. 1954–58 noch Mitarbeiter an Mies van der Rohes Seagram Building, tat er den ersten Schritt hin zur Postmoderne in den frühen 70er Jahren mit dem IDS- und dem Pennzoil Building – knapp ein Jahrzehnt, nachdem sich eine analoge Entwicklung im Bereich der herkömmlichen Bauaufgaben vollzogen hatte. Charakteristisch ist einerseits die Beibehaltung von Material, Farbigkeit und Oberflächengeschlossenheit aus dem Internationalen Stil, andererseits das Aufbrechen bzw. Aufschneiden des Quaders oder Kubus und die Herausbildung des Zwerganbaus. Geschlossenheit und Gewicht des Wolkenkratzers im Internationalen Stil werden hier ostentativ zerstört (S. 70, 76), andererseits wird der Rückzug in eine intimere Welt eingeläutet (S. 72, 85).

Den nächsten entscheidenden Schritt in der postmodernen Wolkenkratzerarchitektur tat Graves mit dem Portland Building (1980–82), bei dem die Einheit von Material und Farbe und

49. Peter Eisenman, Robert Miller House (House III), Lakeville, Connecticut, 1969/70.
50. Michael Graves, Public Services Building, Portland, Oregon, 1980–82.
51. Michael Graves, Anbau an das Benacerraf House, Princeton, New Jersey, 1969/70.

ansatzweise auch bereits die Geschlossenheit der Oberfläche aufgegeben wurde. Hinzu kamen erstmals aufgesetzter Dekor, die Portlandia-Göttin etwa, und Versatzstücke anderer Stilrichtungen. Mit diesen Mitteln wurden von nun an die fortschrittlichen Wolkenkratzer gestaltet – Moores postmoderne Ästhetik hat auch diesen Typus erfaßt.

Geistige Leere des Internationalen Stils: zur angeblich fehlenden Symbolik

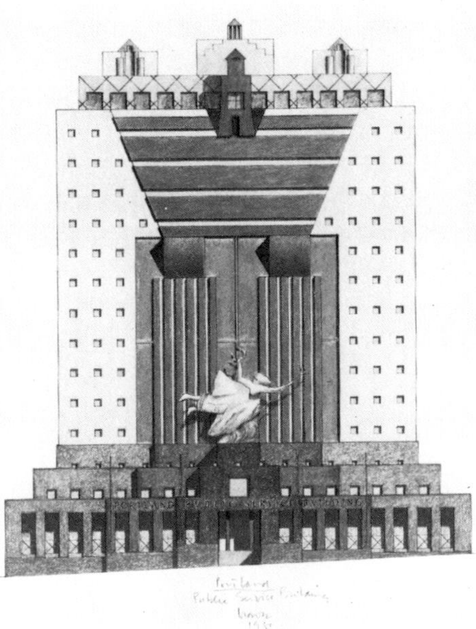

Häufig wird dem Internationalen Stil heute vorgeworfen, er betone rein formale Werte über und lasse es an der Symbolik fehlen, die die Architektur für die Benutzer angenehm mache. Keiner seiner Wolkenkratzer trägt eine Portlandia. Ein Blick auf die Anfänge der postmodernen Bewegung zeigt jedoch, daß die Attacken zunächst in die entgegengesetzte Richtung zielten. Die Abwendung vom Internationalen Stil begann vor allem als eine Kunst des Nonsense, als eine Reaktion auf die »hohe« Kunst, als eine Propagierung der Pop- und Hippiekultur und des sogenannten »Consumerism«. Wichtigstes Kunstprinzip war der Einsatz von Leuchtreklame. Gerade Venturi hatte doch die »ducks«, die symbolgeladenen architektonischen Werke, abgelehnt. Er predigte »contradiction« (Widersprüchlichkeit) bis zur Unverständlichkeit. In der Tat wird der Internationale Stil von einem starken Zug zur Symbolik geprägt, die zentrale Inhalte sehr prägnant anspricht, und spielerische, in der Postmoderne oft verwendete Nonsense-Elemente weitgehend ausschließt.

Die Architektur ist ein Medium, in dem konkrete Inhalte schwerer sichtbar zu machen sind als etwa in der Malerei und in der Skulptur. Wenn man einem Stil vorwirft, er gebe seiner Architektur keine inhaltliche Aussagekraft, so hat man zunächst zu berücksichtigen, daß man für unterschiedliche Bauaufgaben verschiedener Auffassung sein mag, wie konkret und pathetisch die Symbolik sein sollte. Daß für einen Regierungssitz oder eine Kirche eine ausdrucksvollere Symbolik gewählt werden kann als etwa für einen Bürowolkenkratzer oder ein Privathaus, liegt an den von außen herangetragenen Vorgaben. Denn für Staat und Kirche ist das System der Ideale stärker entwickelt.

Bei einem Privathaus ist meist an (sinnvoller) Symbolik nicht mehr möglich, als den für das Privatleben stehenden Werten anschaulichen Ausdruck zu verleihen, insbesondere der Geborgenheit, der Freiheit von Hierarchien und Zwängen oder der Kreativität. Im wesentlichen können daher folgende Gestaltungen gewählt werden: Ein Architekt kann beispielsweise die Trutzigkeit hervorheben; das war die Art des großen Architekten der frühen amerikanischen Moderne, Frank Lloyd Wright. Er kann aber auch die der modernen Zeit noch stärker entsprechende Thematik aufnehmen, im privaten Haus Zwänge und Hierarchien aufzubrechen und der Kreativität und dem Fließenden ihr Reich zu gewähren. Fließendes, Räume, die ineinander verschwimmen – eine Erfindung des Internationalen Stils und das Thema der Innenräume in Privathäusern bei Mies van der Rohe! Und Le Corbusier gestaltete in den Innenräumen seiner Privathäuser stets das Thema der Öffnung im Kontrast zur schützenden festen Schale außen, einer Öffnung zum Licht und zum Grün der Natur. Denn dies sind die beiden Werte, die er – zusammen mit dem Raum – schon früh als die drei wesentlichen Freuden des Menschen erkannt hatte. Auch in seinen großen Wohneinheiten versuchte er diesen Werten immer wieder Gestalt zu verleihen und darüber hinaus den Gedanken der Verbundenheit, wie er beispielsweise ein kleines Dorf auszeichnet, einzubeziehen. Seinen Unités d'habitation gibt Le Corbusier daher gemeinsame Einrichtungen (Spielplätze, Kindergärten, Versammlungsforen), das meiste auf dem Dach, der »Agora« seiner großen Wohneinheiten. Dort finden sich auch – als Symbol der Zusammengehörigkeit – die für diesen Meister so berühmten »Schiffsschornsteine«. Ob sich diese inhaltlichen Ideale stets als tragfähig erwiesen, mag fraglich sein. Daß die Architektur der Hauptmeister des Internationalen Stils diese Inhalte aber ausdrücken sollte, ist nicht zu bezweifeln.

Allein die Erfindung des Dachgartens durch Le Corbusier wäre geeignet, die These von der fehlenden Fähigkeit des Internationalen Stils zur inhaltlichen Aussage zu widerlegen. Der Dachgarten war für Le Corbusier einer der drei Hauptbereiche; er sollte einerseits der Natur den Raum, der unten verbaut wird, zurückgeben, andererseits aber – wie der Giebel mit dem Skulpturenschmuck in antiken Tempeln – der Ort für inhaltliche Ausdrucksträger sein. In Chandigarh werden die beiden Parlamentskammern im Dachbereich durch die Pyramide und den Konkavzylinder weithin sichtbar; sie sitzen beweglich und massiv in einem festen quadratischen Gesamtgehäuse – Ausdruck für den (jungen) parlamentarischen Gedanken. Erstmals seit der griechischen Antike wurde eine Gestaltung gefunden, die ähnlich stimmig im Gesamtkonzept einen ganzen (Haupt-)Bereich ausgrenzt und Symbolträgern vorbehält.

Unter den wenigen epochalen Nachkriegswerken der beiden Hauptmeister sind zwei, bei denen bereits die Aufgabe ein hohes Maß an Symbolik erforderte. In ihnen findet man denn auch Symbolik voller Pathos. Jeder dieser Bauten entstammt je einem der beiden wichtigsten »ideologischen« Gebiete der abendländischen Geistesgeschichte, der Religion und der Politik. 1950–54 errichtete Le Corbusier Notre-Dame-du-Haut in **Ronchamp** – zwei Jahrhunderte nach dem letzten Kirchenbau der Weltarchitektur, Neumanns Neresheimer Abteikirche. Die Kirche hatte nach dem Zweiten Weltkrieg neue Themen. Viele mußte sie erneut von ihrer Daseinsberechtigung überzeugen, wobei sie sich auf eine neue Demut besann. Le Corbusier errichtete daher einen Bau, der felsenfest auf der Erde steht. Kein anderer (Außen-)Bau dieses Jahrhunderts stemmt sich so gewaltig in die Erde; die überdimensional massiven Mauern stehen schräg, als spreizten sie sich in den Boden, oben werden sie durch einen unverrückbar gewaltigen Monolith beschwert, den zu allem Überfluß eine kräftige Verankerung an den vier Ecken unterstützt. Diese Kirche erscheint unverrückbar. Gleichzeitig ist sie demütig-karg mit ihren rohen Mauern, die keine Oberflächenverfeinerung und -glättung aufweisen. Nur die weiße Farbe darf strahlen. Auch in diesem Jahrhundert hat die Kirche noch ihre alten, »ewigen« Themen. Seit Notre-Dame-du-Haut überwiegen Wallfahrts- und Gefallenenkirchen. Die Wallfahrt als Thema lag Le Corbusier am Herzen. Die Zeremonienwege der Akropolis faszinierten ihn; nach seinen eigenen Worten eiferte er ihnen in der »promenade architecturale« in der Villa Savoye nach, dem Weg aus der Dunkelheit zum Licht (S. 39). In seinem zweiten religiösen Hauptwerk, Sainte-Marie-de-la-Tourette, wird das Lichtmysterium in der Kapelle zum zentralen Ausdrucksträger; dort steht das Bibelwort Pate: »Aus der Tiefe rufe ich, Herr, zu dir.« . Denn die Kapelle gräbt sich in den Boden ein; nur einige Lichtschornsteine ragen über dem Erdboden empor, um von dort oben das Licht »herunterzuholen«. Stets ist das hereinbrechende Licht ein Zentralthema der christlichen Architektur gewesen: von der Gotik über Michelangelos Konchen in St. Peter bis zu den barocken Lichtwundern. Und stets will es Sinnbild sein für das göttliche Licht. Die wichtigste Verbindung des Menschen zum Himmlischen ist der Glaube an die Auferstehung. Und gerade dieser Glaube ist angesprochen, wenn, wie in diesem Fall, der Vorgängerbau dem Krieg zum Opfer fiel und aus der Wallfahrtskirche eine Gefallenenkirche wurde. Die Lichtthematik kann immer auch Auferstehungsthematik sein, denn die Auferstehung Christi beginnt mit dem Stein, der vom Grab gesprengt wird, und dem Licht, das hereinbricht. Der Innenraum von Ronchamp wäre schon allein auf Grund seiner Fenster mystisch, die Schlaglichter durch die dicken, tiefen Mauern fallen lassen. Um wieviel eindringlicher ist aber das Mysterium des gewaltigen Dachmonoliths, der über dem Bau zu schweben scheint, und des schmalen Lichtkranzes, der ringsum zwischen Mauer und Monolith in den Kirchenraum eindringt; zugleich werden die gewaltigen Mauern am Blickfang, dem Altar, zusätzlich aufgebrochen. Im »schwebenden« Dachmonolith thematisiert Le Corbusier – wie so häufig vorher – Bewegungskraft in der Architektur. Zugleich wird der Dachmonolith hier zum Abbild des gerade aufgesprengten Grabes, christliches Urbild der Auferstehung. Form und Inhalt treten in eine innige Wechselbeziehung, fast verschmelzen sie, und darin sah man stets ein Hauptmerkmal des Klassischen. Das Thema der Auferstehung ist vor Le Corbusier in der gesamten christlichen Architektur nicht in einer ähnlich konkreten Weise dargestellt worden. Gefallenenkapellen kennt erst unser Jahrhundert. In ihm erst wurde unter dem Eindruck zweier Weltkriege mit dieser Kirche ein Symbol der Auferstehung geschaffen, dessen Ausdruckskraft in Jahrhunderten zuvor nicht ihresgleichen findet.

In der Politik kennt unser Jahrhundert neue zentrale Werte, die der älteren Architektur überwiegend unbekannt waren. Der Bau des Weltparlaments in New York blieb Le Corbusier versagt. Der UN-Komplex (1947–50) atmet zwar den Geist seines Projekts, enttäuscht aber in der Ausführung. Des Meisters Vermächtnis wurde daher der Komplex in **Chandigarh** aus der zweiten Hälfte der 50er Jahre und dem Anfang der 60er Jahre, bestehend aus einem Parlaments-, einem Sekretariats- und einem Justizgebäude. Der »Gouverneurspalast« für das Staatsoberhaupt blieb unausgeführt. Für einen nicht-kommunistischen Architekten in einem nicht-kommunistischen Land wie Indien mußten zwei Errungenschaften als die für dieses Jahrhundert zentralen herausragen, und zwar die ältere, aber neu zu belebende Idee der Demokratisierung und die für Indien und vielleicht für die Weltbevölkerung als Ganzes noch bedeutsamere der Dekolonialisierung.

Heute wird Demokratisierung nicht mehr als uneingeschränkte Mehrheitsherrschaft verstanden wie beim Ostrakismos, sondern auch als Verbürgung von mehrheitsfesten Minimalrechten (Rechtsstaatlichkeit). Grundlage des modernen Demokratieverständnisses ist Montesquieus Gewaltenteilungslehre, ein Gedankengut der Aufklärung, das von der amerikanischen und der französischen Revolution durchgesetzt wurde. Die geteilten Gewalten sind drei: Legislative, Exekutive und Judikative. Es ist ein schöner Zufall der Architekturgeschichte, daß ein (wahl)französischer Architekt diese Idee erstmals in kristalliner Klarheit darstellen sollte! Die drei Hauptgebäude – Parlament (Legislative), Justizpalast (Judikative) und Gouverneurspalast

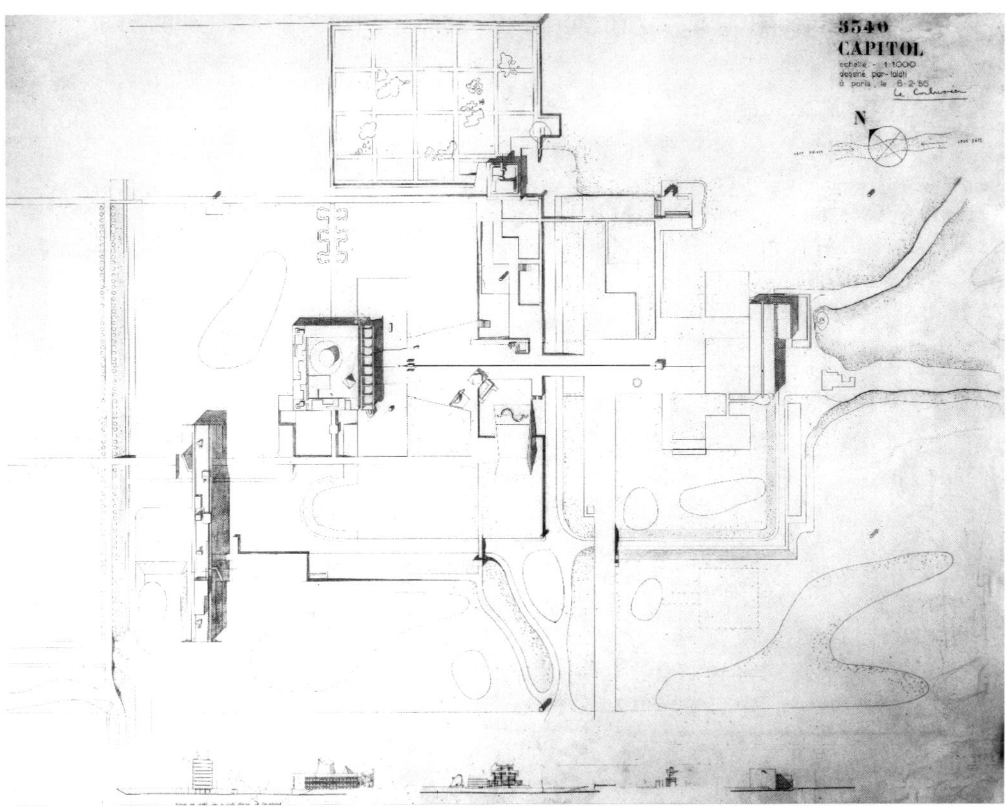

52. Le Corbusier, Gesamtplan für Chandigarh, ab 1950.

53. Le Corbusier, Projekt für den Gouverneurspalast in Chandigarh, 1952.
54. Le Corbusier, Parlamentsgebäude in Chandigarh, 1961. Vorhalle.

(Exekutive) – sind auf dem weiten Gelände in Chandigarh in die einfachstmögliche und aussagekräftigste räumliche Beziehung gebracht; sie stehen zueinander wie die Ecken eines »magischen« Dreiecks. Die großen Wasserteiche, jene Insignien indischer Machtvollkommenheit, verbinden die drei Gebäude. Schräg versetzt hinter dem Parlament, für den Blick vom Zentrum durch mehrere riesige Bäume verdeckt und »ausgeblendet«, somit auch anschaulich deutlich unwichtiger, steht das Sekretariat, das die Zulieferarbeit für die Gesetzgebung zu leisten hat. Klarer können Bedeutungszusammenhänge nicht dargestellt werden. Das Dreieck allein jedoch drückt nur die Dreizahl idealtypisch aus; wie werden die hier residierenden Gewalten durch die Architektur anschaulich gemacht? Die verbindenden Wasserteiche, die Herrschaftsinsignien, wurden bereits erwähnt. Die Architekturkritik weist wiederholt auf ein noch viel wichtigeres Symbol hin, das hier Verwendung findet: den (umgekehrten) Sonnenschirm, das wichtigste Herrschaftsinsignium der Mogulzeit, der letzten Epoche in Indien, die eine große eigene Architektursprache entwickelt hat und gleichzeitig von imperialen Ansprüchen erfüllt war. Im Justizpalast bildet dieses Insignium – vervielfacht – das Gesamtdach, unter dem die einzelnen Zellen der Gerichts- und Arbeitsräume aufgehängt sind. Im Parlamentsgebäude wird die Form isoliert und monumentalisiert zu einem riesigen Eingangsbaldachin. Auf dem Gouverneurspalast sollte sie als ein gewaltiges Symbol das Dach überragen, die ursprüngliche Form des Sonnenschirms sollte hier am reinsten erhalten bleiben. Jede der drei Gewalten hat ihre spezifische Ausprägung des Symbols – alle drei Gewalten sind somit voneinander zu unterscheiden! Alle drei haben aber Teil am prächtigsten Insignium der Macht und der Gewalt, das Indien kennt. Primus inter pares unter den Gewalten ist die Legislative, das Parlament, die große Errungenschaft Englands, der ältesten unter den europäischen Demokratien, die zugleich lange das »Mutterland« für Indien darstellte. Der gesamte Komplex ist deshalb auf das Parlamentsgebäude ausgerichtet. Am Tage der Eröffnung des Parlaments fällt die Sonne, kanalisiert durch den Dach-»schornstein«, genau auf das Rednerpult. Die Hochepoche scheut nicht das große Symbol, das »Wunder«.

Mit dem Einsatz von Herrschaftsinsignien wird anschaulich gemacht, daß die Gebäude der Ausübung von Macht und Herrschaft dienen; hier ist der Sitz der drei Gewalten. Es werden jedoch nicht europäische Herrschaftsinsignien verwandt, sondern indische. Die drei Gewalten werden durch die indische Symbolik verkörpert. Plastischer kann man dem Übergang der Herrschaftsgewalt vom Kolonialstaat auf den jungen indischen Staat kaum Ausdruck verleihen. Gekrönt wird das Gesamtkonzept jedoch von einem umfassenderen Symbol. Denn Demokratie und Dekolonialisierung sind für die (Aufbruchs-)Zeit nach dem Zweiten Weltkrieg nur Facetten der weiterreichenden Idee einer sich verbrüdernden Menschheit. Die entsprechende

Versinnbildlichung durch Le Corbusier gerät wiederum einfach und aussagekräftig. Die offene Hand, die er im Terrain aufstellt, ist für ihn ein Zeichen des »Friedens und der Versöhnung«. Man muß weit zurückgehen, um in der Architekturgeschichte völkerübergreifende Ideen einer Zeit derart eingängig und überzeugend dargestellt zu finden, vielleicht bis zu den allesumfangenden Kolonnadenarmen des Platzes und der Kirche von St. Peter.

Für die Wolkenkratzerarchitektur hat die Frage nach der Symbolfähigkeit eines Stils zweierlei Bedeutung. Zum einen kann man mangelnde Symbolik dort nicht beklagen, wo die Bauaufgabe sie nicht rechtfertigt. Die Postmoderne wird in der Tat große Pathosformeln an unbedeutende Plätze verschwenden (S. 80). In der modernen Wolkenkratzerstadt ist es tendenziell wichtiger, Symbole zurückhaltend einzusetzen als übersteigerte inhaltliche Aussagen zu machen. Wesentlicher sind formale Mittel – insbesondere die zum Aufbau von Raumkontinuen und Freiräumen, aber auch die zur Ordnung der Gebäude als Gesamtheit. Zum anderen gibt es aber in Wolkenkratzerstädten durchaus auch Gebäude, die große Symbole fordern, wie beispielsweise der UN-Komplex in New York oder das State of Illinois Building in Chicago (S. 123). Je weniger in anderen Gebäuden Mißbrauch mit der großen Symbolik getrieben wird, desto besser kann hier das Besondere herausgearbeitet und die Imagination gefördert werden.

Zur angeblich fehlenden Abstimmung des Stils auf die Bauaufgabe

Noch massiver als Le Corbusier traf die Kritik der Postmoderne Mies van der Rohe und dessen »box«, die der neuen Richtung ab Mitte der 60er Jahre als Inbegriff fehlender Abstimmung auf die Bauaufgabe sowie fehlender Bezugnahme auf die regionale Umwelt galt. Jencks sieht in Mies van der Rohe den totalitären Systematiker, Frampton den versteiften Klassizisten. Vergaßen sie bei dieser Einschätzung vielleicht, daß er Bauaufgaben einfach in größeren Zusammenhängen zu sehen verstand?

Über Jahrtausende stellte der religiöse Kultbau, beispielsweise die Kirche, die Hauptaufgabe in der Architektur dar. Spätestens seit der Renaissance gab es eine zweite gleichwertige, die Errichtung von profanen Regierungs-, insbesondere Palastbauten. Für Le Corbusier waren dies die beiden größten Aufgaben nach dem Zweiten Weltkrieg. Mies van der Rohe ist insoweit in einem radikaleren Sinn modern. Im Klassizismus ging die alte Dichotomie verloren (Sedlmayr, *Verlust der Mitte*). Ersetzt und damit auch als fundamental einfache Grundordnung neu belebt, wurde sie von Mies van der Rohe, allerdings – völlig unklassizistisch – adaptiert auf die Bedürfnisse einer neuen Zeit. So entstand eine neue Einteilung. Der gesteigerte Individualismus unserer Zeit zeitigte Wirkung: In den Jahrhunderten größerer Institutionalisierung wurden die Bauaufgaben von den öffentlichen Institutionen bestimmt, der Kirche und dem Staat. In den Zeiten, in denen das Individuum dominiert, erscheint solch eine Einteilung überholt. Als Einteilungskriterien hat man jetzt auf die typischen Lebensbereiche des Individuums zurückzugreifen, sein Privatleben und sein berufliches Wirken. Daher vollzog Mies van der Rohe für die Architekturgeschichte eine wahrhaft kopernikanische Wende, indem er eindeutig wie kein anderer das Privathaus vom Geschäfts- und Bürobau trennte. Beispielhaft sind seine Hauptwerke der 50er Jahre, das Seagram Building und das Farnsworth House.

Das Geschäftsgebäude zeichnet sich im Außenbau durch Symmetrie und eine zellenartige Gliederung aus, bei der Innengestaltung durch den funktionsneutralen Einheitsraum. Der Wille zur Symmetrie bestimmt das Aussehen des Seagram Building nicht nur als Einzelgebäude – mit einem Vordach in der Mitte und streng regelmäßiger Fensterverteilung –, sondern fast noch stärker seine räumliche Stellung. Die Park Avenue, an der es steht, hat mit dem Helmsley Building an ihrem Ende einen eindeutigen Blickfang. Jedes Gebäude, das sich in den Straßenprospekt einreiht, muß schräg und, falls es kein Pendant auf der anderen Seite erhält, als asymmetrisches Element gesehen werden. Dennoch gelang es Mies van der Rohe, für seinen Bau einen symmetrisch gebildeten Umraum zu schaffen. Er drehte das Gebäude aus der Straßenachse um 90° und bildete vor ihm einen gesonderten Platz, an und nicht in der Park Avenue – in sich völlig symmetrisch, mit dem Gebäude nun in der Mitte der Stirnseite des Platzes. Zur Symmetrie kommt die vollkommen regularisierte zellenartige Aufgliederung hinzu. Das horizontal angeordnete Bandfenster war seit Beginn des Jahrhunderts ein klassisches Aufbauelement der modernen Architektur. Auch Mies van der Rohe behielt es im Privathaus bei und steigerte es zu einer horizontalen Glaswand, die nur durch wenige Stützen gegliedert ist. Der Geschäftsbau ist stärker zellenartig unterteilt. Die Umpolung, mit der Mies van der

Rohe dies erreichte, ist so einfach wie viele große Erfindungen: Das Bandfenster wird nicht mehr nur horizontal, sondern auch vertikal angeordnet; die Fenster laufen horizontal und vertikal durch. Dies ist etwas grundlegend anderes als eine Vielzahl von (Band-)Fensterreihen, die übereinander angeordnet sind. Bei Mies van der Rohe gibt es keine Bandfenster mehr, bei denen die Wand als weiterer Bestandteil zum Fenster und zum Gliederungselement hinzukam. Bei Le Corbusier wird sogar die Regelmäßigkeit der Übereinanderordnung noch häufig unterbrochen. Um eine vernünftige Proportion der Fenster zu gewährleisten, mußte Mies van der Rohe ihre Größe gegenüber den breiten horizontalen Glaswandstücken der Privathäuser zwangsläufig reduzieren. Ihm erschien dies aber in einem Geschäftsgebäude durchaus angemessen, von dem aus der Blick nicht in die grüne Natur, sondern auf die enge Stadt fällt. Innen wählte er einen Einheitsraum: möglichst ohne Pfeiler, allenfalls mit verstellbaren, beweglichen Wänden als Abtrennung und damit funktionsneutral. Denn die Funktion eines Geschäftsgebäudes kann sich mit der Zeit ändern. Allgemeingültigkeit und Einfachheit in höchster Vollendung!

Das Gegenteil suchte Mies van der Rohe im Privathaus. Schon die Farbgebung ist eine andere, weiß und feenhaft. Die Asymmetrie herrscht vor. Die Treppe und das Vordach und mit ihnen der ganze Eingangsbereich werden auf eine Seite verlegt. Das Haus ist in die Umgebung eingebettet. Die Bandfenster werden zu Bandglaswänden, die nur durch wenige Stützen gegliedert sind. So reihen sich innen große Bilder der umgebenden Natur fließend aneinander, kaum getrennt durch die schmalen Stützen, darüber hinaus durch Decke und Fußboden gerahmt. Die Natur ist nahe, nicht verkleinert wie im Bürogebäude; ungebändigt entfaltet sie im Innenraum ihre Wirkung. Dieser ist nicht Einheitsraum, sondern ein gestaltetes Raumkontinuum. Durch einige wenige feste Raumteiler ist er klar und dauerhaft gestaltet, asymmetrisch und frei. So tritt Individualität an die Stelle von Abstraktion und Allgemeingültigkeit in der Innenraumgestaltung, und das Privathaus erhält etwas Spielerisches.

Es gibt jedoch Werke der Stilsuche, in denen die Mittel weniger klar voneinander geschieden werden. Damit ist aber die Klarheit der Unterscheidung in den Hauptwerken nicht in Frage

55. Ludwig Mies van der Rohe, 860–880 North Lake Shore Drive. Chicago, 1948–51.
56. Le Corbusier, Zeichnung des Parthenon, Athen, 1911.
57. Der Scutt mit Swanke, Hayden & Connell, Trump Tower, New York, 1979–83.

gestellt. Und selbst Werke der Stilsuche zeigen deutliche Unterschiede zur jeweils anderen Bauaufgabe. Das gilt besonders für die 860-880 Lake Shore Drive Apartments, die dem privaten Bereich zuzuordnen sind. Sie erscheinen zwar im Außenaufbau viel strenger und weniger naturbezogen. Dies ist aber teilweise dadurch bedingt, daß es sich um Stadtwohnungen handelt. Außerdem herrscht im Innenraum wiederum das fließende Raumkontinuum vor. Selbst im Außenaufbau genießt das Grundelement eine nicht unwesentliche Freiheit: Die Fensterbreite alterniert von zweimal breit in der Mitte zu jeweils schmal außen.

Ein privater Bautyp mit der Tendenz zum Asymmetrischen und stärker fließendem Grundcharakter steht einem der Berufswelt zugehörigen mit stärkerer Regularisierung gegenüber. Dieser Unterschied ist so grundlegend, daß das Hauptaugenmerk bei den verschiedenen Typen auf verschiedenen Bauteilen liegt. Mies van der Rohe kreierte den privaten Stil vornehmlich für den Innenraum: Das Privathaus, der Barcelona Pavillon etwa, bleibt von außen lange ein schlichter Quaderbau; die Durchsichtigkeit des Farnsworth House ist schon bemerkenswert, ihren ganzen Reiz erfährt man jedoch erst, wenn man von innen hinausblickt. Das Hauptgewicht künstlerischer Gestaltung liegt auf dem freien Innenraum mit seinem Raumkontinuum. Für den offiziellen Geschäftshausstil hingegen kehrt sich die Hierarchie zwischen Außenbau und Innenraum um und wird noch prononcierter. Hier schuf Mies van der Rohe für den Außenbau einen besonderen Stil. Wichtig ist nicht so sehr der Einheitsraum innen, sondern das skulpturale Aussehen des Gebäudes von außen und dessen sichere Einordnung in das Stadtbild.

Zum angeblich fehlenden Umweltbezug des Internationalen Stils

Den größten Erfolg hatte die postmoderne Architekturkritik mit dem Hinweis auf den angeblich fehlenden Umweltbezug des Internationalen Stils. Dieser gilt heute weitgehend als unbestreitbar. Der Vorwurf ist nicht neu und traf den Internationalen Stil schon in den 20er Jahren aus einer anderen Ecke. So kritisierte immerhin ein so eminenter Kunsthistoriker wie Pinder am Internationalen Stil einen Zug zu (kommunistischer) Gleichmacherei *(Zur Möglichkeit eines kommenden großen Stils)*. Der Begriff Umwelt kann verschiedenes bezeichnen, insbesondere die Natur beziehungsweise den Stadtkontext als nähere Umgebung eines Baus; und die Region oder das Land als weiteres geistiges Umfeld.

Wenn dem Internationalen Stil vorgeworfen wird, er habe mit seiner Architektur (auch) einen Ausdruck für die **Überlegenheit des Menschenwerks über die Natur** finden wollen, so ist dies in der Tat nicht zu bestreiten. Dann jedoch muß man auch den Parthenon verurteilen, mit welchem dem Akropolishügel sichtlich die Krone aufgesetzt werden sollte, und Michelangelo, dessen Genie sein wichtigster Chronist, Vasari, gerade darin erkannte, daß es ihm gelungen sei, die Natur zu übertreffen. Darüber hinaus ist der Internationale Stil keineswegs undifferenziert und überall »herrisch« gegenüber der Natur, sondern nur, wenn dies der Bauaufgabe angemessen erscheint. Viele der zentralen Erfindungen des Internationalen Stils sind sehr viel umweltfreundlicher im modernen Sinne des Wortes als die entsprechenden der Postmoderne. Hier mag zuerst Mies van der Rohe als Beispiel herangezogen werden, auf den diese Kritik noch stärker abzielte als auf Le Corbusier. In der Stadt ist er zweifellos »herrisch« gegenüber der Natur, mit seinen dunklen, kantenfesten, harten Wolkenkratzerkuben und -quadern. Prägnanter kann man einen Bau nicht als Werk von Menschenhand charakterisieren und gegenüber der Natur, dem Himmel, absetzen. Aber ist damit nicht die Stadt in ihrem Wesen getroffen, überzeugt nicht Le Corbusiers Satz von der Stadt als dem Werk des Menschen, das gegen die Natur gerichtet ist? Viel einfühlsamer verhielt sich Mies van der Rohe gegenüber der Natur dort, wo sie ihren eigentlichen Lebensraum hat: Durch große gerahmte Glaswände läßt er sie als Bilder in seinen Innenräumen wirken. Er verlieh seinen Häusern die Luftigkeit, die auch in der Natur wirkt. Und gab es je ein umweltbewußteres Wolkenkratzerkonzept als das Le Corbusiers mit den geschlossenen Hochstraßen und Bauten, die von Pilotis getragen werden, um uneingeschränkte Bewegungsfreiheit in dem darunterliegenden Park zu gewährleisten, und den Dachgärten, die den Ausschnitt der Natur, der unten überbaut werden mußte, oben neu eröffnen? Der Trump Tower und das IBM Gebäude in New York stellen die typischen postmodernen Gegenbeispiele dar: Die Pilotis fehlen und mit ihnen die Bodenfreiheit; der Naturausschnitt wird auf einen Eckbereich reduziert und dort zergliedert oder – sehr häufig – in den Käfig eines Zwerganbaus gesperrt. Beim IBM Gebäude ist der Zwerganbau beispielsweise wie ein Gewächshaus gestaltet und erscheint »brechend voll« mit Pflanzen.

Doch die reine Natur spielt in Wolkenkratzerstädten eine untergeordnete Rolle. Viel wichtiger ist die **Bezugnahme auf den bestehenden Baubestand.** Wie intensiv und überzeugend sich ein neuer Bau mit seinem Umfeld auseinandersetzt, kann nur anhand konkreter Stadtbilder dargelegt werden (6. Kapitel). Um wieviel homogener der Internationale Stil diese unter Einbeziehung älterer Bebauung gestaltete, um wieviel kontinuierlicher er sie entwickelte, zeigen vor allem die Stadtbilder Chicagos und San Franciscos, während die Postmoderne gerade in Houston und Downtown New York allzu viele auffällige, extravagante Bauten hervorbrachte, als daß sich noch klare Bezugspunkte herauskristallisieren ließen. Eine kleinere Einheit sei jedoch bereits hier als Beispiel herangezogen. Die Art, wie Bauten des Internationalen Stils im engen Kontext des Stadtbilds mit älteren Nachbarbauten kommunizieren, zeigt bereits der erste berühmt gewordene Bau, Rietvelds **Haus Schröder** von 1924, in vorbildlicher Weise. Hier findet man erstmals den Grundansatz, der bei allen Unterschieden in anderer Hinsicht doch auch für die Architektur Mies van der Rohes und Le Corbusiers prägend sein wird. Das Haus Schröder ist an einen wenig älteren Block von Reihenhäusern angebaut. Der ältere Bau bestand ursprünglich aus vier vertikal voneinander geschiedenen Einheiten. Dabei verläuft eine Grenze mitten durch den breiten Erker, der sich in der Mitte des Gesamtbaus befindet. Jede der so entstandenen Hälften, links und rechts, ist in der Mitte des Mauerbandes, das wie eine große rechteckige, aufrechtstehende Tafel oben über die weiße waagerechte Traufleiste hinausragt, nochmals unterteilt. Jede Einheit ist somit in sich asymmetrisch, im Gesamtbau aber wird zur Straße hin eine symmetrische Fassade ausgebildet. Der ältere Bau stammt aus den ersten Jahrzehnten dieses Jahrhunderts, als der aufgesetzte Dekor schon nicht mehr in Mode war, die Baukörper jedoch noch mit ihren großen Erkern und der regelmäßigen Verteilung der Fenster der Tradition verhaftet waren. Die Asymmetrie in der einzelnen Einheit versteht der Architekt noch als Unregelmäßigkeit, die er nicht betont, sondern vielmehr im Gesamtbau zu kaschieren versucht. Ganz anders Rietveld. Freilich findet man auch bei ihm »Erker«, d.h. vorspringende Einheiten, jeweils in der linken Hälfte der beiden über Eck stehenden Fassaden; sie sind jedoch jetzt klar geometrisiert und zur jeweils anderen Hälfte im entschiedensten Kontrast gestaltet. Der »Erker« wird zu einem echten aliud gegenüber dem sonstigen Bau, hier zu einem offenen Balkon. Zwar findet man bei Rietveld das Mauerband wieder, das nach oben hin die Kontur (im alten Bau: die »Traufleiste«) durchbricht; doch um wieviel energischer geschieht dies hier in der Mitte der Eingangsfassade, es wird ein geradezu heraldisches Schild aufgerichtet. Mit der Verlegung des Eingangs auf diese Seite wendet Rietveld seinen Bau auch sehr anschaulich von dem alten ab. Und gänzlich anders, im Anspruch gesteigert, ist die Gestaltung in der Tat auch sonst. Die Fenster erscheinen riesig, nicht mehr regelmäßig verteilt, sondern massiert und konzentriert, ebenso die geschlossenen Mauerstücke; alles ist klar voneinander abgesetzt. In jeder der beiden Einzelfassaden ist jetzt die Asymmetrie als Gestaltungsprinzip dominant, um sich in der Gesamtansicht wieder in eine stärker symmetrische Komposition mit den zwei offeneren Einheiten außen aufzulösen. Die Gesamtansicht ergibt sich jedoch erst beim Schrägblick auf das Eck, nicht bei der zuvor über Jahrhunderte hinweg gepflegten Frontalansicht. Asymmetrie wird hier als innere Ordnung verstanden (vgl. S.101). Rietveld reduzierte die Gestaltungsformeln, für die der ältere Bau jeweils Ausgangspunkt ist, auf die wesentlichen und gab ihnen so ein gesteigertes Gewicht. Hier gilt sinngemäß, was Vasari über Michelangelos Gestaltung von St. Peter sagte: Indem der Bau (körperlich) kleiner wurde (als der ältere), machte der Architekt ihn (von der Bauidee her) größer.

Damit bleibt vor allem ein Vorwurf unerwidert, nämlich der, daß der Internationale Stil nicht die **Region als das weitere geistige Umfeld für den Bau** beachte. Schon der Anspruch des Regionalismus ist nicht zu verabsolutieren. Das nur Regionale schlägt allzu leicht ins Provinzielle um. Auch die Akropolis ist nicht spezifisch auf den Charakter der attischen Umgebung zugeschnitten worden, sondern als die universal beste Lösung gewollt. Die Postmoderne hat nicht versucht, das neue universale System des Internationalen Stils zu verstehen. Zunächst ist zu betonen, daß viele Werke, die in diesem System gebaut sind, sehr grundlegende regionale Bezüge aufweisen – dies ist wichtig, und damit ist eine Antwort auf die entgegengesetzte postmoderne Kritik gegeben. Ebenso wichtig aber ist es, sich über das universalere, aus den Bedürfnissen des Mediums geborene System klar zu werden. Dieses ist zugleich der Kraftquell für jegliche Art von Regionalismus.

Am deutlichsten wird dieser universale Ansatz bei Le Corbusier daran, daß er eine eigene »Säulenordnung« für seine Zeit konzipierte (vgl. Abb. 32). Die Säule bildet den Nerv der älteren Architektur; mit ihr mußte sich die neue Zeit auseinandersetzen. Fünf war die Zahl der alten Säulenordnungen; entsprechend wählte Le Corbusier *Fünf Punkte* zur Architektur (S. 36). Die neue Säulenordnung hatte den neuen Konstruktionsmethoden sowie den geänderten ästhetischen und weltanschaulichen Vorstellungen Ausdruck zu verleihen. Le Corbusier betrachtete die einfache geometrische Form als der neuen Zeit angemessen. Folglich mußte der Träger auf die Grundform eines einfachen dünnen Zylinders ohne Kapitell und Basis, den Pilot, reduziert werden – wie ja bereits die Sezession mit Loos darauf gedrungen hatte, den applizierten Dekor der älteren Architektur aufzugeben. Dieser Schritt wurde nicht revidiert, auch nicht als die Pilotis mit den von ihnen getragenen Baukörpern massiv und frei modelliert wurden. Der besagte Schritt, den schon Le Corbusiers Lehrer Perret ansatzweise vorbereitet hatte, war erst ein Anfang – eine Säule, keine Säulenordnung. Zu dieser wurde der Pilot erst im Verbund mit dem ganzen Gebäude. Grundsätzlich sollte ein Bau für Le Corbusier, anders als die Säulenhalle der Antike, ganz ummantelt sein. Er sollte nur nicht den Erdboden verstellen. Die Pilotis sollten alle Stockwerke tragen und den Erdboden freimachen. Deshalb – und hier liegt der entscheidende Unterschied zur Säule, die gänzlich funktional nur in der Säulenhalle eingesetzt wird – ist der Pilot nur zum Teil freistehend und sichtbar. Im Erdgeschoß, in dem keine Mauer das Terrain verstellen sollte, erscheint der Pilot, nicht aber im ersten und in den darüberliegenden Stockwerken. Diese durchdringt er zwar, um auch die weiter oben angesiedelten Stockwerke zu tragen; ihre undurchbrochene äußere Schale wird aber durch ihn nicht verstellt. Der Pilot vereinigt für Le Corbusier in sich das Optimum zweier Welten: die Bodenfreiheit der Säulenhalle und die Freiheit in der Höhe, die eine Ummantelung und eine durchgehend geometrische Fassade erlaubt.

Die *Fünf Punkte*, welche der Architektur erstmals eine »Säulenordnung« gaben, die nicht zuerst für offene (Säulen-)Hallen konzipiert war, bleiben für alle Bauten Le Corbusiers gültig. Das Konzept hat sich über die Landesgrenzen hinaus als gut erwiesen. Dennoch geht seine Architektur immer wieder auf ihr regionales Umfeld ein, stets tiefsinniger und häufig auch auf eine eher nachvollziehbare Weise als es in der Postmoderne der Fall ist. Le Corbusier begab sich noch »auf Wanderschaft« und studierte über ein Jahr die mediterrane Architektur, die Akropolis und Griechenland mehrere Monate. 1911 schrieb er, von dieser Reise beeindruckt, in Italien nieder: »... ich bin besessen von der Farbe weiß, dem Kubus, der Kugel, dem Zylinder und der Pyramide«. Seitdem beherrschten diese Elemente seine Architektur. Er lernte die traditionsreiche Form des Megarons oder Atriums kennen; fortan bildete sie stets das Ende und den Höhepunkt der »promenade architecturale«, die durch jede seiner Villen führt. Das Atrium erscheint als umfriedeter Dachgarten, der nach oben gen Himmel gehoben ist. Der Haustyp mit dem Megaron an der wichtigsten Stelle wurde zum allgemeinen Haustyp mit dem Namen Maison Citrohan (1922). Der gemeinsame Marktplatz, die Agora, beschäftigte ihn so sehr, daß er den Dachgarten auf den Großbauten zum eigentlichen Platz des sozialen Lebens machen wollte. All dies ist weniger evident – oder banal – als der italienische Stiefel im Brunnen, aber es ist deswegen nicht weniger mediterran. Und so sah man in seinen Villen die Neuauflage Palladios oder des Parthenon mit modernen Mitteln.

Daß für die großen Architekten des Internationalen Stils der Regionalbezug ein zentrales Anliegen war, zeigte sich jedoch viel deutlicher in den 50er Jahren. 1954 forderte Giedion in einem Aufsatz einen »Neuen Regionalismus« und stellte bereits erste Ansätze dazu fest. Weltweites Zentralthema in der Architekturdiskussion war der Regionalismus spätestens jedoch seit der 9. CIAM-Konferenz in Aix-en-Provence (1953) und auf der 10. Konferenz, die das deswegen so benannte Team X jüngerer Architekten des Internationalen Stils in Dubrovnik 1956 organisierte. Nach dem Zweiten Weltkrieg und in der Phase der Dekolonialisierung lag es auch nahe, nach einem anschaulichen Ausdruck für das Regionale zu suchen. Anders hatte sich dies in den 20er Jahren dargestellt. Damals war es auf Grund des künstlerischen Entwicklungsstands unvermeidlich, daß die Stilbildung selbst in den USA von Europa dominiert wurde. Außerdem bauten Mies van der Rohe und Le Corbusier zu dieser Zeit nur in Europa. Sie mußten sich daher nicht auf fremde regionale Begebenheiten einstellen. Und als sie dann außerhalb Europas zu bauen begannen, Le Corbusier in Chandigarh und Mies van der Rohe in den USA, waren gerade sie es, die mit ihren Werken die ersten großartigen regionalen Bauten der 50er Jahre errichteten.

Le Corbusier begegnete in Chandigarh zum ersten Mal einem anderen Kulturkreis. Indem er indische Motive der Mogulzeit in seiner Architektur verarbeitete, schuf er mit dem Regierungszentrum von Chandigarh ein Leitbild der Demokratisierung und Dekolonialisierung (S. 56). Gleichzeitig gelang es ihm, das für unsere Zeit überzeugendste Beispiel regionaler Architektur für die dritte Welt hervorzubringen. Wenig später (1965) arbeitete er an einem Projekt für ein Krankenhaus in Venedig, für das allein schon eine Architektur allgemein mediterra-

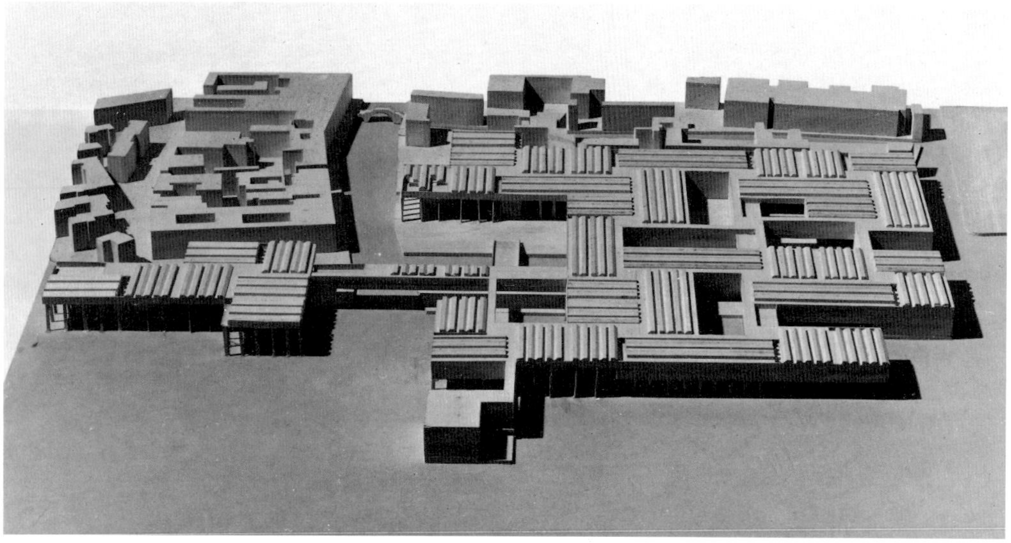

ner Prägung angemessen gewesen wäre, wie er sie nach dem Zweiten Weltkrieg etwa in der Unité d'habitation realisiert hatte. Venedig hat aber einen eigenen regionalen noch spezifischeren Mikrokosmos; Le Corbusier bemühte sich, auch diesen zu erfassen. Seine Pilotis weisen ohnehin eine gewisse Ähnlichkeit mit den Pfählen auf, die die Gebäude Venedigs tragen. Das prägnanteste Charakteristikum dieser Stadt in ihrer Gesamtheit liegt jedoch darin, daß die einzelnen Bauten sich so ineinanderschieben, als seien sie miteinander verwoben. In Venedig ist das niedrige Stadtgewebe besonders eng geknüpft, und noch heute sind die Gassen dichter verwinkelt und ineinander verschoben als in jeder anderen Stadt. Gerade diesen Wesenszug der venezianischen Architektur mußte und wollte Le Corbusier auch für den Krankenhauskomplex prägend werden lassen, der andernfalls auf Grund seiner beachtlichen Größe unweigerlich als Fremdkörper in der Stadt gewirkt hätte. So übernahm er für die Gestaltung sowohl das für Venedig typische Stadtgewebe als auch die geringe Höhe der Gebäude. Hier erweist sich erneut seine Sensibilität, selbst auf eng begrenzte regionale Mikrokosmen nicht nur oberflächlich einzugehen, sondern sie im Innersten zu ergründen und, übersetzt in eine moderne Formensprache, ihren Wesenszug zu treffen.

Zu der von Le Corbusier entworfenen neuen Säulenordnung gibt es nur ein Alternativmodell. Mies van der Rohe entwarf es für die Wolkenkratzer in Amerika. Die Idee ist abermals einfacher und fast radikaler als bei Le Corbusier, denn er schuf seine Säulenordnung mit dem Doppel-T-Träger, dem funktionalsten Element der Metallarchitektur. Bei dieser Entscheidung standen jedoch nicht funktionale, sondern ästhetische Gründe im Vordergrund. Häufig, im Seagram Building beispielweise, wurde der Doppel-T-Träger nur als Gliederungselement auf das tragende Gerüst aufgesetzt, und wenn Feuervorschriften, wie in Chicago, für Stahlgerüste eine Betonverkleidung forderten, ging Mies van der Rohe soweit, den Betonmantel nochmals mit Metall zu verkleiden. Worin besteht das große Novum dieser »Säulenordnung«? Sind es allein die einfacheren Formen, die der modernen Zeit mehr entsprechen? Der Grundunterschied zwischen dem Werkstoff Metall und dem Werkstoff Stein, den die ältere Säulenarchitektur verwendete, liegt darin, daß Metall vertikal wie horizontal auch über große Abstände hinweg relativ gleich gut eingesetzt werden kann, Stein hingegen nicht. Was das Raumkontinuum innerhalb eines Hauses oder die Stellung der Einzelgebäude innerhalb eines größeren Komplexes zueinander betraf, war es das wichtigste künstlerische Anliegen Mies van der Rohes, daß sich die Teile in alle Richtungen bewegen können. Dieses Anliegen hatte er im Barcelona Pavillon und im IIT in der horizontalen Ausdehnung, dem Grundriß, umgesetzt (S. 38, 101). Mit seiner neuen »Säulenordnung« leistete er Entsprechendes für die Vertikale. Er bediente sich dafür des Stahls mit seiner Eigenschaft, nicht nur Druck-, sondern auch Zugkräfte aufnehmen zu können, d.h. nicht nur in der Vertikale, sondern auch in der Horizontale einsetzbar zu sein. Der fließende Raum findet so im Aufriß seine Entprechung in einem System von Trägern und Stützen, die sich kreuzen. Aus der »Säulenordnung«, die nur vertikal wirkt, wird eine Rasterordnung, einem Gewebe gleich, das in alle Richtungen, horizontal wie vertikal wirkt. Dies war eine völlig neue »Säulenordnung« für eine neue Zeit und einen Gebäudetypus, der auf Grund seiner Höhe einer solchen bedurfte. Die Säulenordnung war hier stärker auf die Bauaufgabe zugeschnitten. War sie es auch auf das Land?

58. Le Corbusier, Projekt für ein Krankenhaus in Venedig, 1965.
59. Frank Lloyd Wright, Herbert Jacobs House, Madison, Wisconsin, 1937.
60. Alvar Aalto, Rathaus von Säynätsalo, 1949 bis 1952.

Mies van der Rohes Wolkenkratzertypus wurde in alle Welt exportiert und galt als das Paradebeispiel von Kulturimperialismus und fehlendem regionalen Bezug. Für Hongkong oder Singapur war er sicherlich ungeeignet, seine Gestaltung ist aber durchaus regional US-amerikanisch. Mies van der Rohe selbst hat ihn auch nicht von dort exportiert. Und wenn er von der Schule Mies van der Rohes exportiert wurde, erfuhr er eine grundlegende regionale Modifikation. Das zeigt der Wolkenkratzer des Edificio Polar in Caracas von Vegas Pacheco (1953/54). Hier wurde der erste Schüler Mies van der Rohes aus der Dritten Welt zurück ins Heimatland geschickt, und das Produkt wurde mit dem auf jeder Seite individuell gestalteten Gesamtaufbau voller Verflechtungen plötzlich sehr regional. Doch welches ist der regionale Bezug der Bauten eines Mies van der Rohe zu Nordamerika? Regionalismus braucht einen Bezug zur lokalen Tradition. Soll er architektonischer Art sein, setzt er eine architektonische Tradition voraus. In den USA war es nur Wright gelungen, mit seinen Prairie Houses einen genuin amerikanischen Stil zu prägen. Auch er hatte sich dabei nicht auf die vorangegangene Architektur bezogen, sondern auf die Charakteristika des Landes, dessen Weite und Flachheit er übernahm. Doch Wright haßte die Stadt, sein Stil setzte eine ländliche Umgebung voraus. Die Architekturgeschichte, die er angeblich so grundsätzlich negierte, und der gesunde Menschenverstand hatten Mies van der Rohe gelehrt, daß ein Stil, der sich für ein Landhaus als angemessen erwiesen hat, nicht unbedingt für ein Stadthaus geeignet sein muß. In verstärktem Maße gilt dies im 20. Jahrhundert, in dem sich Stadt und Land noch deutlicher voneinander unterscheiden als in früheren Jahrhunderten. Die in den USA zu findenden Stile für städtische Architektur waren aber nicht genuin amerikanisch: weder Sullivans »Jugendstil« noch der Art Déco und vor allem nicht das historisierende Stilkonglomerat; den beiden letztgenannten fehlte zudem die Entwicklungsfähigkeit zum genuinen Wolkenkratzerstil (S. 17).

Mies van der Rohe konnte demnach nicht auf regionale Eigenheiten in der Stadtarchitektur zurückgreifen. So wählte er einen anderen, für die Wolkenkratzerstadt viel charakteristischeren regionalen Bezug, das Stahlgerüst. Inwiefern aber hat dieses spezifisch US-amerikanischen Charakter? Die amerikanische Großstadt hatte einen spezifischen, hier entstandenen Gebäudetypus, mit dem sie Europa überflügelt und sich vom Mutterland abgelöst hatte: den Wolkenkratzer. Ohne überzeugendes architektonisches Gesicht, hatte er doch ein revolutionäres ingenieurtechnisches Innenleben: das Stahlgerüst, das die Europäer erst später und weniger effizient einsetzten. Es ist überraschend, wie zielsicher Mies van der Rohe bereits im ersten Komplex, den er auf amerikanischem Boden schuf, von den Materialien der alten Welt zum amerikanischen Stahlgerüst überging. Seine frühen Wolkenkratzerprojekte waren Glasprismen, aufgehängt an Betongerüsten, seine Villen der 20er Jahre waren aus Backstein und besonders wertvollen Steinen, wie Marmor und Onyx, gebaut. In den USA änderte sich dies schlagartig. Schon im IIT (ab 1940), das er zwei Jahre nach seiner Emigration in Angriff nahm , dominiert das Stahlgerüst; und in den ersten Wolkenkratzern, 860-880 Lake Shore Drive, ist auch die im IIT noch vorhandene Backsteinfüllung eliminiert. Damit beherzigte er, was Le Corbusier schon 1923 in seinem *Vers une architecture* geschrieben hatte: »Hören wir auf den Rat der amerikanischen Ingenieure. Aber Vorsicht vor den amerikanischen Architekten.« Zu diesem ersten Ausgangspunkt, der am aufregendsten Gebäudetyp des Landes und seiner revolutionärsten Erfindung ansetzte, kam ein zweiter hinzu. Mies van der Rohe setzte sich auch mit dem Hauptcharakteristikum der Stadt auseinander, in der seine Bauten stehen sollten: mit der Durchrasterung, die man in europäischen und orientalischen Städten viel weniger findet, die aber für Amerika typisch ist. Beide Komponenten vereinigt, ergaben zwangsläufig den durchrasterten Stahlgerüst-Wolkenkratzer als den typisch amerikanischen regionalen Gebäudetypus. Daß dieser Typus kühl und stereotyp wirkt, kann man Mies van der Rohe nicht vorwerfen, denn damit übernahm er nur ein Charakteristikum der Stadt, für die er baute. Die Wolkenkratzer Mies van der Rohes sind jedoch nicht nur regional im beschriebenen Sinne, sondern darüber hinaus auch kristalline Kunstwerke. Die wohlgewählte Proportion, das edle Detail, so wichtige Erfindungen wie die Beweglichkeit im Bau (S.33) und die überzeugende Einfügung der ausgeführten Einzelbeispiele in das Stadtbild (S. 98) gehen über den geschaffenen Typus weit hinaus. Sie sind individuelle Merkmale der künstlerischen Potenz dieses Architekten.

Der Zug zum Regionalismus durchzieht den gesamten Internationalen Stil, zunächst beim Hauptmeister der Zwischengeneration, Alvar Aalto. Stets kombinierte er zwei Typen von Bauteilen: Als Zentrum wählte er einen meist höheren, aber kleineren organischen Teil, häufig einen Fächer oder eine Schneckenform mit ihrer unendlichen Wandlungs- und Ausdehnungsfähigkeit; dazu gesellte er einen langgestreckten, kubischen Teil und nahm damit neben den finnisch-skandinavischen Wurzeln das Thema des Kontrastes von Natur und Architektur auf. Auch die wichtigsten Meister der Schülergeneration schufen ihre Bauten unter Einbeziehung der spezifischen Merkmale der Umgebung. Tange gab dem Rathaus in Kurayoshi durch Abschrägung und weites Ausladen der horizontalen Teile sowie durch deren leichtes Anschwellen und Durchhängen in der Mitte deutliche Bezüge zu Shinto- und buddhistischen Vorbildern; für Südamerika adaptierten Niemeyer und Pacheco Le Corbusiers Wolkenkratzertyp im Bau für das Kulturministerium in Rio de Janeiro, hier entwickelten sie gegen die starke Sonneneinstrahlung den fassadengestaltenden festen Sonnenschutz; Utzon wird in einem Land ohne architektonische Tradition wieder auf die natürliche Umwelt zurückgreifen und aus »Segeln« und »Muschelschalen« die Opera Hall der Seestadt Sydney gestalten (1956–73). Viele dieser Antworten wird Giedion in einer der späteren Ausgaben seines Buches *Space, Time and Architecture* als die vorbildlichen Anfänge des Regionalismus zusammenstellen. Die in wenigen Jahren geschaffene reiche Palette von regionalen Stilen im schweren, »hohen« Grundvokabular des Internationalen Stils ließe fast vermuten, die Regionalisierung sei stets das Hauptziel dieses Stils gewesen.

61. Kenzo Tange, Rathaus in Kurayoshi, 1955 bis 1956.
62. Le Corbusier, Villa Savoye, Poissy, 1929–31. Wendeltreppe und Rampe.
63. Ludwig Mies van der Rohe mit Schmidt, Garden & Erickson, C. F. Murphy Associates, A. Epstein & Sons, Federal Center, Chicago, 1959–64. Im Vordergrund die Statue von Alexander Calder, im Hintergrund das Chicago Board of Trading Building von Holabird and Roche, 1930.

Der angeblich verlorene Dekor

»Alle Kulturen, außer der modernen [d.h. dem Internationalen Stil] haben diese Grundwahrheiten [daß Kunst, Symbolismus und Dekor unzertrennlich sind] so hoch bewertet, daß sie sie für selbstverständlich nahmen.« So Jencks. Beging der Internationale Stil tatsächlich die Erbsünde, verbannte er jeglichen Dekor aus der Architektur und huldigte er dem reinen Funktionalismus? Wenn Jencks diese zweifache Anklage erhebt, so zieht er als Paradebeispiel Le Corbusiers berühmtes Bild vom Privathaus heran, das eine »zu bewohnende Maschine«, eine »machine à habiter«, sei.

Reiner Funktionalismus, d.h. eine Gestaltung unter Vernachlässigung aller ästhetischen Aspekte, wäre wohl das grundlegendere unter den zwei angeprangerten »Übeln«. Zwar kennen wir Aussprüche von Mies van der Rohe, die dieser »Neuen Sachlichkeit« das Wort zu reden scheinen. Seine Bauten waren aber schon in den 20er Jahren von anderer Art, insbesondere sein Wolkenkratzer für eine ländliche Umgebung. Diesem Bau gab er einen fließenden unregelmäßigen Grundriß, und seine Begründung hierfür klingt nicht gerade nach reinem Funktionalismus. Er führt an, daß die Form schönere, abwechslungsreiche Reflexwirkungen hervorrufe. Für die 50er Jahren muß man nicht einmal auf so »feenhafte« Bauten, wie das Farnsworth House mit seinen verschwenderisch großen Glaskompartimenten verweisen. Auch im Bürobau, also dem nüchternen Bautyp, huldigte Mies van der Rohe offensichtlich nicht mehr dem Ideal eines reinen Funktionalismus. Das Zentralelement des Außenbaus, das Stahlgerüst ist nur aufgesetzt; es handelt sich also um eine Instrumentierung. Und auch der Einheitsraum im Inneren ist nicht das Ergebnis rein funktionalistischen Denkens. Vielmehr wird gerade hier als tragende Gestaltungsidee des Gebäudes deutlich, daß ein großer Bau seine Funktion überdauert und die Verpflichtung auf die »Ewigkeit« im Vordergrund des Handelns bzw. des Bauens steht. Und wie ist Le Corbusiers berühmtes Bild von der »machine à habiter« zu verstehen? Es entstammt dem epochemachenden Werk *Vers une architecture* (1923), in dem man weiter liest: »Du nimmst Stein, Holz und Beton, damit bildest Du Häuser und Paläste; das ist Bauen. Erfindungsgabe ist am Werk. Aber plötzlich triffst Du mein Herz und ich sage: ›Das ist schön‹. Das ist Architektur. Kunst tritt auf den Plan. Mein Haus ist praktisch. Danke ... Du hast mein Herz nicht berührt. Aber nimm mal an, die Mauer steigt in den Himmel auf eine Weise, die mich berührt ...« Das berühmte Bild von der Wohnmaschine ist nicht mehr als die prägnante Antwort auf die Dekororgien des Historismus: Funktional muß der Bau auch sein; darüber aber steht die Ästhetik. Le Corbusier gibt sich in dem Buch wie ein Kind, dem die Schönheit einer neuen Welt aufgetan wird, die Welt der einfachen, klaren Formen. Die Maschine ist dafür nur das frappierendste Beispiel, ihre Einfachheit muß in der wahrhaft großen Architektur ebenfalls Wunder wirken. Das ist Le Corbusiers Geist des Purismus, der in all seinen Werken spürbar wird. Ihr großes Thema ist ein ästhetisches, der Kontrast zwischen Gewichtigkeit und Bewegungsenergie. Le Corbusier mokierte sich früh über den reinen Funktionalismus. Berühmt wurde die Nebeneinanderstellung einer scharf geschnittenen Wendeltreppe und einer geraden Aufstiegsrampe. Spricht aus ihnen Le Corbusiers Grundinteresse an der Gegenüberstellung von beweglicher Rundform und fester Gerade oder etwa ein Interesse an Funktionalität? Zwei Personen können nun immerhin ohne großen Umweg im gleichen

Augenblick das nächste Stockwerk erreichen! Und wäre es nicht ein Paradoxon der Architekturgeschichte, wenn die wohl formalste und antifunktionalste Richtung unter denen der postmodernen Bewegung, diejenige der New York Five, mit ihrer rückhaltlosen Verehrung der »weißen« 20er Jahre eines Le Corbusier auf den Stil zurückgreifen würde, dessen (angeblichen) Funktionalismus die Gesamtbewegung beheben wollte?

Den kleinteiligen Dekor verbannte der Internationale Stil in der Tat weitgehend aus seiner Architektur – als Reaktion auf die Exzesse des Historismus. Tieferer Grund aber war die bis zuletzt von den großen Meistern gefühlte emphatische Liebe zur großen Form. So wurde für sie auch der Dekor groß: Le Corbusier entdeckte einen ganzen Dachgarten dafür, einen von drei Hauptbereichen. Mies van der Rohe erwählte die Bauskulptur eines Calder, die nun trotz der geringeren Größe auf Grund ihrer intensiven Farbigkeit und Formensprache mit dem Bauwerk in einen fast gleichwertigen Dialog trat. Er entdeckte sogar im Nachbarbau mit seinem vollkommen anderen Stil das Dekorative, die Variatio, die Freude macht. Le Corbusier beseitigte den verstreuten kleinteiligen Dekor, um dem Dekor in konzentrierter Form große Aussagekraft zu verleihen: Er wählte die offene Hand für den ganzen UN-Komplex, den umgekehrten Sonnenschirm für ganz Chandigarh. Im zweiten Beispiel wird der konzentrierte Dekor sogar derartig dominant, daß er die Form des Bauwerks bestimmt. Und dies ist die eigentliche Antwort auf die Dekorfrage: In ganz großen Epochen wird die Architektur als Körper selbst zum Ausdrucksträger und ihre Form Belebung. So werden beide Aufgaben des Dekors absorbiert. Sieht man von Strukturteilen ab – denn auch Pilotis erkennt die Postmoderne nicht als Dekor an –, so ist auch der Außenbau von St. Peter dekorlos. Jede Figur hätte die titanisch schiebende Bewegungskraft gestört; auch die eingezwängten Nischen sprechen als verengte Freiräume ebenso ausschließlich von den im Bau waltenden Kräften wie etwa das freie Sockelgeschoß der Bauten eines Mies van der Rohe. Schon bei Alberti, der mit seinem Traktat den theoretischen Grund für die Architektur der Hochrenaissance gelegt hatte, fand man die Zentralaussage, daß nur ungeschmückte Schönheit wahre Schönheit sei, Schönheit, die nicht auf Hinzufügungen angewiesen sei. Und Tizian als der zentrale Maler der Hochrenaissance schuf ein frühes Meisterwerk zu eben diesem Thema, die Beltà ornata e disornata (geschmückte und ungeschmückte Schönheit) – denn diesen Namen trug die berühmte »himmlische und irdische Liebe« ursprünglich; die himmlische in diesem Zusammenhang war natürlich die ungeschmückte, die nackte Venus. Und auch dem Parthenon wohnen Kräfte inne, die ihn noch heute dekorlos schön erscheinen lassen. Wie am Anfang der verschiedenen Phasen der modernen Architektur die Auffassung von Loos stand, »Ornament« komme einem »Verbrechen« gleich, so steht an ihrem Ende Jencks' Satz: »Consistency equals unconcious hypocrisy.« Doch ist dieser Satz nicht einfach nur der Ausdruck des Entsetzens vor der Hochepoche und ihren monumentaleren Ausdrucksformen? Ehrlich war in diesem Punkt nur Venturi, der sagte, er könne die »ducks«, die großen Bauten mit der überzeugend prägnanten Symbolik, nicht leiden. Der Manierismus mußte der vorangegangenen Hochepoche zürnen. Sie hatte die großen Ideen und Symbole besetzt.

5. Die Postmoderne – Ein Manierismus

Mitte der 60er Jahre standen die Bauwerke, in denen die Ideale des Internationalen Stils von Gewicht, Bewegungsenergie und Strenge in so umfassender Weise verwirklicht waren, daß an eine Steigerung in dieser Richtung nicht gedacht werden konnte. Und in der Wolkenkratzerarchitektur war Mies van der Rohe als der Hauptmeister an einem entsprechenden End- und Höhepunkt der Vereinfachung, Präzisierung und Durchgestaltung angekommen. Es war nicht nur beim »Projekt der Moderne« geblieben, wie Habermas es ausgedrückt hat. Alles hatte 1923 mit Sätzen des Aufbruchs und der Selbstsicherheit begonnen, wie sie große Epochen prägen: »Es herrscht ein neuer Geist.« Das Zutrauen zur eigenen Gestaltungsweise läßt diese Zeiten auch auf die Allgemeingültigkeit ihrer Lösungen vertrauen. In der griechischen Klassik nennt einer der beiden Hauptmeister, Polyklet, seine wichtigste Figur, den Doryphoros, selbst den »Kanon«, das allgemeingültige »Gesetz«. Auf diesen Meister wird auch die Regel vom Goldenen Schnitt zurückgeführt, welche fortan die Proportionslehre in der griechischen Antike und seit der Frührenaissance weitere vier Jahrhunderte bestimmen sollte. In der Hochrenaissance werden Leonardo und Dürer ihr als allgemeingültig konzipiertes Proportionensystem jeweils aus der menschlichen Figur ableiten. Die Meister des Internationalen Stils werden an die Stelle der alten Säulenordnung ihre eigene setzen. Le Corbusier wird daher seinen Punkten zur Architektur die Fünfzahl, die Zahl der Säulenordnungen geben. Er wird auch mit dem Modulor eine neue allgemeingültige Lehre von beweglichen Proportionen vorlegen, wiederum abgeleitet aus der Figur des Menschen. Wie ging die Postmoderne mit einem solchen »Kanon« um? War nicht Abkehr der einzig mögliche Ausweg?

Nach einer Einführung in die wichtigsten Erklärungsansätze in der Literatur wird diese Frage – entsprechend dem Gang der Untersuchung in den zwei vorangegangenen Kapiteln – zunächst für die als zentral erkannten, stärker formalen Werte von Gewichtigkeit und Beweglichkeit erörtert. Im Anschluß daran sollen die inhaltlichen Fragen diskutiert werden. Den Abschluß bilden Betrachtungen zum Übergang von der »großen« Form des Internationalen Stils zur »kleinen« der Postmoderne, d.h. zum Rückzug auf stärker Privates und Nostalgisches, sowie Überlegungen zu Vielfalt und Einheit. Die Antworten und der hier entwickelte Erklärungsansatz geben auch die Grundlage für eine durchweg schlüssige historische Ordnung in der Abfolge der Phänomene der postmodernen Architektur.

Erklärungsansätze zum Phänomen Postmoderne in der Architektur

Auf den ersten Theoretiker und den ersten Kritiker der Postmoderne in der Architektur gehen die zwei wichtigsten Erklärungsversuche für den Stil zurück. Von Venturi, dem Vater der postmodernen Bewegung in der Architektur, stammt die Ansicht, die Postmoderne sei ein hybrider Stil, der das Formenrepertoire des Internationalen Stils übernehme, es aber mit stärker populistischer Symbolik, stärkerem Traditionalismus und Umweltbezug paare. In *Complexity and Contradiction in Architecture* (1966) propagiert er die vielfältige und vieldeutige Anspielung im applizierten Dekor, die allein Entfremdung der Architektur vom Benutzer verhindern könne. Jencks faßt dies so zusammen: »Die postmoderne Architektur hat zwei Wurzeln ... Die führenden Postmodernen wurden im Internationalen Stil ausgebildet und diese Ausbildung und Sprache ist ein Teil von ihnen ... Aber als anderen Teil hatten sie eine verständliche Sprache zu sprechen, mit lokaler und traditionsgebundener Symbolik.« Jencks selbst, der devoteste Förderer der postmodernen Ästhetik in der Architekturgeschichtsschreibung der späten 70er und 80er Jahre, erkennt in der Postmoderne einen von mehreren heute lebenden Stilen, den Rumpfstil (*The Language of Post-modern Architecture*, 1977). Für ihn verkörpern nur Moore, Venturi, Stern und Graves den engen Kern der postmodernen Bewegung in der Architektur, der historisierend und imaginativ sei und Benutzerwünsche respektiere. Im Gegensatz dazu habe die Spätmoderne sich nicht wirklich vom Internationalen Stil gelöst und verschreibe sich den anschaulichen Werten des High-Tech. Die zu einer spiegelnden Haut ausgedünnte Oberfläche sei dann ein Haupterkennungszeichen dieser Richtung. Ähnliches hätte für die im letzten Jahrzehnt so prominente Richtung des Dekonstruktivismus zu gelten. Die Jenckssche Unterscheidung übernahmen Goldberger und Frampton, abgelehnt wurde sie von Klotz. Die Wolkenkratzerarchitektur übersah Jencks auch in späteren Auflagen, als zumindest die Gebäude von Philip Johnson schon die Elemente aufwiesen, die für Jencks die Postmoderne im engen Sinne kennzeichnen.

Der Erklärungsversuch Venturis ist unvereinbar mit dem bisher Gesagten. Zwar ist die Symbolik und der Umweltbezug im Internationalen Stil anders als in der Postmoderne, tendenziell weniger banal, damit manchmal vielleicht auch nicht so naheliegend einfach, gleichzeitig aber doch von einer Art, die die zentrale Bedeutung des Bauwerks besonders prägnant herausarbeitet. Die Postmoderne hat es seltener verstanden, so spezifische Aussagen umzusetzen wie etwa die, daß Chandigarh ein Ort der neuen indischen Demokratie sein soll. Den Internationalen Stil kennzeichnet meist die schlicht höhere Stimmlage. Die Symbolik fehlt dort keineswegs, wo sie angebracht ist. Entsprechendes gilt für den Umweltbezug, der wiederum häufig weitaus sensibler im Bauwerk umgesetzt wird, der etwa im Fall der verpönten »box« die innerste Struktur des Bautypus und der Städte, für die der neue Stil entwickelt wurde, aufzudecken weiß. Wo Symbolik und regionaler Bezug bereits in hohem Maße vorhanden sind, können sie nicht hinzugefügt werden. Die Postmoderne übernahm demnach vielleicht das Vokabular der Moderne, zum »hybriden« Stil fehlte aber das zweite Element: Die Postmoderne fügte der Moderne nicht fehlende Symbolik und regionale Einbindung hinzu; sie fand hierfür allenfalls eine andere Tonlage.

Der Jenckssche Erklärungsversuch bewertet Nebensächlichkeiten über. Die sogenannte Spätmoderne unterscheidet sich selbstverständlich von der eng umrissenen Postmoderne. Vor allem die Privathäuser der Postmoderne sind sehr viel ansprechender. Die Spätmoderne

64. Kevin Roche, John Dinkeloo and Associates, One UN Plaza, New York, 1976.

unterscheidet sich aber auch vom Internationalen Stil. Mutatis mutandis wäre gleiches für den Dekonstruktivismus zu konstatieren. Welche Unterschiede gehen stärker ins Grundsätzliche?

Jencks sieht in der glatten Oberfläche die Verbindung zwischen der Spätmoderne und dem Internationalen Stil. Für Mies van der Rohe war die glatte Oberfläche die entscheidende Voraussetzung für die beiden Werte der Schwere (Geschlossenheit und Gewichtigkeit am oberen Abschluß) und der Bewegungsenergie (Aufragen gegen den Himmel, Bodenfreiheit). In der Spätmoderne wird die Oberfläche nicht nur glatt, sondern spiegelnd, und wirkt dünn wie eine Haut. Was bleibt nach dieser Veränderung von den beiden Grundwerten des Internationalen Stils bestehen? Die Schwere geht durch die Überspitzung der Oberflächenschließung und -glättung vollkommen verloren. Jetzt spiegeln sich Wolken in der Oberfläche, und sie läßt den Innenraum durchscheinen. Dies ist unendlich weniger fest als eine nicht spiegelnde, geschlos-

65. Norman Foster, Verwaltungsgebäude der Versicherungsgesellschaft Willis, Faber & Dumas, Ipswich, 1971–75.

sene, unangeschnittene, dunkle, sich dergestalt von der Umgebung schwer abhebende Oberfläche. Die Gebäudehaut von One UN Plaza gleicht einem Cellophanpapier, das überall, besonders im unteren Bereich, leicht umzuknicken oder, etwa an den Seiten, abzuschneiden ist. Die glatte Oberfläche führt hinsichtlich des Gewichtes in beiden Stilen zu diametral entgegengesetzten Ergebnissen. Nicht von ungefähr bildet jetzt wiederholt die labilere Schmalseite die Hauptansicht von Wolkenkratzern, wie das Beispiel von One UN Plaza zeigt. Hatte der Internationale Stil den Turm über dem quadratischen Grundriß durch denjenigen mit fester Breitseite ersetzt, so ging man jetzt den entgegengesetzten Weg. Aber auch das Ideal der Bewegungsenergie zerbröckelte. Manche der spätmodernen Bauten bilden zwar weitwogende spiegelblanke Wellen aus. Die Bewegung im Sinne des Internationalen Stils ist jedoch von anderer Art. Mangels Kantenfestigkeit können »spätmoderne« Bauten jedenfalls nicht in einen scharf prononcierten Richtungskontrast zu anderen Gebäuden treten und sich so, wie etwa das IBM Gebäude, gegen die vorherrschende Ausrichtung der Bauten der Umgebung verkanten und Spannung aufbauen (S. 98). Eine solche Spannung, ein solcher »Ruck« erzeugt aber im größeren Zusammenhang Bewegungsenergie. Doch findet sich nicht zumindest im Einzelbau Bewegung, etwa in der unendlichen Wellenform? Beweglichkeit kann unterschiedlich ausgedrückt werden. Der Internationale Stil lebt vom Ausgleich zwischen Beweglichkeit und Schwere. So erhält ein Bau, der auf Pilotis steht und daher sehr beweglich erscheint, oben einen überaus gewichtigen Abschluß. Auf diese Weise wird die Bewegungsfähigkeit im Bau gebannt, sie kann nicht nach oben entweichen. Das von unten her bewegliche Gebäude wird vom Gewicht oben gehalten. In anderen Beispielen wird die Bewegung in ein festes äußeres Gehäuse gebannt (Ronchamp, Chandigarh). Das spätmoderne Gebäude hingegen onduliert ins Unendliche und wird nicht gehalten. Mangels einer gewichtigen Rahmenstruktur aber ist die Bewegung zuletzt gänzlich verflüchtigt. Die Gemeinsamkeiten zwischen Spätmoderne und Internationalem Stil sind buchstäblich oberflächlich. Die Hauptkriterien des Internationalen Stils fehlen der Spätmoderne, die daher als seine Spätblüte fehlinterpretiert ist.

Die Spätmoderne teilt vielmehr die Grundprinzipien der von Jencks ausgesonderten Postmoderne im engeren Sinn. Nach dem Gesagten übernahm die Spätmoderne die Oberflächenglattheit des Internationalen Stils rein formal, d.h. ohne die ihr zugrunde liegenden Werte. Auch das historisierende Zitat wird in der postmodernen Bewegung, wie sie Jencks definiert, häufig zu einer formalen Spielerei (S. 82). Die Theoretiker der Postmoderne betonen zu Recht, daß die ganze postmoderne Bewegung auf dem Vokabular des Internationalen Stils aufbaut. Dann ist es nicht sinnvoll, eine Linie auszusondern, die ebenfalls nur formal dieses Vokabular übernimmt, sich aber in den Grundprinzipien vom Internationalen Stil abwendet. Denn das, was die Postmoderne und die Spätmoderne im engeren Sinn verbindet, ist das Vokabular des Internationalen Stils und die rein formale Übernahme der Ausdrucksmittel. Kennzeichnet für Jencks der reiche historisierende Dekor die Postmoderne, so greift er damit eines von verschiedenen Elementen der Reaktion auf den Internationalen Stil isoliert heraus, hier das der Reaktion auf seine Dekorfeindlichkeit. Es gibt jedoch genügend andere Elemente der Reaktion auf den Internationalen Stil, die wichtiger sind. Gemeint ist vor allem das Aufbrechen der Form als ein Element der Reaktion auf die Liebe des Internationalen Stils zur geschlossenen Form. Man kann nicht ein vereinzeltes Element der Reaktion zum Stilprinzip erheben. Das Kresge College in Santa Cruz, Moores Hauptwerk der frühen 70er Jahre, zeigt darüber hinaus, daß auch einer der nur vier Vertreter der Postmoderne, die Jencks nennt, durchaus ohne die Verwendung historisierender Zitate arbeiten kann. Müßte man ihn dann etwa der Spätmoderne zuordnen?

Der eigentliche Grund, der Jencks dazu bewegte, die »Spätmoderne« dem Internationalen Stil anzunähern, dürfte in der anschaulichen Verwirklichung von High-Tech-Idealen liegen. Darin liegt jedoch keineswegs die Fortsetzung des angeblich maschinenhörigen Ideals des Internationalen Stils. Der Topos von der Schönheit der Maschine hieß für Le Corbusier und Mies van der Rohe nie, daß Architektur das Aussehen von Maschinen erhalten sollte. Vielmehr wollte man deren Grundschönheit, die Einfachheit, in die architektonische Sprache übersetzen. Keineswegs sollte das Bauwerk glatt wie eine Maschine sein. Von keinem Bauwerk dieser Meister könnte dies behauptet werden. Die »spätmodernen« Bauten aber gleichen blitzenden Zylindern und sonstigen Maschinenteilen. Außerdem forderte der Internationale Stil Maschinenschönheit allenfalls in den 20er Jahren. Die 50er Jahre benötigten dieses Propagandamittel längst nicht mehr, um Einfachheit zu predigen. Ganz im Gegensatz dazu begründet der High-Tech-Aspekt sogar stärkere Bezüge zur Postmoderne im Jencksschen Sinne. Gerade Moore, Hollein und Stern benutzen doch die spiegelnden Oberflächen im Verbund mit ihren historisierenden Zitaten nicht ungern. Und war es nicht Moore, der ein zentrales Element aus dem Maschinen- und Industriebereich gar als allererster in die hohe Architektur einführte, die Neonröhre im Faculty Club in Santa Barbara, die später in der Piazza d'Italia sogar die historisierenden Kapitelle und Gebälke beleuchtet? High-Tech also auch bei den wenigen Vertretern der postmodernen Bewegung im engeren Sinn!

Eine Variante zu Venturis Auffassung findet sich bei Klotz, der mit *Moderne und Postmoderne* (1984) für den deutschsprachigen Raum eine ähnlich prominente Stellung einnimmt. Im Inhaltlichen sieht Klotz das Schwergewicht der Postmoderne ähnlich wie Venturi und faßt dies in der prägnanten Formel zusammen: »Nicht Funktion, sondern Fiktion.« Auf der formalen Seite jedoch, bei der Frage, wie weit die Sprache des Internationalen Stils fortlebt, sind Unterschiede zu Venturi unverkennbar. Venturi meint mit Übernahme des Vokabulars der Moderne nur das Vokabular, das er als versatzstückartige Grundlage, geradezu leblos, akzeptiert. Für ihn ist der Bau, der noch der Formensprache des Internationalen Stils verspflichtet ist, bloße »Scheune« für den darauf applizierten Dekor. Klotz hingegen bejaht in seiner Abhandlung weitgehend die selbst gestellte Frage, »ob nicht in der Postmoderne positive Qualitäten der Moderne weiterwirkten«. Er sieht in der Postmoderne auch den Geist der Sprache des Internationalen Stils weiterwirken, freilich nochmals angereichert mit »Fiktion«. Ein Blick auf die für den Internationalen Stil zentralen formalen Kriterien von Gewichtigkeit und Beweglichkeit gibt insoweit Venturi recht. Allenfalls das leblose Vokabular, d.h. die Machart, wurde übernommen, aber nicht der Geist dieser Architektur.

Mit der von Jencks vorgeschlagenen Reduzierung der Postmoderne zur Privatsache vierer Architekten ist auch die Frage nach den wichtigsten Vertretern der Postmoderne angesprochen. Zu ihnen wird einhellig die Gruppe gezählt, die die Stoßrichtung der ursprünglichen Väter der Bewegung, Venturi und Moore, verfolgt. Dies sind vor allem Graves und Stern, wobei letztgenannter als getreuer Schüler Venturis Lösungen eher propagierte als fortentwickelte. Neben diese sogenannten Greys tritt in Amerika die Gruppe der Whites, der New York Five. Zu den New York Five zählten zunächst auch Graves und Stern; am nächsten den ursprünglichen Idealen verpflichtet, blieb lange Zeit und mit dem größten Erfolg Richard Meier, aber auch Peter Eisenman. Über diese traditionell genannten Hauptgruppen sollte man die zwei bedeutendsten Vertreter der Postmoderne in der Wolkenkratzerarchitektur nicht vergessen, Philip Johnson und Helmut Jahn. In Europa haben der Österreicher Hans Hollein und der Engländer James Stirling eine Führungsrolle übernommen. Die Hauptwerke all dieser Meister, von denen bisher fast nur diejenigen von Charles Moore eingehender herangezogen wurden, sind in ihren wichtigsten formalen und/oder inhaltlichen Werten zu analysieren. Nur so kann der selbstgestellte Anspruch eingelöst werden, eine Erklärung der Nachkriegsstile auf eine eingehende Analyse der epochalen Werke und weitgehend nur dieser zu stützen.

Jencks' zergliedernder Ansatz trennt nach dem Gesagten Zusammengehöriges und begegnet in Europa auch zunehmender Kritik. Der Erklärungsversuch von Klotz verkennt, wie sehr schon der Geist der bloßen formalen Sprache verändert wurde. Und Venturi will die Zufügung von Inhalt und Regionalbezug annehmen, wo doch beide schon vorher, im Internationalen Stil, existierten. Zutreffend erfaßt ist die Entwicklung der letzten drei Dekaden erst, wenn man in den verschiedenen Ausdrucksformen ein Konglomerat sieht, das besonders durch die gemeinsame Stoßrichtung zusammengehalten wird. Die Postmoderne trägt dann den richtigen Namen. Denn sie erklärt sich nur als Folgestil, als Reaktion auf die (Klassik der) Moderne, den Internationalen Stil. Die Postmoderne ist insoweit dem **Manierismus** vergleichbar. Die Klassik schafft aus einem fundamental neuen Geist heraus einen neuen Stil, den Stil für die angebrochene neue geistesgeschichtliche Epoche: der Internationale Stil für die Moderne. Der darauffolgende Manierismus kann den bis zum Ende gegangenen Weg nicht fortsetzen. Er muß die Ideale der Klassik ablehnen, weil er sie nicht besser verwirklichen kann als diese. Häufig sehr bissige Attacken auf den vorangegangenen Hochstil sind nicht ungewöhnlich. Sie gehören zum Bild eines Nachfolgestils ebenso wie eine teils fast sklavische Abhängigkeit vom Hochstil und seine uneingeschränkte Bewunderung – etwa bei Vasari im 16. Jahrhundert und den New York Five in den 60er Jahren. Auch Tintoretto, der wohl bedeutendste manieristische Maler überhaupt, ist bekannt für die harschesten Attacken sowohl auf Tizian als auch auf Michelangelo, zweifellos die beiden Meister der Hochrenaissance, die ihn am stärksten prägten. Es ist fast, als müßte man den Meistern zürnen, die einer bestimmten Zeit einen in sich ruhenden und einer Steigerung nicht mehr fähigen künstlerischen Ausdruck gaben. So war dies bei Tizian und Michelangelo und ebenso bei Le Corbusier und Mies van der Rohe. So sind die Hauptcharakteristika der Postmoderne jeweils als die häufig polemische Ablehnung eines wichtigen Ideals des Internationalen Stils zu verstehen. Durchweg findet sich hierbei eine Parallele im jeweiligen Manierismus nach der griechischen Klassik und nach der Hochrenaissance. Letzterer ist bekannter, auf ihn sind die Vergleiche beschränkt, meist auf Italien als das führende Land. Vergleiche bieten sich stärker bei der Behandlung der Grundwerte im Formalen an. Gerade im formalen Bereich, bei dem »Stil«, erkennt man den Manierismus, den Stil der »maniera« (Stil), zuerst.

Die Zerstörung von Gewicht und Beweglichkeit

Das Streben nach Gewichtigkeit in der Kombination mit Beweglichkeit war für den Internationalen Stil von fundamentaler Bedeutung, und in der Qualität der Gewichtigkeit ist zugleich auch die schützende als die ureigene Funktion von Architektur angelegt. Ein durchgehender Zug bei den Hauptwerken der Postmoderne ist, daß sie diese Werte nicht nur weniger intensiv verkörpern, sondern daß sie sie ganz ostentativ negieren und anschaulich zerstören. Dies kann durch einen frontalen Angriff auf die vom Internationalen Stil gefundene Form erfolgen, aber auch durch die Überspitzung bestimmter seiner Ausdrucksmittel bis hin zu deren Verkehrung ins Gegenteil.

Verlust von Gewicht und Standfestigkeit

Der Gebäudetyp mit dem höchsten Maß an Gewichtigkeit muß der Wolkenkratzer sein; hier auch ist die Schließung der Kanten und Oberflächen besonders weit getrieben, die Farbigkeit vollkommen vereinheitlicht und die Ausbildung eines klar definierten einheitlichen Typus – mit der »box« – besonders weit fortgeschritten. Am Beispiel eines Wolkenkratzers soll daher erörtert werden, auf welche Weise die Postmoderne Formen (und Werte) des Internationalen Stils angreift und zerstört. Zwar mag man im Bereich der herkömmlichen Gebäudetypen die Form des Internationalen Stils schon vor Johnsons Pennzoil Building (1970–76) angegriffen haben, nie jedoch fand man dafür ähnlich prägnante Mittel.

Das **Pennzoil Building** besteht aus zwei identischen trapezoiden Teilen. Diese weisen nicht mehr, wie im Internationalen Stil, ein Flachdach auf, sondern ein von den beiden inneren Begrenzungen her nach außen hin abfallendes Dach; nimmt man beide Teile zusammen, ist die Form eine ähnliche wie bei einem herkömmlichen Giebeldach. Ausgangspunkt war jedoch der im Internationalen Stil entwickelte Kubus, der hier jedoch mehrfach seziert wird. Die Schnitte verlaufen vertikal und orthogonal durch den Kubus – so entstehen zwei gleiche Quader –, vertikal und schräg jeweils von einem Eck zur Mitte der gegenüberliegenden langen Seite – aus den Quadern werden trapezoide Teile – und dann nochmals oben schräg abfallend, wodurch sich die Dachform bildet. Sukzessive wird also der Kubus zerteilt und werden von ihm verschiedene Stücke abgeschnitten. Besonders stark fühlbar wird der Verlust an den Innenecken der trapezoiden Teile, die sich fast noch berühren. Der Miessche Kubus wird so höchst anschaulich zerstört. Die Negation der damit zusammenhängenden Werte des Kubus konnte nur

66. Johnson/Burgee, AT&T Building, New York, 1978–83.
67. Johnson/Burgee, Pennzoil Place, Houston, 1970–76.

der Schüler so schlüssig durchführen: Mies van der Rohe verwirklichte mit dem Kubus und seiner spezifischen Gestaltung die größtmögliche Einheit. Zwei identische Einheiten – wie bei Johnson – nebeneinander, von denen keine die andere beherrschen kann, sind denkbar ungeeignet zur Herstellung von Einheit. Zweiheit ist das Gegenteil von Einheit. Entsprechend undurchgebildet sind die einzelnen orthogonalen Wände – ohne Pilotis und für die Nahsicht von der Straße aus, von wo man den Giebel nicht sehen kann, auch ohne eine obere Abschlußzone. In seinem AT&T Building wird Johnson später auch dem tripartiten Aufbau des Internationalen Stils seine Integrationskraft für die einzelnen Teile nehmen. Bei Johnson wirkt dann der obere Teil nur auf die Ferne als Silhouette, der untere lediglich auf den Menschen in der engen Straße unten. Der Zwischenteil aber ist kleinteilig gestaltet, ohne einen engeren Bezug zu den anderen zu haben, er ist letztlich nur ein Mittel, um den oberen Abschluß hoch genug hinaufzuheben. Der Zwischenteil wird geradezu zu einer überdimensionierten neutralen Zone. Mit dem Schnitt verwirklichte Johnson ein drittes Element, das entwicklungsgeschichtlich betrachtet vielleicht das wichtigste ist: Aus der Gesamtform mit ihren Schrägen leitete er die Idee für ein zusätzliches, zwischen den trapezoiden Teilen angebrachtes schräges Glasdach im Fußgängerbereich ab und schuf so Platz für einen großen Innenraum. Mit diesem Zwerganbau, den er aus der Außenwelt herausschnitt, stieß er eine Entwicklung an, die der Betonung des Äußeren beim Repräsentationsbau des Internationalen Stils ein neues Konzept gegenüberstellte: Dem Innenraum sollte wieder mehr Gewicht verliehen werden. Das Vokabular jedoch, das an der Einheit der Farbe und der Oberfläche festhielt, blieb noch dem Internationalen Stil verbunden.

Neben dem **Angriff** auf die Kubusform (und jede sonstige gewichtige Form des Internationalen Stils) wurde die **Überspitzung** zum zweiten wichtigen und häufig eingesetzten Stilmittel. Genannt worden ist bereits die sukzessive Glättung der Oberfläche zu einer dünnen Haut (S. 67). Einer solchen Oberfläche fehlt die Qualität des Stabilen. Noch weniger standfest wirkt ein Bau, wenn, wie im Energy Center in New Orleans, zusätzlich dem Eindruck von Tektonik motivisch entgegengewirkt wird. Das Gebäude ist über dem Grundriß eines Parallelogramms, mit je zwei einander gegenüberliegenden Seiten errichtet, die eben und glatt poliert bzw. viel-

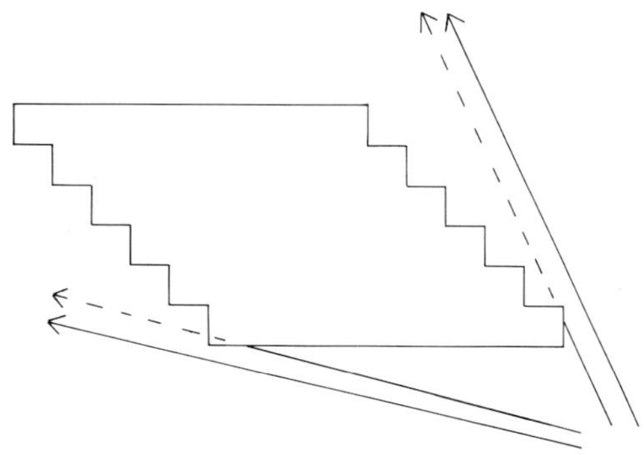

68, 69. Harwood, Smith & Partners, Energy Center, New Orleans, 1984. Schematischer Grundriß mit Angabe von denkbaren Betrachterblickwinkeln und Ansicht.
70. Fassadenspiele in Houston.

fach und kleinteilig abgestuft sind. Auf Grund dieser Abstufung wirkt das Gebäude von bestimmten Blickwinkeln, von denen aus man nur die erste Stufe und die davorliegende blankpolierte Seite sehen kann, wie eine hauchdünne Scheibe. Diese würde, wäre sie tatsächlich so gebaut, wie sie der Betrachter wahrnimmt, sofort umfallen. Die Standfestigkeit als Prinzip ist hier ad absurdum geführt. Entsprechend scheinen beim spiegelnd glatten State of Illinois Building in Chicago die Pfeiler und Säulen als die eigentlich tragenden Elemente über dem Erdboden zu schweben. Nicht nur in Einzelfällen findet man Oberflächen, die optisch keine Standfestigkeit mehr gewährleisten. Der Zug zur Ausdünnung der Oberfläche ist durchgängig festzustellen. Ein Beispiel stellt die glatte Oberfläche dar, in der sich die Wolken spiegeln. Die verlorengegangene Farbordnung (S. 88), aber auch generell die Wahl zarterer, gebrochener Farben trägt weiter dazu bei, die Bauten weniger energisch wirken zu lassen. An die Stelle von Schwarz und Weiß traten Rosa, blasses Grau, zartes Braun und Orange. Und auch die Steingebäude erhielten jetzt eine Hochglanzpolitur. Raffinesse und Stil galten als die neuen Werte, vergessen war die einfache Klarheit. Und in der Formgebung lösten die elegant geschwungenen Arkaden die harten Kanten ab und wurden teilweise so dominant, daß man, nimmt man den Zug zum Historisierend-Nostalgischen hinzu, den Stil zuweilen hybrid »Arkadismus« nennen möchte. Zwei spezifische Gestaltungsformen für das Hauptmaterial Glas ließen die neuen Oberflächenwerte besonders deutlich hervortreten. Zum einen war es das spiegelnde Fenster in gewölbter Form. Mies van der Rohe hatte vorrangig das tragende Material, das Metall, wirken lassen, nicht das füllende, das Glas. So wurde die Spiegelung vermieden. Das füllende Glas hatte nur die Durchsicht zu gewährleisten. Dies bedeutet Materialgerechtigkeit in Reinform. Die Postmoderne betonte zunächst den spiegelnden Charakter des Glases. Mit dem Einsatz des Wölbspiegels vollzog sich ein zweiter Schritt, durch den nicht nur das spiegelnde Gebäude selbst instabil wirkte, sondern die Instabilität auch in die (gespiegelte) Umgebung hineingetragen wurde. Durch die Verwendung gewölbten Glases verwandelte die Postmoderne die Städte in ein Lach- und Spiegelkabinett, in dem gespiegelte Formen groß und überdürr, zwergenhaft klein oder kugelrund verzerrt werden. Die Straßen von Houston sind dafür ein beredtes Beispiel. Und dieser Stil konnte deswegen auch schwere Körper, etwa Johnsons zylinderförmig massigen Bau 101 California Street in San Francisco, mit unzähligen schmalen Glasbahnen überziehen, ohne daß er sich an der seltsamen Diskrepanz zwischen massigem Gesamtgewicht und feinem Überzug gestört hätte. Bei diesem Bau schuf Johnson »Faltenkaskaden«, die den Baukörper wie hinter einem Vorhang verbergen.

Die Parallelbeispiele im **Manierismus** nach der Hochrenaissance sind Legion und übergreifen die Gattungen. Nicht von ungefähr hatte auch die Hochrenaissance in ihrem wichtigsten Profanbau, dem Palazzo Farnese in Rom, eine vergleichbare Form wie im Seagram Building gefunden: die feste Schließung zur »box« mit einem gewaltig ausladenden Gesims im oberen Bereich. Im Jahrzehnt nach der Fertigstellung des Palazzo Farnese reagierte Vignola, der wichtigste manieristische Architekt dieser Zeit in Rom, auf den Bau, indem er ähnlich wie später Johnson die geschlossene Form in der Villa Giulia aufbrach und sie geradezu durchlöcherte. Zudem sockelte er den schweren Baukörper auf sehr grazile Trägerfiguren (Karyatiden) auf, die um so graziler werden, je weiter unten sie stehen, d.h. je schwerer sie belastet sind. Standfestigkeit und Gewichtigkeit als ihre anschaulichen Grundwerte hat die Hochepoche jedoch nicht nur durch Schließung des Baus zum Kubus dargestellt, sondern auch, beispielsweise bei Palladio, durch den Einsatz der klar artikulierten Säulenordnung. Auch diese Gestaltungsform greift der Manierismus an. Pathetischer noch als durch Säulen wird das Tragen durch Atlanten dargestellt. Als Abbild der mythologischen Gestalt, die die ganze Welt heben konnte, sind diese zum Tragen größter Lasten prädestiniert. Der manieristische Architekt schätzt sie gerade wegen der ihnen innewohnenden Übertreibung der Kräfte, welche die Hochrenaissance zum Ausgleich gebracht hatte, wegen des Megalomanen somit, das wir

71. Bartolommeo Ammanati, Palazzo Pitti, Florenz, 1558–70.
72. Vignola und Bartolommeo Ammanati, Villa Giulia, Rom, ab 1552.
73. Leone Leoni, Palazzo degli Omenoni, Mailand, ab 1565.

74. Ottheinrichbau, Heidelberger Schloß, 1553 bis 1562.
75. Girolamo da Carpi (?) und Giulio Mazzoni (?), Palazzo Spada, Rom, ab 1534.

auch in der sogenannten Spätmoderne finden. Allerdings wurde die Standfestigkeit dieser Atlanten grundlegend untergraben: Wer kann noch tragen, wenn ihm die Füße und die Beine bis zum Knie abgehackt werden oder wenn er auf das dünnste Element der ganzen Fassade plaziert wird? In der Malerei wurde den Figuren – etwa in Pontormos Florentiner Kreuzabnahme – auf ganz ähnliche Weise der Boden unter den Füßen weggezogen; die hinteren Figuren schweben in der Luft, die vorderen tänzeln auf Zehenspitzen. Zusätzlich wurde die klare und feste Oberfläche der Hochrenaissance durch Überspitzung und Inflationierung der dort eingesetzten Struktur- und Schwereelemente ausgedünnt und unruhig. Die Rustika, also der schwere ungeglättete Stein, die in der Hochrenaissance dem untersten Stockwerk vorbehalten war und so die sichere Gründung des Baus gewährleistet hatte, überzog später (wieder) die gesamte Oberfläche und wurde zunehmend zu einem linienschönen Formenspiel pervertiert. Dies gilt für den Florentiner Hauptbau der Zeit, Ammanatis Palazzo Pitti (innenhof), ebenso wie für alle Bauten des Hauptmeisters der Raffaelschule, Giulio Romano, in seiner Mantuaner Wahlheimat nach 1527 (Palazzo del Té, Cortile della Cavallerizza im Palazzo Ducale sowie für das eigene Wohnhaus) und nicht zuletzt auch für einen Hauptbau des zweiten prominenten römischen Auswanderers, Sansovinos Zecca in Venedig. In einer anderen Beispielreihe wird die (Säulen-)Ordnung flächendeckend über den Bau gezogen und die Mauer so zu einem flimmernden Teppich solcher Teile transformiert, die früher für Festigkeit und Ordnung standen. Aus dem Bereich Roms, der Hauptstadt der manieristischen Architektur, zählen dazu beispielsweise der Palazzo Spada mit seiner Fenstergiebelgirlande, die Villa Medici, aber auch der große Palastbau Vignolas für Ottavio Farnese in Caprarola aus der Mitte des 16.Jahrhunderts; hinzu kommt ansatzweise – gut 50 Jahre später – die Villa Borghese. Diese Bauweise breitete sich weiter nach Norden aus, über Verona mit Sanmicheli als Hauptmeister (etwa im Palazzo Bevilacqua) bis über die Alpen. Im Heidelberger Schloß (Ottheinrichbau), lange (mangels anderer überzeugender Bauten) als Hauptwerk der deutschen »Renaissance« eingeordnet, heute zunehmend und zu Recht als Paradebeispiel des nordischen Manierismus verstanden, wird das Grundaufbaugerüst von Säule und Architrav bzw. Giebel in solchem Maße in einem Ädikula»meer« vervielfacht vorgeführt, daß die Oberfläche keineswegs mehr straff gegliedert und dadurch fester erscheint, sondern unruhig zu flimmern beginnt. Zu elegant und zu sehr dekoriert, wird sie zum Bildträger für ein ganzes ikonographisches Programm; die Übergänge zwischen den Gattungen sind unklar geworden. So ist auch die »Zisellierung« der Mauern durch sgraffitti, d.h. durch Ritzgemälde, ein typisch manieristisches Phänomen. In der Malerei finden sich wie in der postmodernen Architektur die gebrochenen Farben Hellblau, Rosa

76. Johnson/Burgee, I.D.S. Center, Minneapolis, 1973.

und Orange, die die kräftigen Grundfarben Rot, Blau, Gelb ablösten. Auch changierende Farbtöne wurden vermehrt verwendet. Der allgegenwärtig spürbare Hang zur Überlängung, die Linienschönheit gewährleisten soll, gab einem Hauptwerk der Epoche gar den Namen: Parmigianinos sogenannter Madonna mit dem langen Hals. Aber auch das bewußte Spiel mit der Oberfläche, ihrem Materialwert, findet man in den zahlreichen Beispielen der Zeit, in denen nur die Farbe verrät, was an einem dargestellten Körper die Muskeln sind und was das darüber gespannte, eng anliegende Gewand ist.

Die Idee vom **Aufbrechen** der gewichtigen Form kann besonders in der Wolkenkratzerarchitektur geradezu als **Zentralidee** der Gestaltung angesehen werden. Schon 1973 hatte Johnson eine zweite Grundvariante mit dem IDS Center verwirklicht, in welchem der Kubus nun nicht mehr aufgeschnitten, sondern, indem die Ecken geradezu vertikal heruntergefräst werden, aufgebrochen wird. Unten entsteht – als wäre dies die Geröllhalde des Abbruchs – wiederum ein Zwerganbau. Aber auch darüber hinausgehende Beispiele sind kaum zu zählen. Zu nennen ist etwa der Montgomery Washington Tower in San Francisco, in dem die Idee des aufgebrochenen Kubus überaus qualitätsvoll umgesetzt wurde: Die weiße Schale außen, die selbst schon überfeinert wirkt, wird ostentativ am Eck aufgebrochen, und wie bei einem Granatapfel dringt an dieser Stelle der dunklere Kern hervor, wobei dieser dunklere Innenteil sich nach oben hin keilförmig erweitert. Er ist in sich zunehmend durchlöchert und endet ganz

oben in der Gegenform zum Kubus, der Arkade. Zu nennen sind auch so viele andere Bauten wie beispielsweise das Associates Center in Chicago, dessen Vierkant von einem diagonalen Schnitt in zwei gleiche Teile zertrennt wird, oder wie 101 California in San Francisco, dessen großer, geschichteter Zylinder oben einen Riß aufweist. Zu nennen sind zuletzt die Gebäude, die vielfach zerteilt werden, bei denen somit zwei Zerstörungsstufen aufeinanderfolgen: Bereits im IDS Center war die Kubusform an allen vier Ecken abgefräst worden; diese im IDS Center erzielte Form wird nun im Trump Tower in New York nochmals vertikal gevierteilt, das letzte Viertel bildet den Baukörper. Ein weiteres Beispiel stellt Helmut Jahns State of Illinois Gebäude in Chicago dar. Die Grundform entstand auch hier schon durch die Zerstörung des Kubus, denn dieser wird rund angeschnitten; die ursprüngliche Kubusform zeigt sich noch in den planen Seitenflächen, besonders aber im Fußgängerbereich in den fortlaufenden, wenn auch fragmentierten Pfeilerstücken (über Quadratgrundriß). Der rund angeschnittene Kubus, d.h. die bereits fragmentierte Form, wird hier ein zweites Mal zerstückelt, indem sie nochmals von zwei Schnitten waagerecht zerteilt wird.

Das Fragmentieren findet aber auch bei den herkömmlichen Gebäudetypen ein reiches Echo. Der Riß, der diagonal durch den Bau geht, zeigt sich im Kirchenbau gleich beim Übergang zur Postmoderne, und zwar in der Idee der pathetisch großen Öffnung der Kirchentore. Denn ein solcher Riß ist das alles beherrschende Motiv des ersten postmodernen Baus in New York, St. Peter (1977) von Hugh Stubbins & Associates. Dies ist ein zentrales Werk für die Postmoderne, die in den USA ihren Ausgang nahm, schon allein auf Grund seines prominenten Standorts. Die Architekturkritik setzte sich denn auch mit diesem Bau intensiver auseinander als mit fast jedem anderen, der in dieser Stadt während der letzten 20 Jahre entstand. Auf Grund seiner Symbolik stellt dieses Gebäude vielleicht das Meisterwerk im Kirchenbau der Postmoderne mit allen Entwicklungsmöglichkeiten bis hin zum Barock dar. Das Aufbrechen des Kubus wurde zum Leitmotiv ganzer Architektengruppen. Als eine der wichtigsten des amerikanischen Westens ist die Gruppe SITE zu nennen, an deren Bauten die Ecken stets wie heruntergebröckelte Geröllhalden erscheinen oder – im Falle des Kaufhauses BEST in Sacramento – herausgebrochen werden, um eine Öffnung für den täglichen Kundenverkehr zu schaffen. Auch die Bauten sind kaum zu zählen, bei denen zwischen schweren geschlossenen Außenteilen ostentativ Schnitte und Lücken klaffen oder betont ätherische Materialien, vor allem Glas, die Mitte über die ganze Höhe hinweg besetzen und so die gewichtige Gesamtform aufsprengen: Von Graves' wichtigstem Privathausbau der 70er Jahre, dem Plocek Haus

77. Jeff Heller, Montgomery Washington Tower, San Francisco, 1982.
78. Hugh Stubbins & Associates, Citicorp Building mit St. Peter, New York, 1977.

(1977–82), und seinem fast gleichzeitigen Projekt für das Fargo-Moorhead-Kulturzentrum über den Münchener Gasteig bis hin zu Schattners Kapellen-Lösungen im »Freiluftmuseum« Eichstätt. Mit dem Konzept kann man aber auch ähnlich überzeugende Ergebnisse erzielen wie Hollein mit seinem nichtkommerziellen Hauptwerk, dem Mönchengladbacher Museumsbau. Die Ecke ist der stabilisierende Teil eines orthogonalen Raums. Hier sitzt der Eckstein, hier waren Jahrtausende lang die Pfeiler und Säulen postiert und hier setzten die kuppeltragenden Gurte an. Hollein greift in Mönchengladbach eine postmoderne Tradition auf und setzt den Eingang der Räume gerade in die aufgeschnittene Ecke. Und er potenziert diese Lösung dadurch, daß er sie in allen Ausstellungsräumen des Museums beibehält. Das Museum wird in einzelne Räume, in eine Vielzahl von Einzelkuben, die ein großes Gesamtquadrat bilden, zergliedert. Diese Gliederung ist auch nach außen sichtbar und überzeugend der konkreten Hanglage angepaßt. Das Museum beherbergt einen sehr jungen, allein der Gegenwart entnommenen Bestand an Exponaten, der, typisch für eine so junge Sammlung, auch relativ heterogen ist – für die meisten Besucher eine verwirrende Welt. Ein übereck gehender Eingang trennt stärker als einer im Ablauf einer Enfilade, der klassischen Flucht von Räumen; denn um die Wände und die Exponate zu sehen, hat man sich stets um 45° zu drehen, also die Richtung zu ändern; jeder Raum bildet so eine Einheit in sich, und jede Gruppe von Exponaten, die sich in einem Raum befindet, kann deutlicher von der eines anderen abgesetzt werden. In Holleins Frankfurter Museum für moderne Kunst, das fast nur noch von innen her konzipiert ist, wird diese Tendenz zur Raumsonderung noch gesteigert.

Verlust von Beweglichkeit

Trotz geringerer Gewichtigkeit verlor die Architektur in der Postmoderne auch zunehmend ihre potentielle Bewegungsenergie. Zieht man zunächst wieder die stärker typisierte Form der **Wolkenkratzerarchitektur** heran, durch die die Bewegungsenergie im Internationalen Stil zum Ausdruck kam, so stellt man eine Ablösung von den beiden wichtigsten Ausdrucksmitteln fest. Der Pilot, der Bodenfreiheit gewährleistete, verschwand bereits in den Gründungsbauten des Pennzoil und IDS Building; selbstverständlich fehlte er dem Initialbau der zweiten Phase der Postmoderne, dem Portland Building. Dies sind keine Einzelfälle, sondern vielmehr die Regel.

79. Hans Hollein, Städtisches Museum Abteiberg, Mönchengladbach, 1972–82.
80. James Wines und SITE, Kaufhaus Best, Sacramento, Kalifornien, 1977.

81. Vignola, Treppenanlage der Farnesegärten auf dem Palatin, Rom, ab 1565, heute weitgehend zerstört. Stich von Paul Letarouilly.
82. Philibert de l'Orme, Schloßkapelle in Anet, 1549–52.

Besonders markant zeigt sich die neue Philosophie in einem Bau wie dem Public Library Tower in Houston. Die Bewegungsfähigkeit des Gesamtkörpers im Raum setzte Bewegungsfreiheit an der Verbindungsstelle zur fixen Umwelt voraus, d.h. am Boden. Gerade an dieser Stelle wird aber in diesem Bau buchstäblich gegen jegliche Bewegung »gemauert«. Das stabilste Material wird hier geschlossen eingesetzt und das Gebäude in einen festen Fuß eingemauert. Wenn dann oben leichtes Material, hier Glas, folgt, so ist damit die (Boden-)Freiheit nicht mehr zu erlangen, es zeigt sich statt dessen eine Tendenz zur Verflüchtigung. Dem Bau fehlt nach oben hin jegliches Gewicht, womit das zweite verlorengegangene Mittel angesprochen wird. Das Gebäude hat nicht mehr einen festen, dunklen Baukörper. Der Eindruck des Aufragens gegen den Himmel stellt sich weniger stark ein. Eine gänzlich plane, glänzende, dünne Oberfläche, die wie ausgestanzt wirkt, schließt jeden Eindruck einer den Baumassen innewohnenden Kraft aus. Da die Oberfläche nicht lebt, bleibt der Körper darunter tot. Eine drängende Bewegungsenergie, wie man sie von St. Peter oder von Ronchamp kennt, kann man schon gar nicht erwarten. Dieser Turm ist somit als Kontrastbau par excellence zum Wolkenkratzer des Internationalen Stils anzusehen: Im unteren Bereich wird ihm die Bewegungsfreiheit genommen, im oberen Gewicht und Energie.

Die dünne Oberfläche, genauer: die Energie, die sich über sie verflüchtigt, findet sich nicht nur in der Wolkenkratzerarchitektur, sondern auch bei **anderen Gebäudetypen**. Auf die ungebremst ondulierenden Oberflächen wurde bereits hingewiesen. In vielen Bauten übertreibt die Postmoderne die Bewegtheit, so daß sie sich verflüchtigt oder ihre wichtigsten Ausdruckslinien ineinander verkeilt sind. (S. 52, 122). Letzteres konstatiert man im gesamten Frühwerk von Graves, so bei den Häusern Hanselmann und Snyderman sowie bei der bereits angesprochenen Benacerraf Addition. Von sekundärer Bedeutung ist daneben der ostentative Akt, mit dem Graves im letztgenannten Werk den Pilot, den Schlüssel zur Bewegungsfähigkeit des Baus im Internationalen Stil, fällen wollte. Vielmehr verwandelt sich grundsätzlich und in all diesen Werken die »promenade architecturale« durch eine Vervielfältigung der Wege in ein »labyrinthe architectural«. Indem die Mittel des Internationalen Stils überspitzt und ostentativ abgelehnt wurden, war die konkrete Form, mit der dieser Stil der Beweglichkeit Ausdruck verliehen hatte, zerstört worden, ebenso wie die »box«, in der sich die Gewichtigkeit konkretisiert. Gleiches gilt für Eisenmans Robert Miller House, dessen Version III ihn berühmt gemacht hat – hier werden die Würfelseiten ineinander verschoben, und die Verkeilung wird zum Prinzip erhoben.

Auf den anschaulichen Ausdruck von Bewegungsfähigkeit konzentrierte sich der Internationale Stil noch intensiver als die Hochrenaissance; alle Manifeste deuten in diese Richtung. So sind denn auch die Reaktionen des Manierismus nach der Hochrenaissance in diesem Bereich schwächer ausgeprägt als die der Postmoderne. Und doch kennt auch der **Manierismus** ein prägnantes Konzept für Verkeilung, die durch eine Vervielfältigung der Bewegungslinien hervorgerufen wird. Es ist die schon von Vasari als solche bezeichnete manieristische »figura serpentinata«: Sie ist wie eine steigende Schlange (serpente) aufgebaut, so daß der Blick des Betrachters ihren spiralförmigen Windungen folgen muß. Den Irrgarten der Wege kennt auch die wichtigste Treppenanlage des Manierismus, Vignolas Erschließung des Palatinhügels durch die Anlage der Farnesischen Gärten. Auf Grund weitgehender Zerstörung sowie uneinheitlicher Überlieferung in den Plänen und Stichen ist manches unklar. Jedenfalls aber trat man durch das Eingangstor in der Mauer, die den Palatin vom Forum abgrenzte, in ein schachtartig enges »Theater der Büsten« ein. Von dort führte, wiederum in einem Schacht, eine Rampe aufwärts, die sich in einer Grotte verfing. Beidseitig des Schachts konnte man auf einem etwas höheren Niveau und ohne Anstieg zurück zum Theater und zum Eingangstor gelangen. Hier nun waren verschiedene Wege möglich, entweder entlang der Mauer nach links oder rechts oder aber auf einer wiederum entgegengesetzt laufenden Rampe zur nächsthöheren Terrasse. Ob der nächste Anstieg quer verlief und weiter außen ansetzte, man also auf eine schräg ansteigende Querwand stieß, oder ob eine Rampe in der Mitte von zwei Terrassen verlief oder ob beide Lösungen kombiniert waren, bleibt unklar. Offensichtlich ist aber, daß man vom nächsten Niveau aus die letzte Terrasse erst erreichen konnte, wenn man auf einer weiteren Treppe die krönenden Pavillons umschritt, die Vignola selbst aber schon nicht mehr geplant hatte. All dies ist sehr kompliziert und labyrinthisch angelegt. Unverkennbar sind jedoch Ansätze, die im Barock fortentwickelt wurden. Die großen Treppenanlagen der folgenden beiden Jahrhunderte wären, wenn sie auch die Wege ungleich freier und zielgerichteter führen, ohne diese Inkunabel undenkbar gewesen. Verglichen mit den einfachen Treppen der Hochrenaissance erscheinen diese weitaus komplexer. Zwar kehrte der Barock mit seiner Vorliebe für die energische Zusammenfassung zu den Prinzipien der Hochrenaissance zurück,

verdankte jedoch manchen Anstoß, beispielsweise die Lockerung einer allzu fest gefügten Ordnung, dem Manierismus. Und wiederum wurde der Geist des Manierismus nach Norden getragen. Gerade die endlos ausströmende, sich verflüchtigende Bewegungsenergie ist ein Bestandteil des französischen Manierismus. Man findet sie vor allem im Werke von Philibert de l'Orme, neben Lescaut dem führenden Kopf der Bewegung. Diane de Poitiers, der »Göttin« des französischen Manierismus, baute er das Schloß in Anet. Das Muster der Kuppel der Kapelle ist in seiner Anlehnung an das des Kapitolplatzes evident manieristisch, d.h. der Maniera des Michelangelo verpflichtet. Es wird von rasant geführten Bewegungslinien geprägt, die eine graphische Form ohne Relief bilden. Auch in letzterem liegt ein manieristischer Zug; denn reine Graphik ist auf einem Platz wie dem Kapitol unvermeidlich, keineswegs aber in einer Kuppel. Das Muster ist nur appliziert und formt den Baukörper nicht. Hinzu kommt, daß die Bewegungszüge den Betrachter auf vielen Kreisen stets aufs neue, doch niemals wirklich zum Ziel, der Laterne, führen – Bewegungsenergie, die sich verflüchtigt.

83. Helmut Jahn im Büro C. F. Murphy Associates, Xerox Center, Chicago, 1980.
84. Skidmore, Owings & Merrill, Verwaltungsgebäude der Inland Steel Company, Chicago, 1958. Im Vordergrund ein Mosaik Marc Chagalls, 1974, rechts das Xerox Center von C. F. Murphy Associates (Entwurf Helmut Jahn) und das 33 West Monroe Building von Skidmore, Owings & Merrill, links der Erweiterungsbau der First National Bank von Murphy, Perkins and Will.
85. Richard Meier, Haus in Old Westbury, New York, 1969–71.

Die inhaltliche Dimension in der postmodernen Architektur: Verschlüsselung oder Banalisierung

Den Hauptkritikpunkt der Postmoderne am Internationalen Stil faßt Klotz mit dem Schlagwort zusammen: »Freie Gebärde! Leere Gebärde!« Dies bedarf einiger Präzisierungen. Zum einen konnte solch eine inhaltliche Leere in keinem Werk der Hauptmeister festgestellt werden, ja

nicht einmal ein falsche Tonlage im Inhaltlichen. Den Architekten dieser Bauten war durchaus bewußt, wann und mit welcher Eindringlichkeit sie welche Inhalte auszudrücken hatten. Doch bleibt unbestritten, daß allzu häufig gerade die »Klötze« des Internationalen Stils nicht nur formale Schwächen, sondern auch eine **inhaltliche Leere** aufweisen. Man sollte sich indessen stets vergegenwärtigen, daß diese Aussage sich auf die zweit- und drittrangigen Architekten bezieht. Zum anderen muß auch die Postmoderne den Satz fürchten: »Freie Gebärde! Leere Gebärde!« Hier trifft er zwar seltener, jedoch durchaus auch auf die führenden Vertreter zu.

Ein Beispiel stellt Jahns erstes Hauptwerk dar, das Xerox Center in Chicago (1980), sein erster Wolkenkratzer. Er befindet sich an der Ecke zwischen der Plaza der First National Bank und der Dearborn Street. Für diesen Platz hatte sich in den Jahren vor dem Bau des Xerox Center eine Ausrichtung durchgesetzt, die auf das Inland Steel Building im Osten zuführt. Denn davor setzte man einen erhöht über dem Platz querlagernden Quader, der ein Mosaik von Chagall trägt und somit als Blickfang dient. Die schmalere Westseite des Platzes blieb demgegenüber weitgehend ungestaltet. Für die Ecke bildete Jahn einen Turm aus, indem er den Gesamtkörper abrundete und die Oberkante erhöhte, so daß sie wie eine Krönung erscheint – ein großes, gut aus der Gesamtform entwickeltes Würdemotiv, auf das Jahn, wie der Plansatz zeigt, großen Wert legte. Gerade durch die Größe der Form (oder Formel) fällt der fehlende Inhalt besonders negativ ins Gewicht. Die große Form steht hier am falschen Platz, denn dieser zählt in Chicago zu den unbedeutenden; sie steht ebenso am falschen Eck, einem x-beliebigen in der Stadt und ist überdies falsch gerichtet. Denn die große Rundung zeigt nach Osten und ist daher vorrangig von Osten her zu sehen; von dort aber fällt der Blick auf die leere(!) Westseite, d.h. das Xerox Building gibt den Rahmen für die unbedeutende Westseite des Platzes ab. Zusätzlich ist der Turm von Osten her nur schwer zu erkennen. Das ist auf die Enge der Straße zurückzuführen, auf die er ausgerichtet ist. Hier steht demnach ein überartikuliertes Würdemotiv, wie es in dieser Art nur die Postmoderne hervorgebracht hat, in einer Umgebung, die dieser Großartigkeit jedoch keineswegs gerecht wird; die Form ist für den gänzlich fehlenden Inhalt zu groß. Besser sichtbar gemacht und besser motiviert hat Jahn die auf das gegenüberliegende Eck bezogene Rundform erst ein Jahrfünft später, im State of Illinois Building (S. 123).

Das Xerox Center mag man als ein Frühwerk ansehen, dem die postmoderne Artikulationsfähigkeit noch fehlt. Wie ist es aber zu begründen, daß der führende Kopf einer der beiden Hauptgruppen, der sogenannten Whites, inhaltlich über die Internationale Architektur der 20er Jahre lange Zeit nicht hinausging, ja sogar hinter ihr zurückblieb? In der Tat waren Richard Meiers Bauten der 70er Jahre von einer feenhaften Sicherheit in der Zeichnung, stets aber blieben sie der reinen Form verhaftet. Ob nun im Douglas House, im Atheneum in New Harmony oder im Haus in Old Westbury, stets waren die 20er Jahre eines Le Corbusier das Vorbild. Und Meier selbst wurde nicht müde, darauf hinzuweisen. Doch auch hier fehlt der Geist der 20er Jahre.

Die europäischen »weißen 20er« fußen nämlich in einer stark idealistischen, auch sozialidealistischen Grundstimmung. Die Idee der Überschaubarkeit, der Ökonomie und der Ehrlichkeit, die den Meisterwerken in den 20er Jahren zugrunde liegt, ist in Meiers Bauten nicht mehr gegenwärtig. Das nimmt ihnen wenig, zumindest in den Augen des Betrachters, der nicht bei jedem Gebäude Sinnbetrachtung fordert, widerspricht aber der Annahme, die Postmoderne gäbe stets verständliche Inhalte. Selbst in der Form erweisen sich diese Bauten als solche unserer Jahrzehnte. Man merkt ihnen an, daß um ihre Formen nicht mehr gerungen werden mußte, daß sie ein bereits erworbenes Gut sind, was sie sehr perfekt macht. Aber auch die Bauten, die sich besonders eng an Le Corbusier anlehnen, enthalten manieristische Züge. Ein Beispiel stellt das Haus in Old Westbury dar, das im linken Block die sehr geschlossene Straßenseite von Garches neu erstehen läßt, im rechten hingegen die Gartenseite mit ihrer Öffnung und der querlaufenden Rampe. Aufgerissene und verschlossene Teile stehen jetzt unvermittelt nebeneinander, beide auf der Parkseite. Sie werden so nicht mehr aus einer inneren Notwendigkeit heraus begründet wie in Garches, wo das Thema der Schließung nach außen und der Öffnung nach innen bzw. hinten diese Gestaltung bedingte (S. 40). Die Geraden werden jetzt überlängt, so daß die Eleganz der Form die Oberhand gewinnt. Diesen Linien fällt der Dachgarten zum Opfer – höchst charakteristisch für Meier, ist doch gerade dies die Einheit, die Le Corbusier als Bedeutungsträger konzipierte. Erst in den 80er Jahren wird Richard Meier seine überragende Kompositionsfähigkeit zur Überwindung des Manieristischen einsetzen (S. 116).

Verschlüsselung und reines Spiel

Man kann das Xerox Center als Frühwerk ausscheiden; man kann auch die These, in postmodernen Bauten sei inhaltlicher Reichtum durchgängig zu finden, dadurch zu retten versuchen, daß man mit Jencks den führenden Kopf einer der beiden wichtigsten Gruppen als nicht postmodern ausgliedert. In das Herz einer solchermaßen reduzierten Postmoderne trifft aber der Hinweis darauf, daß die meisten Zitate und Versatzstücke im Anklang an ältere oder regionale Architektur viel zu verschlüsselt sind, als daß der Laie, der Benutzer, sie zu erkennen vermöchte. Die Bauten hätten demnach etwas zu sagen, was jedoch niemand versteht. Und selbst wenn man die Anspielungen entschlüsseln könnte, haben sie häufig keinerlei erkennbaren Bezug zum konkreten Bau. Einige Beispiele unter den Hauptwerken des engeren Kreises postmoderner Architekten mögen das belegen.

Symbole werden in postmodernen Bauten nicht nur nicht auf einen Punkt gebracht, wie es etwa beim umgekehrten Sonnenschirm in Chandigarh oder beim Segel in Sidney der Fall war, sondern sie wirken häufig recht akademisch. Denn stets befindet sich die Postmoderne auf der Suche nach immer neuen und ausgefalleneren Motiven. Jeder Bau – so der Anspruch – hat inhaltlich etwas auszusagen. Auf Grund der daher benötigten Vielfalt von Zitaten werden zum einen die wirklich großen Symbole schnell erschöpft, zum anderen erschlagen sich die häufig in einem einzigen Gebäude zahlreich zu findenden Zitate gegenseitig – genauso wie in den Wolkenkratzerstädten die Vielzahl von auffälligen Gebäuden es unmöglich macht, eines zu finden, das führend ist. Dies zeigt sich außer bei Moore auch bei anderen führenden Vertretern der Postmoderne. Charakteristisch sind beispielsweise die beiden wichtigsten Aufträge (außerhalb der Wolkenkratzerarchitektur), die die anderen führenden Köpfe unter den »Greys« im »großen« Jahrfünft der Postmoderne (S. 92) erhielten. Beim Projekt für das Fargo-Moorhead Kulturzentrum von 1977, das auf der Staatsgrenze zwischen North Dakota und Minnesota stehen sollte, überspannte Graves mit großem Aufwand den Grenzfluß oben mit einem gebrochenen (doppelten) Bogen, den er unten durch eine trichterartige Schleuse führte. Das Symbol mag Einheit trotz Trennung versinnbildlichen. Die Gestaltung entstammt jedoch der französischen Revolutionsarchitektur (Ledoux). Sie ist also entweder ein Plagiat oder – und das entspräche der Apologie der Postmoderne – schon der Akt des Übernehmens bereitet dem Benutzer eine besondere intellektuelle Freude. Wer aber weiß in North Dakota schon, daß hier französische Revolutionsarchitektur zitiert wird? Im Wesen des Zitats liegt es doch, daß es erkannt werden kann. Würde man es aber in diesem Beispiel zuordnen können, müßte man sich dann nicht fragen, was die französische Revolutionsarchitektur mit diesen zwei Staaten des weiten mittleren Westens zu tun hat? Immerhin handelt es sich um Staaten, die nicht einmal an den Unabhängigkeitskriegen, der amerikanischen »Revolution«, teilgenommen haben. Ähnlich fällt die Analyse für Venturis Brant House in Tuckers Town, Bermuda (1978–80), aus, den ersten größeren Bauauftrag, nachdem er 1977 mit einer Serie von Eingangsstudien aus den verschiedenen Stilen der Weltarchitekturgeschichte programmatisch den Grund gelegt hatte für das eigene Vorgehen beim Einsatz historisierender Zitate. Das Haus einschließlich des Daches ist gänzlich in Weiß gehalten. Auch der »Grey« Venturi ist hier dem feenhaften Charme dieser Farbe verfallen, die die New York Five wiederentdeckt hatten. Die Farbe hat ihren Reiz in dieser Landschaft, im Kontrast zum Blau des Meeres. Fraglich ist nur, warum das Weiß der mediterranen Bauweise auf das Pyramiden- und Walmdach der nördlichen Regionen appliziert wird. Bermuda als Verbindungsglied zweier Bautraditionen? Es fehlt auch nicht an Zitaten aus der Architektur der großen Kulturen des mediterranen Bereichs. Die korinthische Säule Griechenlands und die Ziggurath Mesopotamiens bereichern das Bild. Aber warum klassische Säulenordnungen und eine weiße Ziggurath in Bermuda? Und wenn die

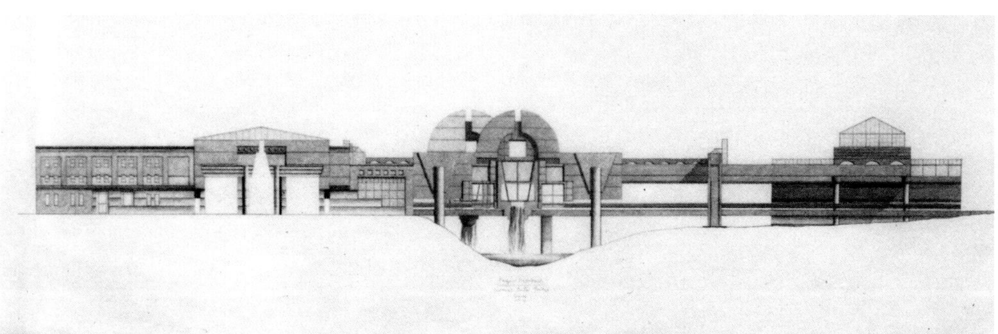

86. Michael Graves, Projekt für ein Kulturzentrum zwischen den Schwesterstädten Fargo, North Dakota, und Moorhead, Minnesota, 1977.
87. Venturi and Rauch, Brant House, Tuckers Town, Bermudas, 1978–80.
88. Johnson/Burgee, Republic Bank Center, Houston, 1980–84.

89. Hans Hollein, Kerzengeschäft Retti, Wien, 1964/65.

Säulen der Veranda nicht auf dem Boden aufsitzen, sondern frei schweben, soll dies etwa mehr besagen als einfach, daß die Tektonik, die der Internationale Stil so sehr betonte, wieder einmal ad absurdum geführt wurde? Ist denn Bermuda eine für diese Aussage prädestinierte Heimstätte? Letztlich stellt doch auch die Pyramide in der Dachlandschaft nur eine Verniedlichung der Bauten Le Corbusiers aus den 50er Jahren dar wie beispielsweise Chandigarh, ähnlich wie die New York Five die Bauten der 20er Jahre verniedlichten. Es fehlt die inhaltlich motivierte Symbolik, durchgehend die große des Internationalen Stils, häufig aber auch die kleine für den Benutzer.

Beispiele in der Wolkenkratzerarchitektur lassen sich gleichfalls unschwer finden, gerade bei dem bedeutendsten Protagonisten, Philip Johnson. Warum hat das Pantheon das Eingangsmotiv für das Gebäude der großen amerikanischen Telefongesellschaft AT&T abzugeben? Das Pantheonmotiv besteht aus der waagerecht geführten Linie des Architravs, die in der Mitte von einer hohen Arkade (Bogen) durchstoßen wird. Erkennt der normale Benutzer das Pantheonmotiv als solches, wenn schon die amerikanischen Wolkenkratzerhistoriker geschlossen nur den Nachfolgebau des Pantheon, Brunelleschis Pazzikapelle, als Vorbild identifizieren können? Warum steht ein Bürger- oder Rathaus der deutschen Renaissance in Houston als Hauptsitz einer Bank (Republic Banc Center)? Etwa weil die Fugger Bankiers waren? Was haben Pittsburgh Plate Glass Industries mit den britischen Houses of Parliament in Westminster zu tun? Das Zitat wird sinnentleert; Grund hierfür ist die durchgehend formale Sicht der Kunst. Doch ist dies nur die eine Antwort der Postmoderne auf die Inhaltsfrage.

Banalität

Das Gegenteil der akademisch verschlüsselten Zitate bilden jene, mit denen insbesondere Moore und in Europa Hollein arbeiteten. Der italienische Stiefel für die Piazza d'Italia, die Honoratiorenköpfe und ausgestopften Trophäen für den Faculty Club, die zum Kultgegenstand erklärte Telefonnische im College, all dies sind Symbole, die jedermann versteht, sie sind offensichtlich bis zur Banalität (S. 50). Man mag diese Art Anspielung ebenso wenig schätzen wie die lauten formalen Mittel, Neonlicht, schreiende Farben, Hochglanzpolitur und sonstige, häufig der Reklamewelt entnommene Effekte. Dies ist aber zum einen in der Zusammenstellung von Form und Inhalt durchaus stimmig. Und zum anderen bleibt Moore damit auch dem Anspruch treu, mit dem sein früher Weggenosse Venturi angetreten war: Er bemühte sich um eine für den Benutzer verständlichere Sprache, getreulicher als Venturi selbst. Und dies rechtfertigt die Stellung Moores innerhalb der Postmoderne, als deren Hauptvertreter er gilt. Auch hinsichtlich der Inhaltsbetrachtung findet sich in der Postmoderne demnach eine Tendenz zur Überspitzung: Einerseits wirkt die Symbolik so verschlüsselt, daß sie hermetisch erscheint, andererseits ist sie so offenbar, daß sie geradezu banal wirkt.

Am überzeugendsten muß diese zweite Art des Zitates freilich bei jenen Bauten sein, die der Welt angehören, aus der die formalen Mittel entlehnt werden. Einen Platz für die italienische Gemeinde kann man mit Reklameeffekten gestalten, ebenso einen Faculty Club oder das Auditorium Maximum eines College, zwingend erscheint eine solche Formensprache für derartige Bauaufgaben jedoch nicht. Anders dagegen verhält es sich mit den Geschäftsbauten, die in der Welt der Hochglanzpolitur, der Versprechungen und Effekte angesiedelt sind. Der Zeitgeist wird zur Kunst, wenn postmodernes Formengut ein Kerzengeschäft erfaßt oder eine Boutique, ein(e Reihe von) Reisebüro(s) oder einen Juwelierladen. Kaum ein Künstler hat sich so sicher auf diese Zielgruppe konzentriert wie der Wiener Architekt Hans **Hollein**. Und unter den modernen Stilrichtungen hat er für viele seiner Effekte den filigransten, »wienerischsten« Stil, den Jugendstil, gewählt. Diese feinfühlige Auswahl machte ihn zum Hauptvertreter der Postmoderne in Europa. Die Fassade des Kerzengeschäfts Retti setzte er wie einen quadratischen Edelstein in die ältere Fassadenfront ein und machte das Geschäft damit zu einer exklusiven Adresse. Für die Türöffnung, das Hauptmotiv der Fassade, wählte er eine Form, die – wie eine Stimmgabel geformt – in ihrer Länge und Schmalheit sofort die Assoziation einer Kerze wachruft, zumal wenn oben, in der Verbreiterung, das Licht durch die Verglasung nach außen scheint. Ähnlich setzte er dann bei der Boutique CM die Fassade in die Front, diesmal mit auffälligem Signet als Eingangsform – jenen Buchstaben gleich, deren Aufdruck heute die Exklusivität der Kleidungsstücke erhöht. Ein ähnliches unvermitteltes Einsetzen einer schmuckstückartigen Fassade ist in der Geschichte epochaler Gebäude vor allem für manieristische Bauten charakteristisch, wie etwa für den Palazzo Zuccari in Florenz (1579), der für die Selbstinszenierung, die das extravagante und selbstbewußte Künstlertum des späten 16. Jahrhunderts betrieb, ein Paradebeispiel darstellt. Und Hollein führte die eingängige, der exklusi-

90. Hans Hollein, Juweliergeschäft Schullin, Wien, 1972–74.
91. HKS Architects, 33 New Montgomery Tower, San Francisco, 1986.

ven Kundschaft gemäße Symbolik weiter. Statt der Stimmgabelform im Kerzengeschäft und des Signets in der Boutique, arbeitete er bei einem seiner nächsten Bauten mit vergoldeten Palmen, Säulenstümpfen sowie altmodischen Theken und Schaltern: All dies weckt in den Reisebüros nostalgisches Fernweh, die Sehnsucht nach jener etwas bedächtigeren Art des Reisens in vergangenen Zeiten. Mit dem Juweliergeschäft Schullin schuf Hollein sein Meisterwerk der Fassadengestaltung. Der auf Hochglanz polierte Quader wird – wie so häufig in der Postmoderne – von einem aggressiven Riß durchzogen. Zugleich gestaltete Hollein diesen Riß so, daß er die Assoziation an ein Juwel hervorruft. Diese Juwelform ergreift Mauer und Öffnung gleichermaßen, überfließt die Tür geradezu, die auf diese Weise ihre Form als Tür verliert. Hier nun ist die Grundidee nicht mehr nur Signet im Bauwerk, sie bestimmt den Baukörper mit. Sogar die Versorgungsleitungen des Baus integriert sie als Ringe in ihr Bild und schafft so den eigentlichen Übergang zwischen der vorderen Fläche und dem quadratischen Rücksprung im linken unteren Eck. Der Rücksprung wiederum stellt nur die vergrößerte Form des Schaufensters dar und ist demnach ein überdimensioniertes Schaufenster, in dem kein anderes Element wirkt, vor allem nicht die zum Schmuck verformte Tür. So wird diese Fassade mit allen Elementen zu der Aussage geformt: »Schaut! Meine Juwelen!« Neutrale, nichtssagende Bereiche existieren nicht mehr. Hollein ist Meister des Kommerzes, jedoch seiner elitären, exklusiven Form. Nicht umsonst gelang ihm eine der ersten überzeugenden Neugestaltungen eines modernen (hier: Sezessions-)Innenraums, des österreichischen Verkehrsbüros in Wien. Der Zug zum Hermetischen und der Rückzug auf den Innenraum stellen jedoch in der Postmoderne eine allgemeinere Tendenz dar.

Von der großen Form zur kleinen: der Rückzug auf das Private

Zwei Merkmale sind für die Entwicklung vom Internationalen Stil hin zur Postmoderne besonders charakteristisch. Die Postmoderne wählte im formalen Bereich die kleinere Form, im Inhaltlichen wandte sie sich dem historisierenden Zitat zu. Dieses mag teilweise inhaltlich motiviert sein, unverkennnbar ist jedoch ein überwiegend nostalgischer Zug. Museen wurden zum bevorzugten Bautyp der Alten Welt (S. 116); darin liegt eine Tendenz zum Konservierenden. In der Mehrzahl tragen die Zitate stark esoterische Züge: Der Künstler zog sich wieder auf den Elfenbeinturm zurück. Und eine neue Bauaufgabe wurde mit der Umbauung – behutsam und tastend – von älteren Gebäuden entdeckt. Charakteristisch hierfür ist 33 New Montgomery Tower in San Francisco. Der historisierende Bau in hellerem Rosa wurde erhalten und umbaut. Eine Vielzahl von Gestaltungsmitteln kam zum Einsatz; die Abschlüsse sind bündig, die Klötzchen und die Arkade oben, die den Bogenabschluß der Fenster im historisierenden Bau aufnimmt, »überwuchern« den älteren Bau und schließen ihn so von oben ein; zudem umfängt der neue Bau den älteren von drei Seiten; die etwas matte Farbigkeit ist in beiden Bauten einander angepaßt; die Linien stimmen überein. Und all dies zielt auf die Vermittlung eines Eindrucks ab: Der ältere Bau wird mit viel Sorgfalt in eine neuere Fassung gesetzt wie ein Edelstein oder wie das Wunderbild einer Wallfahrtsstätte. Ein guter Bau des Internationalen Stils hätte hingegen den älteren Bau als Kommunikationspartner akzeptiert und auf ihn mit einem Kontrastbild Bezug genommen (S. 60, 65).

Dieser »heimelige« Zug, der in den Grundtendenzen im Formalen wie im Inhaltlichen festzustellen ist, findet seinen prägnantesten Ausdruck in der neuen Betonung intimerer Bauformen, im Rückzug auf das Private. Bereits im **Manierismus** entstanden verhältnismäßig wenige wichtige öffentliche Bauten. Und das Hauptwerk des Kirchenbaus, Il Gesù, ist im Außenbau ziemlich unbedeutend (S. 29); auch hier zeigt sich eine Konzentration auf den Innenraum. Die Villenarchitektur als Typus lebt hingegen auf, und selbst Hauptmeister der im Veneto verspäteten Hochrenaissance wie Palladio verschlossen sich dieser Tendenz nicht. Das spätere 16. Jahrhundert ist wie die Postmoderne die Epoche des Privatbaus. Ähnliches läßt sich im 19. Jahrhundert feststellen; hier folgte ein zweiter Manierismus nach der übergreifenden Epoche, die Sedlmayr als das »apollinische Zeitalter« bezeichnet, der die Renaissancebautypen und -ordnungen als gelebtes Erbe zugrunde lagen und die von der Zeit der Frührenaissance bis zum Rokoko reichte. Wie politische Revolutionen etwa in Frankreich, Rußland, Deutschland, Portugal und im Iran laufen auch solche im künstlerischen Bereich häufig zweiphasig ab. Auf die Hochepochen folgen somit zwei Manierismen; das war so nach der griechischen Klassik und nach der Hochrenaissance.

Im 19. Jahrhundert ist der Rückzug ins Private sogar noch verstärkt festzustellen. Es entstand – um mit Sennett zu sprechen – die »Tyrannei der Intimität«. Jetzt lebte die intimste literarische Form, das Gedicht, auf und brachte in den Kernstaaten der Alten Welt, Deutschland, Frankreich und Italien, eine bis dahin nicht gekannte Fülle an Genies hervor: mit Eichendorff und Mörike sowie – in ihrem Gedankengut allerdings gerade gegen diese »Tyrannei« angehend – Hölderlin und Novalis, mit Victor Hugo, Chateaubriand, Lamartine und Leopardi. Der Rückzug in die Privatsphäre beherrschte jetzt sogar die Stimmung einer ganzen Epoche, das Biedermeier. Und in den bildenden Künsten kannte kein Zeitalter eine so starke Rückwendung zu den älteren Stilen wie das 19. Jahrhundert bis in seine Endphase hinein.

In der **Architektur der (Post-)Moderne** machte sich der Rückzug in das Private am stärksten in dem Bereich bemerkbar, in dem eigentlich das Gegenteil, die Öffentlichkeit, am intensivsten herrscht: in der städtischen Wolkenkratzerarchitektur. **Die Erfindung des Zwerganbaus** für den Wolkenkratzer in der Massengroßstadt ist eine typisch postmoderne. Hier wurde aus der Außenwelt der Großstadt ein Stück herausgeschnitten und zum meist sehr wohnlich gestalteten Innenraum erklärt – eine kleine Welt, die sich von der großen draußen abschließt. Die Erfindung des Zwerganbaus fällt mit der anschaulichen Zerstörung der Kubusform zusammen. Johnsons Pennzoil und IDS Building Anfang der 70er Jahre sind für beide Gestaltungsideen die Inkunabeln. Und seitdem enthält fast jeder wichtige Wolkenkratzer-Bauauftrag in den großen Städten diesen Zwerganbau, der mehrere Stockwerke einnimmt. Die Beispiele reichen vom Trump Tower, dem IBM, dem AT&T und dem CitiCorp Building in New York bis zum 101 California Building in San Francisco und der First National Bank Plaza sowie der Interfirst Bank in Houston. Daneben findet sich eine zweite Form der Innenraumbetonung: In einer wachsenden Zahl großer Bauten geht der Innenraum durch das ganze Gebäude bis nach oben hindurch, im State of Illinois Building in Chicago oder in den Hyatt Regency Hotels beispielsweise. Der Internationale Stil räumte demgegenüber der Lobby nur ein Stockwerk ein; er betonte den Außenbau, denn für ihn war die Repräsentation nach außen das Wesensmerkmal des Geschäftswolkenkratzers.

Im Pennzoil Building sind Innenraum und Außenbau noch eindeutig durch die Farbgebung getrennt. Innen ist es weiß und außen schwarz, klassisch einfach, klassisch wohl auch in der Herleitung aus der Dichotomie der Bauaufgaben bei Mies van der Rohe (S. 57). Doch auch diese Trennung wurde später aufgehoben. Als die Dominanz des Innenraums erreicht war, wurden die **Grenzen zwischen Innen- und Außenraum zunehmend verunklärt**.

Auf der einen Seite drangen die zentralen Elemente des städtischen Außenraums in den Innenraum ein. Die klare Zuordnung der Ausdrucksformen ging verloren. Im State of Illinois Building werden im Innenraum zwei herkömmlich getrennte Gestaltungstraditionen verschmolzen: die der Innenseite einer Kuppel mit der eines Platzes (S. 124); der Platz gehört, wenn er auch in sich abgegrenzt ist, in der älteren Architektur eindeutig der Außenwelt an. Doch die Ambivalenz herrscht nicht nur unter der Kuppel, sondern auch auf dem Vorplatz. Besonders Dubuffets Skulptur steht ambivalent zwischen Innen- und Außenraum: Bezogen auf die auf dem Platz angedeutete Kubusform, aus der das State of Illinois Building entwickelt wurde (S. 77), steht diese Skulptur im Innenraum, bezogen auf den tatsächlich eingedeckten Bau hingegen im Außenraum. Ähnlich verschwimmen die Grenzen zwischen Innen- und Außenraum in Beispielen wie der First City National Bank Plaza in Houston, in denen die Gestaltungsformen diesseits und jenseits der durchsichtigen Glastrennwand, insbesondere ähnliche Figuren und Säulentypen, sich entsprechen. Daß Elemente des Außenraums, Brunnen, Bäume und Skulpturen für den Innenraum verwendet werden, ist nicht nur bei einzelnen herausragenden Werken der Fall, sondern eine allgemeine Tendenz. Im IBM Building in New York wird der Zwerganbau gar zu einem mit Bäumen vollständig ausgefüllten »Gewächshaus«. Gleichzeitig wird der mit diesen Elementen besetzte Innenraum zunehmend verniedlicht. Wie im Biedermeier zieht man sich nicht nur auf das Private zurück, das Private wird auch selbst nochmals besonders niedlich und kindlich-verspielt gestaltet. Überall entstehen Einkaufskomplexe, kleine (Märchen-)Städte in der Stadt, ausstaffiert mit zierlichen Glühstäbchen und -schlangen, die glitzern und flimmern, Brunnen, die verglast werden, damit sie nicht mehr spritzen, und ganzjährig ausgestellten (Weihnachts-)Puppenspielen. Diese Innenräume sind gegenüber denen des Internationalen Stils, die dem eintretenden Menschen eine gewisse Härte entgegensetzten, deutlich lieblicher und verschnörkelter geworden. Lieblichkeit und Chic gehören zu den beiden wichtigsten Eigenschaften, denen das Streben in der Postmoderne gilt. Früher waren es Funktionalität, Klarheit und manchmal der hohe Stil. Ihre überzeugendsten Leistungen schuf die Postmoderne dort, wo diese Züge von Individualisierung und Verinnerlichung sublimiert werden.

Umgekehrt wurde der Außenraum des Platzes in seiner Gestaltung zunehmend dem anschaulichen Eindruck des Innenraums angenähert: durch Bollwerke, die ihn gegen die Außenwelt der Stadt abschirmen; durch Absenkung in den Erdboden; und häufig gar durch das bereits angesprochene schützende schräge Glasdach, das den Ausschnitt aus der Außenwelt dokumentiert, dennoch aber keine klare Trennung herstellt und daher das Verhältnis zur Außenwelt in der Schwebe hält. Diese Lösung findet sich bereits in Johnsons Initialbau in Houston. Ein besonders prägnantes Beispiel für die andere Gestaltungsform steht wiederum am Anfang der Entwicklung in New York. Dort wurde der Platz des CitiCorp Building nicht nur abgesenkt und durch Bollwerke geschützt, sondern in einem zweiten Schritt wurde der Wolkenkratzer darüber auf sehr hohe Stelzen plaziert, einer Glucke ähnlich, die über einem zu schützenden Nest sitzt. Die Form der Gestaltung des Platzes als eines durch Bollwerke und Absenkung geschützten Ortes innerhalb der Bebauung ist bereits eine Erfindung der modernen Architektur: Alvar Aalto, der bedeutendste unter den jüngeren Architekten des Internationalen Stils, hatte sie als Regionalismus für seine finnischen Dorfgemeinden entwickelt. Für ihn wurde der Kontrast zwischen der Härte des Bauwerks und der Lieblichkeit des von der Straßenwelt gänzlich abgeschlossenen, grasüberwucherten Platzes, des locus amoenus, zu dem man über Treppen und Umwege gelangt, zum Leitmotiv. Die Postmoderne übernahm auch hier wieder die Form ohne die Inhalte, für die sie ursprünglich entwickelt worden war. Sie transponierte die Platzform des finnischen Dorfes auf die amerikanische Wolkenkratzerstadt. Doch die Ergebnisse überzeugen meist auch hier.

Der Zug der Postmoderne zum **Kleinteiligen** und der Rückzug auf das Private sowie das Historisierend-Nostalgische führten letztlich zu einer **neuen Schwerpunktbildung**. Die Stärken dieses Stils liegen eher in der Privathausarchitektur als in den größeren Bauaufgaben und besonders der Wolkenkratzerarchitektur. Im Internationalen Stil stellte der große Gebäudetypus noch eines oder gar das Zentralanliegen der Hauptmeister dar, Le Corbusier und Mies van der Rohe. Und auch Wright konnte sich ihm nicht gänzlich verschließen. In der Postmoderne hingegen standen die Meister der Wolkenkratzerarchitektur, Jahn und Johnson, eher am Rande, zumal in der Kritik. Und der berühmteste Wolkenkratzer, das Portland Building von Graves, stammt von einem Meister, der sich sonst mit diesem Bautypus nicht beschäftigte. Hollein, Stirling, Meier, Venturi und Moore öffneten sich dem Bautyp des 20. Jahrhunderts gar nicht. Und als Hollein Wolkenkratzer zeichnete, stellte er sie als geballte Faust beziehungsweise als Phallus dar. Sehr plastisch zeigt er uns, was er vom großen Bautypus der Moderne hält. Stark ist die Postmoderne in der Privathausarchitektur. Im Privathaus, dessen sozialer Bezug und dessen Wirkung nach außen geringer sind, mag auch der kitschigste Geschmack des Eigentümers eine größere Bedeutung für die Gestaltung des Gebäudes fordern können und gar den Aussschlag geben. Gerade die weißen Villen der 70er Jahre sind Meisterwerke der Postmoderne wie der ganzen modernen Privathausarchitektur. Denn die meist kleinteilige Ästhetik dieses Stils und sein Reichtum an formalen Anspielungen wirken bei kleineren Bauten überzeugender als bei Wolkenkratzern, deren körperliche Größe monumentalere Formen erfordert. Fünf Meter Höhe und zehn Meter Breite kann man zerstückeln und kleinteilig verzieren, die fünfzigfachen Ausmaße nicht. Selbst Mies van der Rohe war bei seiner Stilscheidung davon ausgegangen, daß sich im Privathaus das Schwebende, weniger Förmliche und Helle stärker durchsetzen müsse. Große Maße aber erfordern eine andere Kunst. Und große Kunst ist manchmal tyrannisch. Häufig kann eine überzeugende Sprache für neue Bauaufgaben wie die Wolkenkratzerarchitektur erst in einem radikalen Neubeginn formuliert werden. Sie mag daher eine Zeitlang unverstanden bleiben oder sich gar gegen den Benutzergeschmack wenden. So muß sich in diesem Bereich die fragmentierende und verzierende Ästhetik der Postmoderne viel stärker fragen lassen, ob nicht in der großen Architektur Zugeständnisse an den monumentalen Stil zu machen sind, wie ihn der Internationale Stil beispielhaft verwirklichte. Der Wolkenkratzerbau benötigt sichtbare, einfache Symbole und Formen. Und gerade sein Blick für diese Notwendigkeit machte Philip Johnson zum führenden Architekten der postmodernen Wolkenkratzerarchitektur. Er arbeitete mit zwar unverständlichen, aber großen Symbolen. Er hat die postmodern fragmentierende, formale und sophistische Ästhetik wohl am überzeugendsten ins Große übersetzt. Er prägte letztlich die Entwicklungsphasen der postmodernen Wolkenkratzerarchitektur.

Vielheit statt Einheit

Mit den Worten zur Dichotomie der Bauaufgaben bei Mies van der Rohe und dem scheinbaren Übergewicht des Außenbaus im Internationalen Stil ist die Frage nach der Schließung zu größeren Einheiten angesprochen – einem der Werte, die in den Werken der Hochepochen jeweils sehr intensiv ausgeprägt waren. Zunächst seien einige bereits angesprochene Punkte unter diesem Gesichtspunkt nochmals aufgegriffen. Das Übergewicht des Außenbaus im Internationalen Stil löst sich in der Gesamtschau der Bauaufgaben wieder, da umgekehrt beim Privathausbau der Innenraum im Zentrum des gestalterischen Interesses stand. Der Außenbau war so als Gestaltungsschwerpunkt stärker dem Geschäftsbau, der Innenraum dem Privathaus zugeordnet. Diese große Ordnung ging in der Postmoderne verloren, wenn für den Wolkenkratzer nur sehr selten eine grundlegend andere Sprache gefunden wurde als für das Privathaus. Die Ordnung geht auch verloren, wenn die Grenzen zwischen Innenraum und Außenraum als zwei grundsätzlich unterschiedlichen Bereichen verschwimmen. Der Verlust der größeren Einheit wurde häufig aber auch in formalen und inhaltlichen Grundwerten festgestellt: etwa in der Vervielfältigung der Wege, unter denen sich keiner mehr hervortut und die sich alle solchermaßen ineinander verkeilen und in der Zergliederung der einzelnen Gebäudeteile beispielsweise, deren Zusammenhalt zunehmend gelockert wird wie im AT&T Building (S. 71) oder die in zwei identische Einheiten zerfallen können wie im Pennzoil Building (S. 71); oder auch in der meist fehlenden Durcharbeitung einer inhaltlichen Idee, welche sich durch den ganzen Bau zieht, an deren Stelle mannigfache, häufig wenig zusammenhängende, impressionistisch eingesetzte Zitate treten. Die feste Einheit geht schon in diesen Elementen der Postmoderne verloren; denn die klare Hierarchie schwindet, in der nicht jedes Element jeden beliebigen Ort einnehmen, jede beliebige Form annehmen oder auch jede beliebige Rolle spielen kann. Sedlmayrs Schlagwort vom *Verlust der Mitte* ist berühmt geworden; er hat den Verlust solcher Hierarchien überzeugend dargestellt; er tat dies für den »Manierismus«, der dem sogenannten »apollinischen Zeitalter« ab ca. 1760/70 folgte. Den entsprechenden Verlust der Mitte stellt man jedoch noch radikaler im unmittelbaren Anschluß an die unerreichten Gründungsväter des Hochstils, die Meister der Hochrenaissance und des Internationalen Stils fest: im Manierismus des 16. Jahrhunderts und in der Postmoderne. Besonders greifbar wird der Verlust der Einheit in der Farb- und Materialordnung und in der Wahl der vorrangigen Bauaufgaben und Betrachterstandpunkte.

Der Verlust der Farb- und Materialordnung

In der Hochrenaissance entwickelte der Hauptmeister der Farbe, Tizian, für diese eine bis dahin in ihrer Klarheit beispiellose Ordnung auch hinsichtlich der Bedeutung. Sein Hauptwerk, die »Assunta« (Himmelfahrt Mariä), wird bereits vom sogenannten barocken Farbdreiklang Blau, Gelb und Rot beherrscht. Der natürliche Himmel für die Jünger unten, die Irdischen, ist bei Tizian blau; darüber aber befindet sich – in einem runden Kranz von Putti, der oben dem runden Abschluß der Pala folgt – ein weiterer goldgelber Himmel. Dieser symbolisiert den Bereich des Wunders, den »himmlischen« Himmel mit Maria in der Mitte. Die Figuren tragen rote Gewänder. Sie erscheinen so einschließlich Maria als in Pathos und Gottesliebe geeint. Die Bedeutungsordnung der Farbe hielt Tizian später stets auch im Zweiklang von Rot und Weiß streng aufrecht, von seinem Frühwerk des Neugeborenenwunders bis hin zu seinen späten Dornenkrönungsbildern. Im Manierismus ging diese Ordnung gänzlich verloren. Die Farben wurden blasser, überfeinerter: Rosa, Blaßblau, Gorgonzolagrün, silbriges Blau, mattes Orange. Sie vervielfältigten sich, wirkten überpudert und verfügten nicht mehr über eine klar definierte Kraft. Und sie konnten jeden Körper beliebig erfassen. Die Wiedergabe von Muskelpartien in der Farbe von Kleidungsstücken ist hierfür ein anschauliches Beispiel (S. 76).

In der Architektur des Internationalen Stils findet sich die feste **Farbordnung**, die Wahl intensiver Farben, nirgendwo evidenter als in der größten Bauaufgabe, der Wolkenkratzerarchitektur. Besonders anschaulich wird dies im (vom Internationalen Stil geprägten) Stadtbild Chicagos. Keine Farbe wirkt eindeutiger gegen die Natur, damit aber auch eindeutiger akzentgebend, als Schwarz. Und mit unerbittlicher Härte und Konsequenz erhielt jeder Wolkenkratzer in Chicago, der einen entscheidenden Markierungspunkt darstellte, diese Farbe. Das Stadtbild wurde energisch durchskandiert: In seiner Mitte befindet sich das IBM Building »über« dem Chicago River (S. 99); links und rechts von dessen Mündung bilden Lake Point und Harbor Point Tower geradezu die Leuchttürme oder Bugfiguren für die ganze Stadt; zuletzt stehen außen als Verankerung nach links und rechts gegenüber der flacheren Umwelt der Sears und der John Hancock Tower als die beiden höchsten Türme der Stadt. Und auch die Asymmetrie, die von dieser prägnanten Ordnung zehrt und sie ihrerseits belebt, ist wieder

92. Chicago, Gesamtblick von Osten. Von links nach rechts die hohen dunklen Türme des Sears Tower, 1974, das (helle) Standard Oil Building, 1974, in der Mitte über dem Fluß Ludwig Mies van der Rohes IBM Building, 1969–71, der Lake Point Tower, 1968, und der John Hancock Tower, 1970.

93.Piano and Rogers, Centre National d'Art et de Culture Georges Pompidou, Paris, 1971–77.

energisch und klar gegeben: Das neben den genannten bei weitem höchste und die Silhouette am stärksten beherrschende Gebäude ist nicht grau, blaßrot oder silbrig, sondern strahlend weiß. Mit dem Gebäude für Standard Oil zwischen Harbor Point und Sears Tower entstand ein entschiedener Kontrast zu den schwarzen Gebäuden der Umgebung. Die gleiche Ordnung prägt auch die herkömmlichen Bautypen, beispielsweise Wrights Civic Center in S. Rafael mit seiner der Natur entnommenen Farbgebung und -ordnung von Braun (Erde), Blau (Himmel) und Gold (Sonne) (S. 115). Sie bestimmt ebenso die Übergangsbauten, insbesondere das Pennzoil Building; hingewiesen wurde auf die sofort eingängige Verteilung der schwarzen und weißen Farbgebung auf den Außenbau und den Innenraum (S. 86). Erste Anzeichen dafür, daß Farbgebung und Inhalt in keine Wechselbeziehung mehr treten, zeigen sich im Centre National d'Art et de Culture Georges Pompidou in Paris von Piano and Rogers. Dort werden die Farben nur noch den Baufunktionen und somit abstrakteren Inhalten als etwa dem der Erde, des Himmels und des Sonnenlichts zugeordnet. Die im Gebäude laufenden Wegführungen erhalten ihre jeweils eigenen Farbtöne: Die Luftwege sind blau, rot die Wärmewege, grün die Kommunikationswege, und die tragende Konstruktion ist silbern. In der Postmoderne selbst aber ging diese Ordnung gänzlich verloren. Allzu viele weniger aussagekräftige Farben wurden eingesetzt, blasse, silbrige und matte, in poliertem Stein mit Vorliebe Rosa und Grau. Als Metall verwendete man gern mattes Aluminium. Allzu häufig wurde das Gebäude vielfarbig und damit meist unübersichtlich, so daß es seine Durchsetzungskraft einbüßte. Das traf auch auf herausragende Werke zu. Auf dem Gebiet der Platzgestaltung ist die Interfirst Plaza in Houston als Beispiel zu erwähnen und unter den Einzelgebäuden Jahns State of Illinois Building: Wie soll sich dieses von der Umgebung farblich eindrucksvoll abheben und ihr seine Ordnung aufzwingen, wenn Grau, ins Bräunliche ziehendes, mattes Rot, Zinnoberrot und helles Rosa-Braun sich abwechseln mit verspiegeltem, silbrig schimmerndem und mit bläulichem Glas? Entsprechendes gilt für die **Materialordnung**. Im Internationalen Stil herrschte mit der Zweiteilung zwischen einem tragenden Material, etwa Metall, und dem Glas als Füllmaterial eine festgefügte Ordnung vor (S. 47). Demgegenüber zeigt Jahns soeben erwähntes Gebäude sehr deutlich mit seinen Aluminiumrahmen, Steinbrüstungen und -sockeln, Kunststoffsäulen, -balken und -architraven und schrägen sowie gebogenen Glaswänden, daß die Ordnung auch diesem Element verlorengegangen ist.

Der Verlust der Ordnung in den Bauaufgaben

Den »Verlust der Mitte« sah Sedlmayr vor allem darin, daß die Bauaufgaben sich im Anschluß an das »apollinische Zeitalter« zum einen vervielfältigten und daß zum anderen solche Aufgaben die Bautätigkeit umfassend dominierten, die dazu weder von der Tradition noch von ihrer gesellschaftlichen Bedeutung her prädestiniert waren. In sechs Phasen nacheinander sind dies etwa der Opernbau, der Museumsbau, der Denkmalsbau usw. Alle anderen Bauten glichen zeitweise Opern, Museen und Denkmälern. Im Manierismus des 16. Jahrhunderts findet sich eine ähnliche Entwicklung insoweit, als Ausdrucksformen einer Bauaufgabe andere tiefgreifend bestimmen. Insbesondere der Innenraum nimmt mit der Gestaltung als Grotte Formen der Gartenarchitektur an.

Die Dominanz einer von ihrer tatsächlichen Bedeutung her minder wichtigen Bauaufgabe findet sich auch in der Postmoderne ebenso wieder, wie die Übertragung von Ausdrucksformen auf Bauaufgaben, für die sie nicht entwickelt wurden. In den Stadtbildern des Internationalen Stils dominieren die Geschäftsgebäude und allenfalls einmal ein großer Repräsentationskomplex wie der der UNO: in Chicago der Sears Tower, der John Hancock Tower und das IBM Gebäude; in San Francisco die Transamerica Pyramide und die Bank of America. Dies ist auch in New York noch so, obwohl diese Stadt (in Downtown) stark postmodern überformt wurde; die Leitgebäude sind hier auch heute noch der UN-Komplex, das Empire State Building und das World Trade Center. Vergleichbares gilt immer weniger in den Städten, in denen die Hauptbautätigkeit erst um 1975 einsetzte. In New Orleans wird erstmals ein Football-Stadion die ganze Downtown beherrschen, in Vancouver eine Hafenmole, die wie ein großes hochmodernes Schiff gestaltet ist, mit eleganten segel- oder zeltartigen Konstruktionen und einer hochaufragenden, geschmeidig geschwungenen und sehr glatten Kommandobrücke. Für beide Städte ist diese Dominanz nicht zu bedauern, sie kann das Stadtbild bereichern. Der feste Kanon geht jedoch verloren: Die Dominanz eines Football-Stadions muß ein Einzelfall bleiben; nicht in jeder Stadt wünscht man sich solch ein Zentrum. Eine entsprechende Prävalenz einer sekundären Bauaufgabe und der für diese Aufgabe entwickelten Gestaltungsmittel ist bei den herkömmlichen Bautypen festzustellen, insbesondere in Deutschland seit Mitte der 70er Jahre: Der Museumsbau und nicht der Geschäfts- oder Privathausbau, bestimmt eindeutig die Entwicklung; die führenden Architekten in Europa und teilweise auch in den USA haben in diesem Bereich ihre Hauptwerke geschaffen (S. 116). Letztlich zeigt sich der Verlust der Ordnung der Bauaufgaben aber nirgendwo so exemplarisch wie in der Verunklärung der Grenzen zwischen dem Innen- und Außenraum (S. 86).

Der Verlust der Leitgebäude und der markanten Betrachterstandpunkte

Auch bei den Stadtbildern ist ein Verlust an Hierarchien zu spüren, soweit man sich auf die Wolkenkratzerstädte konzentriert, die jeweils als ein einziges großes Ensemble erscheinen und geradezu wie eine Skulptur wirken. Für solche Stadtsilhouetten oder Skylines hat die Postmoderne bisher kein **beherrschendes Gebäude** hervorgebracht, nicht in New York oder Chicago, aber auch nicht in den ganz überwiegend postmodern geprägten Wolkenkratzerstädten von Houston und New Orleans. Kein Gebäude in der Postmoderne hat die bestimmende Kraft hierzu. Dies liegt besonders daran, daß zu viele Bauten sich zu sehr in den Vordergrund drängen. Das Stadtbild von Houston ist hierfür ein plastisches Beispiel: Der interessanteste Bau, der solch eine führende Rolle hätte übernehmen können, das Pennzoil Building, wurde buchstäblich zugebaut; und sehr überzeugende Projekte wie dasjenige für den Southwest Bank Shares Tower wurden nicht verwirklicht. Jedenfalls in der Silhouettenwirkung können weder in New Orleans noch in Houston selbst bedeutende Bauten eine entsprechende Führungsrolle übernehmen wie Bauten in Stadtbildern, die der Internationale Stil prägte: Beispiele sind die Transamerica Pyramid und die Bank of America in San Francisco oder der Sears Tower, der John Hancock Tower und das IBM Building in Chicago. Und auch in (Downtown) New York sind die Leitgebäude noch die des Internationalen Stils. Dort aber hat die Postmoderne manchen wichtigen Blick verbaut (S. 106); manch ein Architekt mußte sein Gebäude gerade an der falschen Stelle zu sehr in den Vordergrund schieben.

In Chicago ist als **vorrangiger Betrachterstandpunkt** der vom See her definiert (S. 94); in San Francisco sind drei Betrachterstandpunkte ausgebildet, vom Meer, von der Bay und von der Altstadt her. Die Klarheit dieser Festlegungen geht in der Postmoderne jedoch ebenfalls verloren. Teils kann man dies mit den geographischen Vorgaben erklären. So bot sich im flachen Land von Houston kein besonderer Standpunkt an. Anders war jedoch die Situation in New Orleans. Dort hätte eine Ausrichtung der Gebäudekomplexe auf den Mississippi nahegelegen, erfolgte aber keineswegs. Und in Downtown New York wird die im Internationalen Stil geschaffene klare Ausrichtung besonders dadurch entstellt, daß eine »Perlenkette« gleich glänzender Gebäude sich immer dichter um die ganze Südspitze dieses Terrains legt (S. 106). Die allseitige Ansicht und damit auch das Fehlen einer (oder mehrerer) Hauptansicht(en) sind herausragende Merkmale manieristischer (plastischer) Kunst mit der figura serpentinata.

Die Postmoderne, ihre Stellung zum Zeitgeist und die zeitliche Ordnung ihrer Entwicklungsphasen

Die Postmoderne als Stil nach Ende des heroischen Aufbruchs

Am schlüssigsten erklärt sich die Postmoderne als Nachfolgestil einer absoluten Hochepoche, die sich in einer Zeit weltweiter Aufbruchstimmung nach den beiden Weltkriegen herausgebildet hatte. Es war die Stimmung einer neuen Demokratisierung (und Technisierung) besonders in Europa (nach dem Ersten Weltkrieg) bzw. weltweit (nach dem Zweiten Weltkrieg), wobei man hoffte, daß auch die Staaten im Verhältnis zueinander stärker nach demokratischen Regeln agieren würden. Diese Zeit war optimistisch und reif für großgedachte Aussagen (auch) auf architektonischem Gebiet. Ende der 60er Jahre war sie vorüber. Dies zu erkennen und den neuen Zeitgeist in die Architektur zu übertragen, war Venturis großes Verdienst, und das ist der Grund dafür, daß er zumindest auf architekturtheoretischem (publizistischem) Gebiet als der wichtigste Vorreiter der postmodernen Architektur zu gelten hat (S. 49). Darüber hinaus waren die großen Aussagen in der architektonischen Kunst im neuen Vokabular weitgehend getan. Skepsis und eine Tendenz zum Formalismus mußten verstärkt einziehen.

Die Postmoderne attackiert das Credo des Internationalen Stils auf zwei Arten. Einerseits greift sie häufig ein spezifisches Gestaltungsmittel des Internationalen Stils isoliert auf und setzt es in übersteigerter Form ein; da der Internationale Stil wie die griechische Klassik und die Hochrenaissance vor allem nach einem Ausgleich der Mittel, d.h. nach der »goldenen Mitte« strebte, widerspricht jede isolierte Verwendung und jede Übersteigerung eines seiner Gestaltungsmittel zwangsläufig seiner grundlegenden Philosophie. Andererseits negiert die Postmoderne auch ganz gezielt die Werte des Internationalen Stils. Beide Formen der Reaktion erklären die verschiedenen Richtungen in ihrem Drang zur Übersteigerung, in ihrer tiefen Skepsis und in ihrem Hang zum Reklamehaft-Banalen. Die erste Form verkörpert etwa die Tendenz zur Megalomanie. Das Monumentale der 50er Jahre soll überboten werden. Es wird leer wie in Pellis World Financial Center in New York (S. 107). Zur ersten Form zählt auch die Glättung der Oberfläche über das von Mies van der Rohe intendierte Maß hinaus, ihre Ausdünnung und Ebnung bis hin zur Spiegelfähigkeit. Mies van der Rohe hatte die glatte Oberfläche mit ihrer Kantenfestigkeit entwickelt, um Energie sichtbar zu machen. Durch eine Übersteigerung wird der entgegengesetzte Eindruck erweckt. Die Oberfläche wird zur dünnen Haut und hat nichts Tektonisches mehr. Zur zweiten Form der Reaktion zählen so unterschiedliche Mittel wie das Aufbrechen und Aufschneiden der kompakten Form, gesteigert noch im Dekonstruktivismus, und die Wiedereinführung des applizierten Dekors. Mit der Negierung des Werts der kompakten Form wird der Baukörper des Internationalen Stils selbst angegriffen; es wird wahrlich der Schritt »post«, d.h. über den Internationalen Stil (die sogenannte Moderne) hinaus gesucht. Die Wiedereinführung des applizierten Dekors stellt im Vergleich hierzu nur einen häufig überbewerteten Nebenaspekt dar.

Die zeitliche Ordnung in der Nachfolgeepoche

Sieht man die Postmoderne als Nachfolgeepoche an, so erklärt sich auch die deutliche Zäsur, die innerhalb des Stils um 1980 immer wieder festgestellt wird, sowie der Umstand, daß sich der Stil in der Wolkenkratzerarchitektur auf den ersten Blick erheblich anders entwickelt als in der sonstigen Architektur.

Die angesprochene Zäsur innerhalb der postmodernen Architektur findet man schon bei den **herkömmlichen Bautypen,** allerdings tendenziell einige Jahre vor 1980. In der ersten Phase vor dieser Zäsur wandte man sich von der »großen« Sprache des Internationalen Stils, den großen Symbolen, den kräftigen und einfachen Formen ab. Das Vokabular der einen oder anderen Stufe des Internationalen Stils wurde jedoch beibehalten, insbesondere auch eine weitgehend durchgehende Einheit des Materials sowie der Verzicht auf Instrumentierung in der Art der vorangegangenen Jahrhunderte. Hier lassen sich Venturis bzw. Moores frühe Bauten wie besonders das Guild House (1960–63) bzw. das Kresge College (1973/74) und der Faculty Club in Santa Barbara (1966–68) einordnen, aber auch die stärker an Le Corbusiers Villen der 20er Jahre orientierten Werke der sogenannten New York Five, etwa Graves' Benacerraf Addition (1969). Im zweiten Jahrfünft der 70er Jahre verschwanden die weißen Baukörper zunehmend, die nichts anderes als verkomplizierte Varianten der 20er Jahre darstellten. Die Bauten wurden fortan aus Fragmenten zusammengesetzt, die nicht mehr sichtbar dem Vokabular des Internationalen Stils entstammten. Jetzt gab man auch das Vokabular des Internationalen Stils auf. An dessen Stelle traten Materialklitterung, Neonlicht (vor allem bei Moore) sowie Säulen, Gesimse und ähnliche Versatzstücke der älteren Architektur. Man beschränkte sich nicht mehr nur darauf, historisierende Zitate zu applizieren, sondern verwandte sie als Strukturteile. Oder die Bauten wurden aus verschiedenen Bausteinen (Würfeln, Keilen, Kegeln usw.) zusammengesetzt, wofür sich in der Architektur des Internationalen Stils ebenfalls kein Vorbild findet. Der festgestellte Sprung ist nichts anderes als eine Gewichtsverlagerung. Die erste Phase des Manierismus des 20. Jahrhunderts war stärker mit der Überspitzung gewisser Prinzipien des Internationalen Stils befaßt; sie griff so zwar das Grundprinzip an, aber noch nicht das Vokabular. Dies gilt in vollem Umfang auch für die von Jencks herausgestellten Protagonisten, etwa Moore und Graves, später Venturi und teilweise auch Stern. Die zweite Phase beschritt dann das von der Architekturkritik vorbereitete Terrain. Die Ablehnung des Internationalen Stils hatte dermaßen Wurzeln gefaßt, daß nunmehr auch das Vokabular, die Vergleichbarkeit auf den ersten Blick, gemieden wurde. Der entscheidende Schritt vollzog sich mit der Zerstörung des Grundprinzips in der ersten Phase, die auch den hierfür schlüssigsten Topos entwickelt hat: das Aufschneiden oder Aufbrechen der geschlossenen Form, insbesondere des Kubus. Beim Eintritt in die zweite Phase, die Ende der 70er Jahre begann, wurde der im Grundsätzlichen bereits vollzogene Schritt nur noch auf das Vokabular erstreckt. Das Vokabular erschien noch uneinheitlicher; an die Stelle der »Whites« und »Greys« traten zahlreiche persönliche Stilvarianten. Die Dominanz des Versatzstückes wurde noch unumschränkter. Dies zeigte sich nirgendwo so deutlich wie auf der bisher bedeutendsten Ausstellung zur postmodernen Architektur, der Biennale in Venedig. 1980 stellte sich dort die postmoderne Architektur unter dem polemischen Titel »Die Präsenz der Vergangenheit – das Ende der Prohibition« vor. Errichtet wurden die Architekturstücke der postmodernen Meister jetzt von Bühnenbildnern. Architektur wird zu Theaterarchitektur.

Entsprechend stellt auch in der **Wolkenkratzerarchitektur** nicht etwa erst das hochgelobte Portland Building von Graves von 1980–82 den Übergang zur Postmoderne dar. Dieser Bau ist schon formal nicht sehr aufregend, nicht mehr als ein »Klotz«; insbesondere aber war der »Teppich« aus Versatzstücken, der jetzt erstmals auf einen Wolkenkratzer appliziert wurde, für die herkömmlichen Bautypen längst entwickelt worden. Hier gestaltete die Postmoderne den Baukörper nicht, sie brachte lediglich ein neues Muster hervor. Dieses Bauwerk stellt nicht mehr als den Eintritt in eine zweite Phase der Postmoderne in der Wolkenkratzerarchitektur dar. Den entscheidenden ersten Schritt aber hatte Philip Johnson mit dem Pennzoil und dem IDS Building schon gut ein Jahrfünft früher getan. Hier wurden die Werte des Internationalen Stils im Grundsätzlichen angegriffen, teils durch Überspitzung, teils durch bewußte Bekämpfung. Das Vokabular freilich blieb noch unangetastet. Aber auch in der Wahl des Vokabulars zeigte sich Philip Johnson wegweisend: Anders als in der sonstigen Architektur war bei ihm das in der ersten Phase der Postmoderne fortlebende Vokabular des Internationalen Stils nicht das der 20er Jahre, sondern das monumentalere der 50er Jahre. Johnson wählte für die monumentalere Aufgabe sehr zielsicher das monumentalere unter den Vokabularen des Internationalen Stils. Damit stand er freilich allein da. Mit dem Aufschneiden und Aufbrechen des Internationalen Kubus fand er auch einen radikaleren, grundlegenderen und »größeren« Topos der Abkehr als die Meister, die nur die Form der 20er Jahre verkomplizierten, d.h. formal übersteigern wollten. Darüber hinaus erfand Johnson noch aus den Überresten des Abbruchs, die im IDS Gebäude anschaulich wie ein Geröllfeld an den Fuß des Wolkenkratzers herunterrieseln, den postmodernen Zwerganbau für Wolkenkratzer. Im Pennzoil Building ergibt sich die Einführung des Zwerganbaus aus einer schlüssigen Übertragung des Schrägschnitts auch in den Straßenbereich. Philip Johnson verdient es daher, zum einen für die Wolkenkratzerarchitektur als entscheidender Weichensteller in der Mitte der 70er Jahre angesehen zu werden, zum anderen aber als der Architekt, der als erster sehr viel radikaler auch gegen den Baukörper und nicht nur das Fehlen des Dekors im Internationalen Stil vorging. Nach 1980 kam auch bei Johnson der historische Bezug hinzu, und das Vokabular, das zumindest auf den ersten Blick das des Internationalen Stils zu sein scheint, verschwand. Er folgt somit nach einer gänzlich eigenständigen, radikaleren ersten Phase der Entwicklung, die um 1980 allgemein einsetzt. Sein Republic Bank Center sowie sein AT&T Gebäude gehören dieser zweiten Phase an. Wer in Philip Johnson einen verkappten Klassizisten sieht oder das Chamäleon, das jetzt in den 80er Jahren auch postmodern wird, unterschätzt seine Leistung grundlegend.

In der solchermaßen geordneten Entwicklung zeichnet sich das Jahrfünft von 1976 bis 1981 als die **eigentliche Blütezeit** ab. In der Wolkenkratzerarchitektur entstanden während dieser Zeit: die Initialbauten beider Phasen, das Pennzoil und das Portland Building; darüber hinaus aber auch viele der überzeugendsten Gestaltungen des Zwerganbaus (Trump Tower, IBM Building in New York, S. 85), des postmodernen Platzes (CitiCorp Building, S. 86 und der postmodern ausgedünnten Oberfläche (Xerox Building und One UN Plaza, S. 81 bzw. 67). Aber auch bei herkömmlichen Bautypen ist die Bautätigkeit dieser Jahre richtungsweisend: mit dem Initialbau der zweiten Phase, Moores Piazza d'Italia (S. 50); der bisher bedeutendsten Architekturausstellung der Bewegung auf der Biennale in Venedig; dem bisher einzig überragenden Kirchenbau der Postmoderne in St. Peter (S. 77); und nicht zuletzt besonders in Europa mit den wichtigsten Bauten eines der beiden hier führenden Meister, Hans Holleins (S. 83). Das wichtigste Werk von James Stirling, dem anderen Hauptmeister in Europa, entstand wenig später; es leitete einen grundlegenden Wandel ein, den Schritt über den Manierismus hinaus – hin zum Barock. Doch sind Klassik und Manierismus zunächst noch unter einem weiteren Aspekt, d.h. im größeren Rahmen eines ganzen Stadtbilds, zu beleuchten.

6. Modernes und postmodernes Stadtbild: zwei Beispiele

Im formalen Bereich kann man die Philosophie des Internationalen Stils etwa so zusammenfassen: Gewichtigkeit und Bewegungsenergie, gepaart zu einer größeren Einheit, die angestrebt wird durch eine Reduzierung der Mittel und ihre Konzentrierung allein auf diese Werte. Und schon bei den architektonischen Einzelwerken bieten sich inhaltliche Werte weniger an als etwa in der Malerei, der Bildhauerei oder gar der Literatur; in ganzen Stadtbildern bleiben inhaltliche Aussagen weitgehend Spekulation. So ist eine Stadtbildbetrachtung auf die genannten formalen Werte zu konzentrieren, die auch hier ihre Entsprechungen haben. Der Wert der Gewichtigkeit prägt ein Stadtbild, das festgefügt erscheint, keine Risse und Löcher aufweist, gleichzeitig aber auch nicht die Leitgebäude verbaut und sie so ihres Gewichts beraubt. Die Qualität der Beweglichkeit sieht man in einem Stadtbild verwirklicht, wenn die feste Fügung weniger auf einer engen Zusammenballung der Prägebauten beruht, als vielmehr auf ihrer Stellung an markanten Punkten und durchaus im Abstand zueinander. Beweglichkeit findet im Stadtbild ihre Entsprechung in der Spannung. Werden diese beiden Grundwerte prägnant und vorrangig verwirklicht, stellt sich die Geschlossenheit der Einheit von selbst ein.

Daß viele der postmodernen Mikrokosmen in älteren Städten sehr ansprechend wirken, zumal in den alten belgischen, französischen und zunehmend auch deutschen Städten, ist kaum zu bestreiten. Das Modell der Abstimmung ist hierbei durchweg das, welches für 33 New Montgomery Tower beschrieben wurde und auch noch stellenweise die Stuttgarter Staatsgalerie prägt (S. 85, 121). Die behutsame Anpassung wird dem sprechenden Kontrast vorgezogen. Epochal für die moderne Architektur ist jedoch das Stadtbild des 20. Jahrhunderts. Und dieses ist das große Stadtbild, das nicht auf Mikrokosmen und Einsprengsel beschränkt ist, die Wolkenkratzer-Skyline. Zwei Beispiele aus diesem Bereich charakterisieren auch insoweit das Verhältnis der beiden Stile zueinander.

Chicago: das Stadtbild des Internationalen Stils

Das Stadtbild des Internationalen Stils wird immer wieder mit dem Hinweis auf Le Corbusiers frühe Projekte angeprangert, die auf dem Reißbrett geplanten Wolkenkratzerstädte »für 3 Millionen« (1922) und die sogenannte »ville radieuse« (1935). Schon bei diesen Projekten wird übersehen, daß es sich um bloße Modelle handelt und daß sie auch sehr positive Eigenschaften aufweisen: etwa den allseits begehbaren Park, über den die Bauten auf Pilotis erhoben werden; die Verlagerung des Verkehrs auf Hochstraßen und die Schaffung lokaler Zentren in den Dachgärten und -plätzen. Diese Utopien wurden jedoch nie gebaut. Verwirklicht wurde vielmehr Mies van der Rohes städtebauliches Modell. Dieses zielte seit den frühesten Projekten von 1919 bis 1921 darauf ab, den neuen Bau in einen konkreten Kontext zu integrieren. So wird etwa in den beiden frühen Wolkenkratzerprojekten deutlich zwischen dem ländlich-freifließenden Charakter der Umgebung und dem städtisch-kristallinen unterschieden. Die Skizzen beziehen die Umgebung stets auch schon zeichnerisch mit ein. Und selbst Le Corbusier hat in den Werken, deren Ausführung konkret bevorstand, Meisterleistungen des Zusammenspiels mit der älteren Bebauung vollbracht, insbesondere im UN-Komplex in New York. Am klarsten zeigt sich die Philosophie des Internationalen Stils beim Städtebau in den beiden insoweit wichtigsten Gestaltungen Mies van der Rohes in Chicago.

Die Chicago River Bay

Wie sich das Stadtbild von Chicago in seiner ganzen Breite in Richtung Michigansee entfaltet und wie die verschiedenen schwarzfarbenen Leitgebäude an markante Punkte gesetzt wurden, wurde bereits kurz erläutert (S. 88). Die Beschreibung der sukzessiven, äußerst folgerichtigen Herausbildung dieser Ordnung und anderer Seiten des Chicagoer Stadtbilds würde den hier gesetzten Rahmen eines Thesenbuches sprengen. Im Zentrum aber steht das IBM Gebäude und mit ihm die Chicago River Bay. Und für die Beantwortung der Frage, in welche Art von Beziehung die Bauten des Internationalen Stils mit der älteren Bebauung der Umgebung treten, ist dieses Zentrum besonders charakteristisch. Denn hier sieht man den besterhaltenen Nukleus aus einem der Vorweltkriegsstile und die Art, wie er im Internationalen Stil überformt wurde.

Der Blick vom See ist der wichtigste in Chicago; denn die Stadt war als Hafen des Mittleren Westens groß geworden; im Hinterland liegen Industrie- bzw. Slumgürtel. Der Chicago River bildet das vorgegebene **Zentrum** dieser Hauptansicht auf Chicago vom See aus: Senkrecht stößt er auf das Ufer des Sees, das sich links und rechts auf gut zwei Kilometern besonders weit ins Gewässer vorschiebt, um dann jeweils nach hinten umzubrechen. Vom See aus sieht man: ganz außen, links und rechts, Küstenstreifen, die sich in größerer Ferne symmetrisch ausbreiten, in der Mitte zwischen beiden einen zu ihnen parallel verlaufenden, weiter in den See vorgeschobenen Küstenstreifen und in dessen Mitte, im rechten Winkel dazu, den Chicago River. Dieser kreuzt etwa einen Kilometer landeinwärts die Michigan Avenue. An dieser Stelle baucht er sich aus und knickt auf einem kurzen Stück schräg ab. Fast stillstehend, bildet der Fluß hier einen besonderen verbreiterten Raum aus, ein Zentrum.

An diesem Ort setzte die **historisierende Wolkenkratzerbebauung** zuerst ein. Der besondere Raum wurde in der ersten Phase umbaut (1921–28), in allen vier Ecken des Kreuzes zwischen Fluß und Straße enstand mindestens ein Wolkenkratzer, so daß die Form dieses Raumes nun auch in der Höhe sichtbar wurde. Für die Art wie die vier Wolkenkratzer gestaltet wurden, ist der Charakter des umbauten Raumes von Wichtigkeit. Chicago hatte als Seestadt Bedeutung erlangt. Das Idealbild einer älteren Seestadt ist Venedig. Auch dort führt die wichtigste Brücke, die Rialto-Brücke, über die Wasserstraße, den Canal Grande, an der Stelle, an der diese umknickt und sich ausbaucht. Auch dort findet man in den Gebäuden jeweils ein (trockenes) Herrschaftsgeschoß und ein Geschoß auf Wasserhöhe, in dem die Einfahrten und Eingänge liegen. Unter den modernen Seestädten ist Chicago wohl die einzige mit einer vergleichbaren Anlage, d.h. mit einem gesonderten Wasserniveau unten, das seine eigene Infrastruktur hat. Das historisierende Stilkonglomerat besinnt sich der älteren Stile, und so verwundert es nicht, daß im ersten Bau, dem Wrigley Building (1921–24), Bezug genommen wurde

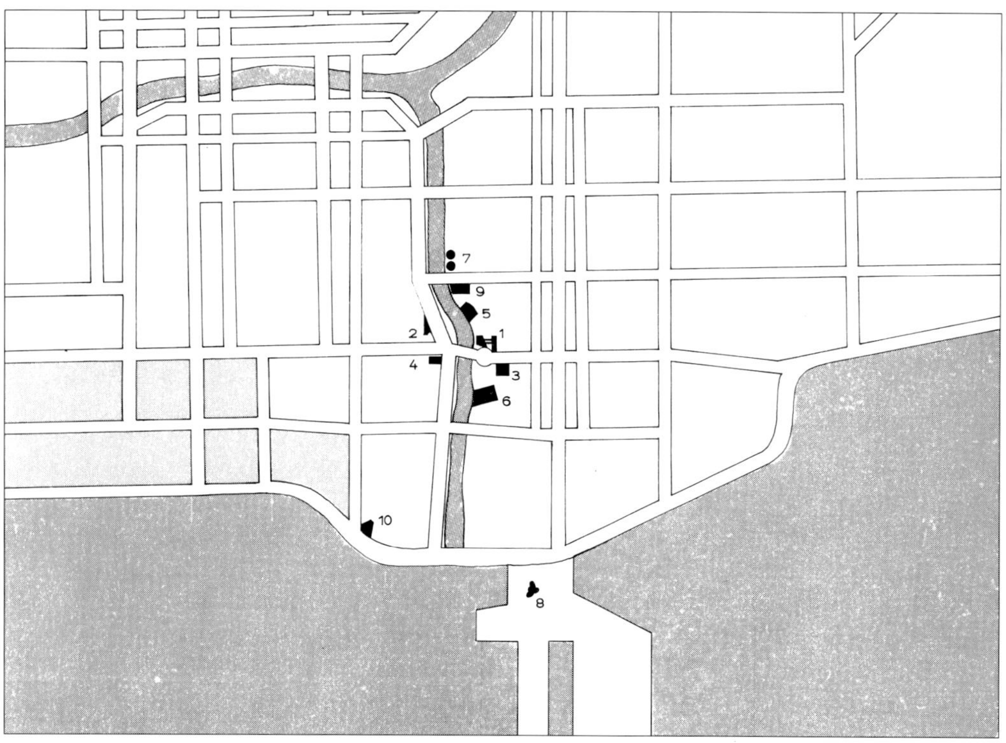

94. Chicago River Bay, Chicago, mit ihren Wolkenkratzern (in zeitlicher Abfolge): 1. Graham, Anderson, Probst and White, Wrigley Building, 1921–24; 2. Alfred Alschuler, London Guarantee Building, 1923; 3. Raymond Hood und John Mead Howells, Chicago Tribune Tower, 1922 bis 1925; 4. Holabird and Root, 333 North Michigan Avenue, 1928; 5. Naess & Murphy, Chicago Sun Times Building, 1957; 6. Skidmore, Owings & Merrill, Equitable Building, 1965; 7. Bertrand Goldberg, Marina City, 1964–67; 8. George Schipporeit and John Heinrich, Graham Anderson, Probst and White, Lake Point Tower, 1968. 9: Ludwig Mies van der Rohe, IBM Building, 1969–71. 10. Harbor Point Tower, 1984.

auf Venedig, in diesem Fall auf den Campanile von S. Marco – ein Leitmotiv, das für den Ort prägend blieb. Prägend blieb auch die zweite Vorgabe: Mit den Wänden des Wrigley Building wird die Richtung des Flusses, der hier schräg umknickt und sich ausbaucht, nachgezogen. Der Fluß blieb somit für die Stellung und Gestalt der Wolkenkratzer bestimmend. Die Fassade des Wrigley Building steht schräg. Entsprechendes gilt auch für die konkave Fassade des zweiten Baus, des gegenüberliegenden London Guarantee Building (1923), die in ihrer Form die Ausbauchung des Flusses aufnimmt. Im dritten Eck des Kreuzes wurde der Chicago Tribune Tower (1922–25) errichtet. Vorbildlich ist er schon in der Wahl des für die Wolkenkratzerarchitektur noch am besten geeigneten historisierenden Stils, der (Neu-)Gotik; der Bau nimmt sich den Turm von Rouen als Vorbild. Richtungweisend ist der Chicago Tribune Tower aber auch in der Abstimmung auf den Ort. Neben den beiden genannten Vorgaben – des venezianischen Gepräges und der Idee der Umbauung, die dem Flußlauf folgt – hatte Hood weiter zu berücksichtigen, daß zwei Ansichten besonderes Gewicht zu erhalten hatten: die Seite zum Fluß hin ebenso wie die dazu senkrecht stehende Seite zur Michigan Avenue hin mit dem Haupteingang. Die Lösung ist bewundernswert einfach. Hood ließ Fluß- und Straßenseite gleichermaßen zur »Hauptseite« werden, indem er dem Hauptturm vier gleiche Seiten gab. Die für die größere Gebäudeeinheit wichtigere Flußansicht betonte er zusätzlich dadurch, daß er die Fassade zum Fluß hin in einen Hauptbau mit Turm links und einen kleineren Anhangbau rechts aufteilt, der durch eine Kerbe abgesetzt wird. Exakt diesselbe Gewichtsverteilung findet sich schon in der schrägen Fassade des Wrigley Building, bei der völlig klar ist, daß es sich um die Hauptansicht handelt. Da dieser ältere Bau in unmittelbarer Nähe stand, wurde auch für die Flußansicht des Chicago Tribune Tower klar, daß nichts anderes als eine Variation, diesmal im gotischen Gewand, intendiert war und daß es sich wieder um eine Hauptfassade handeln mußte. Diese ist etwas weiter vom Fluß abgerückt, der Bay wird so größerer Raum gegeben. Gotisierend aber ist das neue Gewand (und der neue Baukörper), es unterscheidet sich dadurch gravierend von den vorangegangenen. Mit diesem neuen Gewand wird es möglich, auf Venedig nicht nur durch ein Zitat zu verweisen, sondern – feinsinniger – etwas vom Charakter dieser Stadt einfließen zu lassen. An die Stelle des glatten hellen Steins tritt die durchbrochene und filigran gestaltete Oberfläche in dunklerem Stein. Hier nun wirkt das Wesen des Wassers, des eigentlichen Grundelements der Umgebung, erstmals im Bau mit. Lehrte uns Monet nicht, daß gotische Kirchenfassaden mit ihrem Gesprenge die vielleicht wichtigste anschauliche Eigenschaft des Wassers teilen: die unendliche Wandlungsfähigkeit des visuellen Eindrucks mit jedem neuen Licht? Und die Oberfläche des Gebäudes ist flimmernd wie das Wasser des unter ihm dahinziehenden Flusses. Die vierte Ecke besetzte zuletzt 333 North Michigan Avenue (1928), für einen Art-Déco-Bau ungewöhnlich grazil, so aber auch an die leichtere Grundstimmung der Umgebung angepaßt, die ohne orthogonale Festigkeit angelegt ist. Seitdem blieb das Ensemble fast vierzig Jahre lang nahezu unberührt ... bis 1965. Zunächst wurde jetzt das Begonnene nach dem gleichen Prinzip fortentwickelt, dann ein ganz neuer Akzent gesetzt, um eine größere, sehr harmonische Einheit zu schaffen.

Im flachen Sun Times Building (1957) wird noch weiter die Flußrichtung in der Höhe nachgebaut. Wieder steht der Bau schräg, entsprechend der Flußrichtung. Das ist wenig originell. Es fehlt auch das Vokabular, mit dem die 20er Jahre diese Idee in jedem Bau durch Variationen belebten. Interessant wurde der Bau erst, als Mies van der Rohe mit dem IBM Building den abschließenden Akzent für die Bay setzte und dabei das Sun Times Building optisch in seine Gestaltung einbezog.

Vor Errichtung des IBM Building trug der Internationale Stil jedoch noch mit mehreren Gebäuden zur Gestaltung des Ensembles bei, und in diesen sind die Leitideen ungleich origineller als im Bau von 1957. Dies begann mit dem **Equitable Building** (1965), mit dem Skidmore, Owings & Merrill, die wichtigsten Vertreter des Miesschen Vokabulars, eine »box« gaben. Doch weniger die Form ist hier von Interesse als die Anordnung des Baus. Der Bauplatz lag flußabwärts neben dem Chicago Tribune Tower. Möglich war eine Stellung des Quaders parallel zum Fluß, eventuell auch von ihm abgerückt, oder aber senkrecht zu ihm. Mit der erstgenannten Anordnung wäre der Fluß weiter in gleicher Ausrichtung »umbaut« worden. Damit hätte man die Idee durch eine erneute Wiederholung verwässert, vor allem aber den Baycharakter abgeschwächt, da sich die Umbauung jetzt weit am Fluß entlang hingezogen hätte. Der Internationale Stil im Gefolge Mies van der Rohes zeichnet sich durch prägnantere Lösungen aus. Es wurde ein erster Akzent gesetzt, der Bau steht wie ein Riegel senkrecht zum Fluß, die Blickachsen erfuhren eine eindeutige Ausrichtung: Der Bau verbirgt lange, nähert man sich ihm auf dem Anfahrtsweg vom See aus, die beiden eigentlichen Juwelen des Ensembles, das

Wrigley Building und den Tribune Tower. Für den Halbfernblick verunklärt er gar ihren Zusammenhang, da er zwischen sie tritt. Erst in unmittelbarer Nähe zu diesen Bauten, im Zentrum der Bay, kurz vor der Kreuzung von Fluß und Brücke wird der Blick freigegeben. Und sofort erfaßt er beide Bauten frontal, von der schönsten Seite, die Schrägansicht wird verstellt. Das Equitable Building inszeniert also die Prunkstücke des historisierenden Stilkonglomerats, energisch aber dennoch dienend! Ein Bau des Internationalen Stils kann so durchaus auch ein Hintergrundbau im Sinne Blakes sein. Das zeigt die mit dem Equitable Building einsetzende Umbauung des historisierenden Nukleus: Nachdem dieser den Fluß umbaut hatte, wurde er ein zweites Mal von einigen Gebäuden der 60er Jahre eingefaßt.

Einen Schritt über dieses Stadium hinaus tat erst Goldberg mit seiner **Marina City** (1964 bis 1967). Dieser Doppelbau setzt sich selbst in Szene und kanalisiert nicht nur den Blick. Extravagant im Vergleich zu den kubischen Bauten im Hauptstrom des Internationalen Stils, verwirklicht dieser Doppelwolkenkratzer dennoch typische Werte des Internationalen Stils: die Schließung der Gesamtform und damit die Gewichtigkeit und den Ernst im Bau; die Beweglichkeit durch die Bodenfreiheit, die Reduktion der Detailformen auf zwei oder drei Typen sowie ihre uneingeschränkte Unterwerfung gegenüber dem Ganzen; und nicht zuletzt die Durchführung einer Idee im ganzen Bau. Goldberg steht mit diesem Bau Le Corbusier tendenziell näher als Mies van der Rohe. Das zeigt sich nicht nur darin, daß er stark schwellende Formen wählte, sondern auch darin, daß er Beton als Werkstoff einsetzte. Die den gesamten Bau tragende Grundidee ist bei diesem »internationalen« Wolkenkratzer wiederum die der sehr bewußten Bezugnahme auf die konkrete Umwelt – deutlich vielschichtiger als in allen Bauten zuvor. So folgt das Gebäude dem historisierenden Hauptbau in der Bay, dem Tribune Tower, in der Oberflächengestaltung: Sie ist wiederum stärker aufgelockert und teilt so die visuellen Qualitäten des Flusses, an dem der Bau steht. Der Bezug zu dem älteren Baubestand ist damit hergestellt, gerade weil die Rundform im Chicago Tribune Tower ebenfalls anklingt. Aber auch der venezianische Grundcharakter des Ortes wird im Konzept aufgenommen. Daneben ist die Stringenz, mit der ein Motiv im Bau verarbeitet wird, sichtlich gesteigert, so daß der Bau gleichzeitig auch Festigkeit erhält und seine Gestaltung »ewig«, nicht zufällig wirkt. Außerdem wird auf diese Weise das Beste an der durchbrochenen Oberfläche noch gesteigert: Die Linien werden schöner gespannt; vor allem aber gewährleistet die größere Regelmäßigkeit, daß der veränderte Lichtstand noch unmittelbarer auf der Oberfläche Wirkung zeitigt. Keine Veränderung kann sich mehr im Zufall einer unregelmäßigen Form verflüchtigen.

Mit der Motivfrage ist ein weiterer wesentlicher Punkt angesprochen, der für Goldberg bei der Gestaltung der Umgebung bezeichnend war. Sein Umgang mit dem venezianischen Grundgepräge ist noch tiefsinniger als bei Hood: Im Wrigley Building wurde der Charakter Ve-

95. Chicago River Bay, Chicago, mit ihren Wolkenkratzern. Rechts das Equitable Building vor dem Wrigley Building, in der Mitte das IBM Building über dem Sun Times Building und vor der Marina City, links das London Guarantee Building.

96. Bertrand Goldberg, Marina City, Chicago, 1964–67. In der Mitte unten das Sun Times Building, rechts im Hintergrund der Chicago Tribune Tower.

nedigs noch durch bloßes Zitat beschworen; sodann, im Tribune Tower, verinnerlichte Hood diesen Charakter bereits und erfaßte ihn mit der Oberflächengestaltung; bei Goldberg aber bleibt das Venezianische nicht an der Oberfläche, der Internationale Stil veränderte nicht nur sie, sondern gestaltete auch den Körper ganz neu. Der tripartite Aufbau spiegelt hier nun das Grundcharakteristikum der Gegend: Es gibt im unteren Sektor des Baus erstmals einen Bereich für die Schiffahrt als dem Kernstück des Lebens und des Wesens einer Seestadt; oberhalb dieses Abschnittes ist jeweils ein Bereich für die Landfahrzeuge und für den Wohnraum der Menschen, das »piano nobile« in erhabener Höhe. Die ganz hohe Aufsockelung eines edleren Bereiches, das zentrale Gestaltungsmotiv der griechischen Klassik und nochmals der Hochrenaissance, wurde in der Wolkenkratzerarchitektur selten überzeugender durchgeführt als hier. Und in einer gemeinsamen Grundform haben alle drei Bereiche doch jeder sein eigenes, im jeweiligen Bereich durchgehendes Motiv. Im Wohnbereich erscheint es mit den Rundbalkonen noch freier und »kreativer« als in den anderen. Doch auch die Bezugnahme auf den Fluß ist bei Goldberg mindestens ebenso spezifisch wie bei Hood. An der Stelle, an der die Marina Towers stehen, biegt der Fluß wieder in seine ursprüngliche Richtung um. Die Marina Towers stehen an der Innenseite der vom Fluß beschriebenen Kurve, somit auf einem konvex geformten Landstück. Fließt der Fluß im Bogen um den Vorsprung, so wird diese Bewegung in der Höhe in vollem Ausmaß von den Marina Towers nachgebaut. Diese wirken im Zusammenhang mit dem Fluß wie Räder, über die das Flußband gespannt ist und über die es läuft wie ein Keilriemen über die Antriebsräder.

Der letzte Bau vor dem IBM Gebäude, der **Lake Point Tower** (1968) von Schipporeit, Heinrich u.a., ebenfalls Schüler Mies van der Rohes, stellt Bezüge über größere Entfernungen her. Dieser Bau steht etwa einen Kilometer flußabwärts an der Mündung in den See. Der Bau ist in der Form zwar wiederum ganz anders als der Miessche Kubus, denn der Grundriß gleicht einem dreiblättrigen Kleeblatt. Doch im Geist steht er in der Tradition Mies van der Rohes. Zum einen geht der Bau auf das frühe Projekt des Meisters für einen ländlichen Wolkenkratzer zurück, das er regularisiert, und zum anderen behält er im Grundsatz noch das Oberflächenkonzept der Miesschen Nachweltkriegsbauten bei, insbesondere die dunkle Farbgebung. Die Extravaganz in der Form scheint der Philosophie des Quaderbaus des Internationalen Stils zu widersprechen, dient aber auf höherer Ebene wiederum einer für Mies van der Rohe stets zentralen Zielsetzung. Der Bau sollte für den Betrachter, der flußaufwärts fährt, einprägsam sein. Nur so war zu gewährleisten, daß sich dieser in der Bay beim Anblick der – zeitlich früher entstandenen – Marina Towers an ihn erinnern würde. Denn er würde an der Seemündung und in der Bay jeweils eine im wesentlichen gleiche, einprägsame Gestaltung sehen: Einen Doppelbau aus runden »Türmen«, getrennt durch ein einschwingendes Stück in der Mitte. Durch diese Gestaltungsform stellten Schipporeit und Heinrich die Fähigkeit der Schule Mies van der Rohes unter Beweis, in großen Bezügen zu denken: Der Lake Point Tower ist nicht nur Galleonsfigur für den in den See vorgeschobenen Teil der Uferlinie Chicagos, sondern für die ganze Stadt mit ihrem Zentrum an der Chicago River Bay. Für diese Optik mußte ein starker Bezug zwischen der Mündung und der Bay hergestellt werden. Mit diesem Bau und der Wahl seiner Form trat die Gestaltung der Chicago River Bay in eine gänzlich neue Phase: Fortan war sie nicht mehr punktuell auf den Mikrokosmos der Bay beschränkt, sondern erfaßte den Makrokosmos des ganzen Flußlaufs und damit der ganzen Stadt.

Gerade die Verbindung beider Welten aber ist das Thema des **IBM Building** (1969–71). Denn vor dem IBM Building hatten die »internationalen« Bauten der Bay dem bestehenden Ensemble der 20er Jahre schon eine ganz neue Form gegeben, dieser Bau aber verlieh ihm eine neue Dimension und eine neue Mitte. Dabei wird das ältere Ensemble stets in die Gesamtlösung eingebunden. Das IBM Building bricht radikal mit dem zuvor in der Bay gültigen Grundprinzip der Gestaltung, vollendet diese damit aber auch und schafft eine Einheit auf höherer Ebene: Erstmals herrscht nicht mehr der Fluß über die Architektur und wird in der Höhe nachgebaut, sondern die Architektur beherrscht den Fluß. Dies ist ein Abschluß, nach dem grundlegend Neues nicht mehr zu erwarten ist. Die Dominanz des IBM Building wird in seiner Stellung zum Fluß ebenso deutlich wie in seiner Bezugnahme auf die bisher beschriebenen Bauten.

Sämtliche Gebäude vor dem IBM Building richteten sich nach dem Flußlauf: die der 20er Jahre und die frühen des Internationalen Stils nach seiner Biegung und Ausbauchung; die Marina Towers nach seiner konvexen Rundung an der nächsten Ecke; und das Equitable Building nach dem geraden Stück vor dem Knick. Das IBM Building hingegen steht quer in der Schräge des Flußlaufes – weder im rechten Winkel, noch parallel, sondern im schiefen Winkel. Nicht der Flußwinkel bestimmt die Ausrichtung des Gebäudes, vielmehr orientiert es sich am Seeufer, zu dem es wiederum parallel steht. Den Fluß beherrscht es zusätzlich dadurch, daß es für den vom See Kommenden anschaulich mitten in und über ihm steht. Es ragt über ihm empor. Die Negierung des Flußwinkels wird dadurch besonders augenfällig, daß das IBM Building im schiefen Winkel auch zum darunterliegenden Sun Times Block steht, der ja noch ganz unmittelbar die Flußlinie nachzeichnet. Über diesem Bau thront das IBM Building wie über einem »Sklaven«.

Das IBM Building entstand in den Blütejahren des Internationalen Stils. Sein Verhältnis zum Sun Times Building rief gerade in dieser Zeit zwei weitere Assoziationen wach. Direkt neben beiden steht das Wrigley Building mit einer schrägen Frontwand als breitgelagertem Element und einem kleinen Turm darauf als aufragendem Element. Das Verhältnis von breitgelagertem und aufragendem Elemente wird, setzt man einmal die beiden über- und untereinander gestaffelten Bauteile, das IBM Building und das Sun Times Building in Relation, völlig umgekehrt. Das breitgelagerte (Sun Times) ist dem aufragenden, das gewaltig schwer und beherrschend wirkt, völlig untergeordnet. Der aufragende Bau bricht mit dem breitgelagerten nicht nur im Winkel, er ist auch viel strenger im Detail und monumentaler in der Größe und Gesamtauffassung. Daß beide Gebäude anschaulich – wie Haupttrakt und Turm beim Wrigley Building – zu einem einzigen werden, beruht auf zweierlei Gründen: Zunächst hilft die stilistische Uniformität zwischen Sun Times und IBM Building, die vorhandenen Gestaltungsunterschiede und immerhin 15 Jahre Zeitunterschied vergessen zu lassen; sodann aber wirkt sich auch der Umstand

aus, daß das Lever House von 1952 vergleichbar aufgebaut ist. Es stellt den ersten berühmten Wolkenkratzer der Miesschen Schule dar (Skidmore, Owings & Merrill); und es besteht gerade aus diesen zwei Elementen: einem flachen, horizontal gelegten Quader und darüber, durch kurze Stützen getrennt, einem hochaufragenden Quader, der außerdem wie das IBM Building quer zur Blickachse – dort der Park Avenue – steht. So schuf Mies van der Rohe durch die Einbeziehung des Sun Times Gebäudes als »Sockelquader« »ein« Gebäude des Internationalen Stils, das sich aus zwei Teilen zusammensetzt. Dieses erhebt sich direkt neben dem zweiteiligen Gebäude des historisierenden Stilkonglomerats an der Bay, dem Wrigley Building, und im Vergleich zeigen sich in ihm deutlich die Werte des Internationalen Stils: die Asymmetrie, der Mies van der Rohe als einer Form verinnerlichter Ordnung so frappierende Lösungen abgewinnen konnte (S. 101), sowie die Strenge und Monumentalität. Mit diesen letztgenannten Qualitäten, die auf Kantenhärte und Oberflächenglätte basieren, tritt das Gebäude zusätzlich in Wettstreit zum Chicago Tribune Tower (S. 30) und auch zu den Marina Towers. Die Marina Towers schiebt das IBM Building darüber hinaus vom See aus betrachtet sichtlich in den Hintergrund, da es sie teilweise verdeckt.

Schon auf Grund seiner Gestaltung nimmt das IBM Building innerhalb seines Umfeldes eine herausragende Position ein. Zusätzlich hervorgehoben wird es durch die räumliche Stellung und Farbe. Alle Bauten der Bay vor dem IBM Building waren hell oder grau, d.h. in einer heiteren, leichteren Farbe gehalten. Mies van der Rohe setzt nun, fast herrisch, in dieses Ensemble einen schwarzen Block, und damit einen unüberschaubaren Akzent, der sich markant von dem – grundsätzlich hellen – Himmel abhebt. Die Farbe kennzeichnet das IBM Building deutlich als nicht nur primus inter pares. Seine räumliche Stellung in der Mitte, die sich in mehrfacher Hinsicht zeigt, festigt diese Position. Der sich plötzlich eröffnende Blick auf den Chicago Tribune Tower war zwar seit der Entstehung des Equitable Building von hoher Dramatik; doch blieb dieser Turm stets ein Gebäude, dem in diesem Gefüge nur ein kurzer Blick zur Seite vergönnt blieb. Frontal, ständig präsent und quer über der Hauptachse, zum Fluß in seiner Gesamtheit, stand immer nur das IBM Building. Die Linien des London Guarantee Building und der Marina Towers auf der einen Seite sowie des Wrigley Building auf der anderen Seite führen, sich verjüngend, auf das IBM Building zu, das nicht schräg, sondern frontal steht. Für den vom See Kommenden, der sich an den Lake Point Tower erinnert und die Marina Towers als ähnliches mehrzylindriges Gebäude erkennt, steht das IBM Building aber auch bezogen auf die Längsachse des Flusses in der Mitte zwischen beiden Bauten: ein eckiger und harter, fester Quader zwischen zwei weichen Mehrzylindergebäuden.

Das IBM Building ragt hoch über dem Fluß empor, negiert seine Winkel und beherrscht ihn. Der Bau beherrscht auch die anderen Gebäude, die er mit seinem farblichen Gewicht, seiner Kantenfestigkeit und Schönheit in den Proportionen gänzlich in den Schatten stellt. Und er steht in der Mitte sowohl für die Ansicht von links nach rechts als auch in der Längsachse. Selbst die Marina Towers, als Einzelgebäude ebenso geschlossen und überzeugend gestaltet und im Detail vielleicht sogar origineller, müssen sich unterwerfen. Das Große an Mies van der Rohes Bau sind weniger seine einfache Form und seine Proportion, sondern seine geniale Aufnahme und Zusammenfassung des in der Bay bereits vor seiner Entstehung Angelegten. Mit diesem Bau liefert er den schlagenden Beweis für die Unrichtigkeit der These, der Internationale Stil vernachlässige den Kontext. Ein guter Bau des Internationalen Stils berücksichtigt ihn besonders tiefgründig, lotet seine Möglichkeiten aus und – hierin liegt der eigentliche Unterschied zur Postmoderne – gestaltet ihn zu einer neuen und größeren Einheit. Im Sinne von Blakes generellem Erklärungsversuch des Internationalen Stils und der nachfolgenden Stilsuche – einem der ganz seltenen für die Wolkenkratzerarchitektur! – stellt das IBM Gebäude das Paradebeispiel eines Vordergrundbaus dar: leitend und dominierend wie kein anderer Bau der ganzen Wolkenkratzergeschichte, dies nicht nur in der Bay, sondern für das ganze Stadtbild (S. 88). Blake liefert die Unterscheidung, aber er verkennt den Internationalen Stil grundlegend, wenn er in ihm eine allgemeingültige Formel nur für Hintergrundbauten verwirklicht sieht. Nicht die Form allein ist entscheidend. Ebenso wichtig sind Farbe, Gestaltung und räumliche Stellung. Je nach Kontext kann der Quader des Internationalen Stils beide Funktionen übernehmen: die dienende wie im Equitable Building und die führende wie im IBM Building.

Illinois Institute of Technology

Schon viel früher hatte Mies van der Rohe sein Grundmodell für die Wolkenkratzerstadt ausgearbeitet, das Grundprinzip, daß die Einzelbauten bewegliche Elemente darstellen, die durch Verschiebung gegeneinander in eine optimale Ordnung gebracht werden können und die Of-

97. Skidmore, Owings & Merrill, Lever House, New York, 1952.

fenheit der Raumkontinuen in den Zwischenräumen bestmöglich gewährleisten. Im Gebäudekomplex des Illinois Institute of Technology, dem ersten großen ausgeführten urbanistischen Konzept nach der Überwindung des Historismus, wurde es zum ersten Mal angewandt. Zu dem Projekt gehört ein Plansatz von drei aufeinanderfolgenden Plänen. Sehr häufig wird der Komplex, da er achsensymmetrisch ist, als klassizistisch charakterisiert. Grundsätzlicher als durch diese Charakterisierung kann man die Gesamtanlage nicht verkennen. Die Anlage hat etwas sehr Regelmäßiges und weist in allen drei Plänen eine Symmetrieachse auf, an der sich die wichtigsten, weitgehend identischen Gebäude spiegeln. In der Symmetrieachse liegt aber keineswegs die Leitidee. Wer sie allein betont, schlägt einen Weg ein, der buchstäblich ins Nichts führt.

Die strenge Regelmäßigkeit, die so typisch für das gesamte amerikanische Werk Mies van der Rohes ist, hat zunächst einen deutlichen Umweltbezug. Ungeordneter und chaotischer als die Slumgegend um das IIT kann ein Stadtteil kaum sein. Architektur aber ist Gestaltung. Der ungestalteten Umgebung setzte Mies van der Rohe daher, wie auch in seiner späteren Wolkenkratzerarchitektur, eine betonte Gestaltung entgegen, die Unordnung wird mit einer strengen Ordnung konfrontiert. Es ist das erste Hauptwerk des Internationalen Stils, wie er in Europa ausgebildet worden war, auf amerikanischem Boden. Es ist der erste Schritt Mies van der Rohes, aus dem Chaos Kosmos werden zu lassen.

Strenge Regelmäßigkeit kann jedoch unterschiedlich geschaffen werden: beispielsweise durch rigide Regeln, allesbeherrschende Symmetrien oder durch einen Satz von Grundregeln, die Kontraste sichtbar machen und wichtige Alternativen gegeneinander abgrenzen. Die zweite Methode, der Regelkanon, der mehr Flexibilität zuläßt, kam beim IIT zur Anwendung. Mies van der Rohe entschied sich hier vor allem für zwei Prinzipien. Einerseits nimmt die Größe der Einzelgebäude von Plan zu Plan ab, so daß es zunehmend scheint, als schwebten

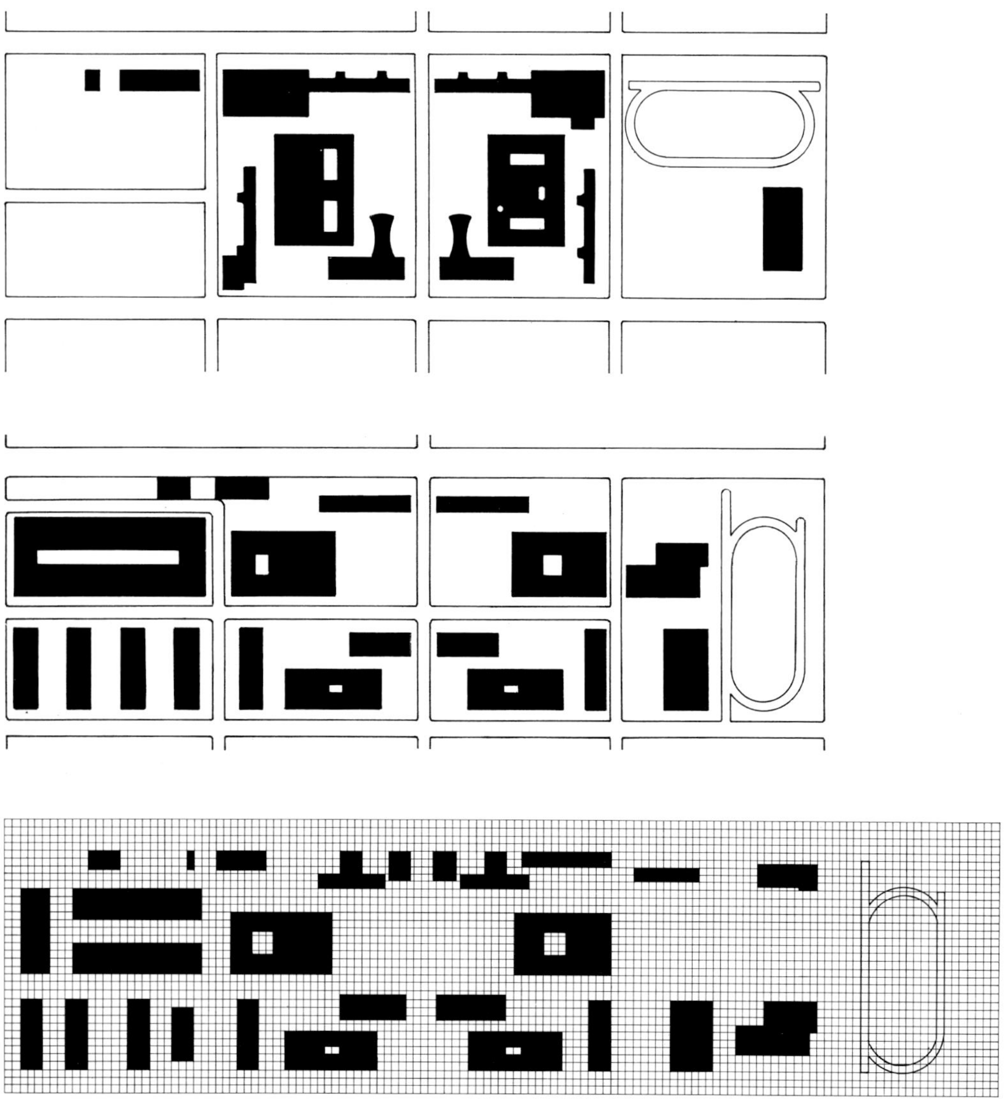

98. Ludwig Mies van der Rohe, Illinois Institute of Technology, Chicago, ab 1940. Drei Projektstadien.

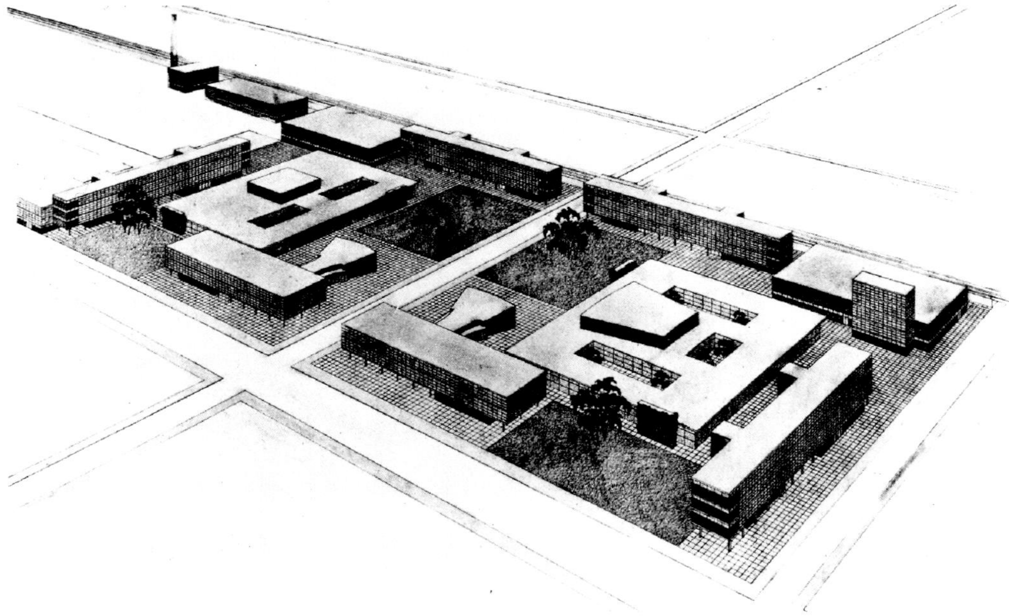

99. Ludwig Mies van der Rohe, Illinois Institute of Technology, Chicago, ab 1940. Erstes Projekt. Räumliche Darstellung.

sie auf der Gesamtfläche. Freiräume von verschiedenem Zuschnitt können so entstehen, je nachdem, von welcher Seite man sie betritt. Das Raumkontinuum wird stetig fließender. Andererseits ist die Asymmetrie vorherrschend. Besonders im ausgeführten Projekt führt sie dazu, daß die Räume zwischen den Gebäuden wie eine Promenade angelegt sind, die durch die verschiedenen Höfe führt und den Besucher einlädt, ihr zu folgen. Die »Stadt« wird demnach nicht statisch, sondern dynamisch gesehen. Man wird angehalten, sie zu durchstreifen, sie zu entdecken, und sie beginnt so zu leben.

Bei der Verkleinerung der Einzelgebäude, die besonders beim Vergleich des ersten mit dem zweiten Plan auffällt, ist entscheidend, daß die Bauten immer mehr zu einfachen Quadern reduziert werden. Die Variierung, beispielsweise die Verwinkelung, wird nicht mehr innerhalb des Einzelgebäudes vollzogen, sondern bei der Verschiebung dieser als Einzelelemente denkbar einfachen Gebäude gegeneinander. Diese wirken stets mehr wie bewegliche Wände, die gegeneinander verschoben werden können, die sich auftun und wieder schließen. Das Raumkontinuum wird fließender, und für das Gesamtkonzept eröffnen sich weitere Möglichkeiten.

Von den zwei wichtigsten Prinzipien, die Hitchcock und Johnson in ihrem grundlegenden Werk von 1932 im Internationalen Stil verwirklicht sahen (S. 36), läßt sich die Beweglichkeit im IIT demnach unschwer ausmachen. Daß aber auch das zweite Gestaltungsprinzip, die Asymmetrie, in diesem Komplex umgesetzt wurde, erstaunt zunächst. Wirkt hier nicht die tote Ordnung der Symmetrie, die der Internationale Stil abgelehnt und dem »Klassizismus« vorgeworfen hatte? Das IIT weist eine Symmetrieachse auf, an deren Ende man jedoch das Hauptgebäude vermißt, das wiederum bei einer »klassizistischen« oder »barocken« symmetrischen Konstruktion nach dem Versailler Vorbild nicht fehlen durfte. Nicht einmal zwei links und rechts neben dem Zielpunkt gleichberechtigt liegende Hauptgebäude sind auszumachen. Bei allen drei Plänen für das IIT führt die Symmetrieachse ins Leere. So wird im ersten ausgeführten Großkomplex des Internationalen Stils mit architektonischen Mitteln sehr prägnant das Credo des Internationalen Stils vorgeführt: der Tod der Symmetrie. Der zweite Hauptmeister des Internationalen Stils, Le Corbusier, beschritt mit seinem ersten amerikanischen Projekt, dem UN-Komplex von 1947–50, denselben Weg. Im IIT muß der Betrachter sich in das Innere des Gesamtkomplexes begeben, um die wichtigen Gebäude wirklich zu sehen.

In allen drei Projekten ist der Zugang zum Gesamtkomplex vergleichbar gestaltet. An beiden Enden der »Symmetrieachse« sind die flankierenden Gebäude so angeordnet, daß sich ein »Tor« ergibt. Schreitet man durch dieses ins Innere des Komplexes, gelangt man auf den Hauptplatz. Seine Vorliebe für offene und freie Plätze veranlaßte Mies van der Rohe dazu, das Zentrum als Freiraum zu gestalten und nicht von einem Gebäude beherrschen zu lassen. Dies ist in hohem Maße un-, ja antiklassizistisch. Später führte er bei der Gestaltung des Seagram Building den offenen Platz vor dem hohen Gebäude in die Wolkenkratzerarchitektur ein (S. 34). Erst wenn der Betrachter im Zentrum steht, kann er den Komplex erfassen. Er muß sich aus der Symmetrieachse wenden, um die wichtigsten Gebäude zu sehen. Erstmals fällt der Blick wirklich auf Hauptgebäude. Diesen und nicht den Blick auf der »Symmetrieachse«

100. Ludwig Mies van der Rohe, Illinois Institute of Technology, Chicago, ab 1940. Erstes Projekt. Aufrißskizze.

hält denn auch Mies van der Rohe (für das erste Projekt) in der Skizze fest: Jetzt herrscht gänzlich Asymmetrie. Dies wird besonders beim ersten Projekt deutlich: Von links her schiebt sich der bauchige aufsteigende Annexteil eines der beiden Torgebäude ins Bild, so daß das eigentlich streng symmetrische Hauptgebäude dahinter zur einen Hälfte verdeckt wird. Der Gebäudekomplex erscheint so asymmetrisch, er stuft sich anschaulich vom höheren Mittelteil nach rechts hin herunter. Rechts und links werden Tiefen- und Breitendimension scharf kontrastiert, dort durch die Fluchtlinie des angrenzenden Gebäudes, hier durch das sich quer ins Bild schiebende bauchige Gebäude. Die Asymmetrie ist so prononciert ausgearbeitet, daß der Grundkontrast zwischen Symmetrie und Asymmetrie deutlich wird. Die vordergründige Symmetrie des Gesamtkomplexes führt ins Leere. Sie stellt nicht mehr dar als ein Kontrastprogramm für das eigentliche: die variierte Asymmetrie, die sich dem Betrachter mit dem Blick auf die wirklichen Hauptgebäude erschließt. Der Umbruch von toter Symmetrie zu variierter Asymmetrie, den man erst inmitten des Komplexes wahrnimmt, ist ein Geniestreich allererster Kategorie, die »Fundamentalüberraschung«, die Rudolf Kuhn als Charakteristikum von »Komposition und Rhythmus« in den Werken der Hochrenaissance so überzeugend herausstellt.

Warum aber beließ es Mies van der Rohe nicht bei diesem (ersten) Plan? Auf der gleichen Stufe blieb immerhin auch sein Schüler, Saarinen, stehen, als er für General Motors in Warren, Michigan, den ersten Nachfolgekomplex projektierte, jedoch ohne das geniale Spiel mit Symmetrie und Asymmetrie gestalterisch umzusetzen. Mies van der Rohe legte auf die Beweglichkeit, das zweite Prinzip des Internationalen Stils, offenbar noch mehr Wert. Die Gebäude sollten im Raum schweben können. Ihre Verschiebung gegeneinander, die sich im ersten Entwurf stärker im Aufriß als im Grundriß zeigt, war ihm derart wichtig, daß er die größeren Bauten des ersten Plans in kleinere Gebäude aufbrach, um weitere Durchgänge und Perspektiven für neue Räume zu schaffen. Entsprechend sind die beiden letzten Pläne durch die Herrschaft der Freiräume, der Höfe, gekennzeichnet, die mit den Vorhöfen, die sich jetzt zusätzlich vor den »Toren« bilden, beginnt und sich in den für den Gesamtkomplex viel wichtigeren Nebenhöfen fortsetzt. Im zweiten Entwurf befinden sie sich jeweils auf der Westseite der Hauptgebäude. Mit dieser Bauweise erzielte er eine ungleich größere Dynamik als im ersten Projekt. Denn im zweiten Projekt stellt der freie Platz im Zentrum, der »Haupthof«, nur die erste Etappe dar, in der dem Betrachter überraschend die Hauptansicht auf die wichtigsten Bauten eröffnet wird; darauf folgt aber eine zweite, der Weg in den »Nebenhof«, die Promenade beginnt. Asymmetrisch ist die Gestaltung nun insofern, als links und rechts der Hauptgebäude der Kontrast zwischen den beiden Dimensionen deutlich betont wird. Denn blickt man auf das Hauptgebäude am Südrand des Haupthofes, so verlaufen die Linien der Gestaltung unterschiedlich: Rechts erstrecken sich die Bauten quer, links in die Tiefe, rechts ist der Durchgang ungleich breiter, und ein Hof liegt dort. Im Vergleich zum ersten Projekt fehlt nur der querliegende Anbau, der sich prononciert in den Vordergrund geschoben hatte.

Der Kontrast zwischen der Breiten- und der Tiefenerstreckung bleibt auch im dritten Plan erhalten, der jedoch über den zweiten Plan noch hinausgeht, so daß dieser als eine Zwischenstufe anzusehen ist. Ihm fehlt die zupackende Asymmetrie des ersten Plans, aber auch die perfekte Raumkontinuität des dritten, in dem das System der Nebenhöfe ausgereift erscheint. Die Gestaltung zu beiden Seiten der Hauptgebäude ist wieder unterschiedlich, mit entsprechend differenzierter Ausrichtung der Bauten und der Breite der Durchgänge. Dennoch ist es Mies van der Rohe gelungen, Nebenhöfe zu beiden Seiten der Hauptgebäude zu schaffen. Die verinnerlichte Regelhaftigkeit ist gegenüber dem zweiten Plan noch gesteigert; der Hauptraum oder -hof hat in den vier Ecken seine vier kleineren Nebenräume oder -höfe – eine frappierende Parallele zum Gründungsbau der letzten Klassik vor dem Internationalen Stil, Bramantes St. Peter, dem Hochrenaissancebau, der drei Jahrhunderte Architektur prägen sollte.

Die Idee von der Promenade und auch die Asymmetrie werden in der eigentlichen Ausführung nochmals gesteigert. Stets galt die Crown Hall als Hauptbau des Komplexes. Der Bau ist nicht nur ästhetisch ausgereifter als alle anderen des IIT, mit der uneingeschränkten Dominanz des Metallgerüstes innovativer und mit der Treppenflucht besonders repräsentativ, sondern in ihm befindet sich auch die Architekturabteilung, an welcher der Meister selbst lehrte und durch die das IIT weltbekannt wurde. Als erstes Quergebäude liegt der Bau links vom südlichen der beiden Mittelgebäude, am Südrand des Nebenhofes, seine Hauptfassade weist nach Süden. Der Hauptbau steht so zwar frei, nimmt jedoch im Vergleich zum Mittelbau eine weniger prominente Stellung ein. Die entstandene Asymmetrie wird sowohl durch die Randstellung des Gebäudes verstärkt als auch dadurch, daß es mit dem Rücken zum Eingang des Mittelhofes steht. Bei dieser Anordnung ist es dem Betrachter nur möglich, die Asymmetrie und die verwinkelten Wegführungen zu erkennen, wenn ihm auch die Bedeutung, die die einzelnen Gebäude im Gesamtkomplex haben, bekannt ist. Die Idee von Bedeutung wird also verinnerlicht und ist nicht sofort an der räumlichen Anordnung abzulesen. Das Konzept der Promenade ist hier in noch höherem Maße ausgearbeitet worden. Der Betrachter hat noch weiter zu gehen: nicht nur durch das Tor in den Haupthof, nicht nur weiter in den linken Nebenhof, sondern von dort noch weiter, da der Weg um die Crown Hall herumführt und schließlich ein Bild wahrhaft klassischer Symmetrie präsentiert: einen Bau mit so klassischen Elementen wie einer breiten Treppenflucht und zweiachsigen Seitenflügeln. Der Endpunkt ist wie der Anfangspunkt streng symmetrisch gestaltet, das Eingangstor wieder stark hervorgehoben. Das Raumkontinuum wird von Plan zu Plan bis hin zur Ausführung verstärkt. Im ersten Plan ist der Wechsel von Symmetrie und Asymmetrie besonders markant, aber erst im dritten Plan, der ausgeführt wurde, entsteht die »promenade architecturale«, die sich durch den ganzen Campus bis hin zu dem Ort zieht, an dem Architektur gelehrt wird. Der Ort heißt Krönungshalle. Dorthin leitet die majestätisch symmetrische Treppenflucht, nachdem der Betrachter

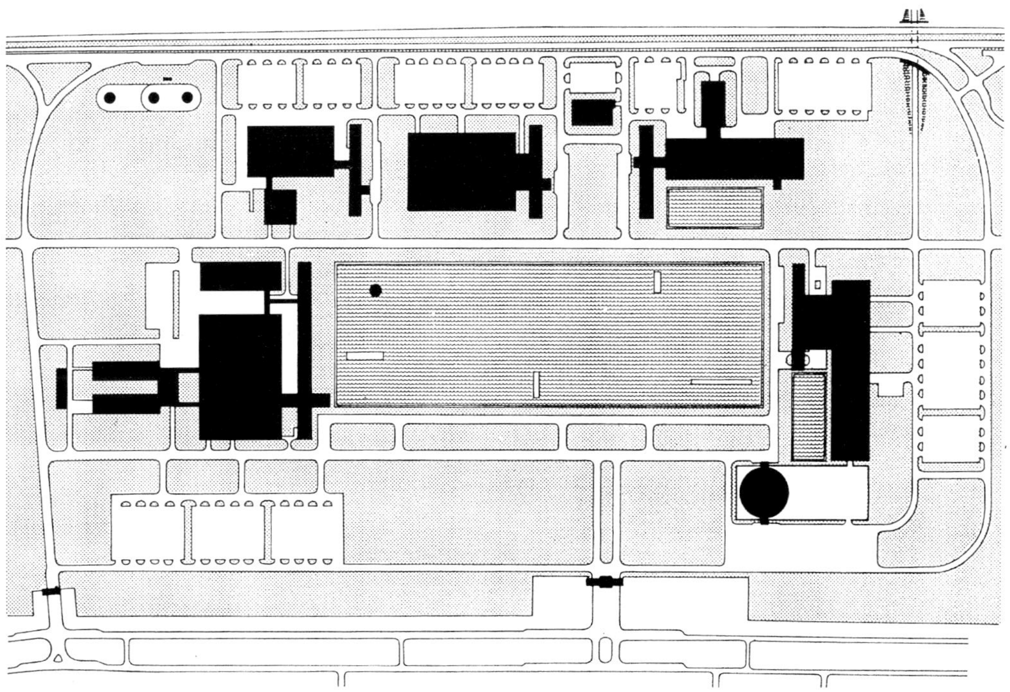

101. Eero und Eliel Saarinen, General Motors Technical Center, Warren, Michigan, 1948–56.

zunächst auf einer Symmetrieachse geführt wurde, die ins Leere führte, und dann die Asymmetrie als lebendiges Gegenmodell erfahren hatte. Der Barock und die historisierenden Stile konnten dem Betrachter mit der ewigen Wiederholung einer zu einfach gemachten Symmetrie, die man auf den ersten Blick erfassen konnte, Überdruß bereiten. Mies van der Rohe dagegen läßt den Betrachter verschiedene Phasen der Asymmetrie erleiden und führt ihn durch Labyrinthe, bevor er ihm schließlich die Auflösung in einer sehr klassischen Symmetrie anbietet.

Das wegweisende Erbe dieser ersten urbanistischen Gestaltung des Internationalen Stils ist, daß neben einer klaren Ordnung Beweglichkeit und Offenheit als die für den Städtebau maßgeblichen Prinzipien zu gelten haben, Prinzipien, die in den großen Stadtbildern Wunder wirken. Wie steht die Postmoderne dazu?

New York Downtown West – das Stadtbild der Postmoderne

Ein postmodern gestaltetes Stadtbild wie es der Internationale Stil etwa in Chicago hervorgebracht hat, existiert nicht, nicht einmal ein entsprechender Nukleus, so daß die Ausschreibung für das World Financial Center, eine der letzten großen in den USA, und die Realisierung der Bauten (1985–88) hier als Beispiele dienen sollen.

Die Ausschreibung stellte auf Grund der Größe des Projektes, das aus vier bis fünf Wolkenkratzern bestand, und der sehr prominenten Lage an der Südspitze der größten Wolkenkratzerstadt der Welt eine Ausnahme in der Geschichte des Urbanismus unseres Jahrhunderts dar. Downtown New York fiel mit Ablauf der Zeit des historisierenden Stilkonglomerats, Mitte der 20er Jahre, in einen Dornröschenschlaf, der bis Ende der 60er Jahre andauerte. Anders verhielt es sich mit der zweiten Einheit, die in New York als Wolkenkratzerstadt erscheint, der Midtwon, die sich einige Kilometer weiter nördlich befindet; dort war die Bautätigkeit über die Jahrzehnte aktiv geblieben. Grundlegend verändert wurde das Bild von Downtown New York erst wieder durch das 1966–73 errichtete World Trade Center, das im städtebaulichen Zugriff noch Werte des Internationalen Stils verwirklicht. Sodann wurde die Uferlinie mit einer dichten Reihe von Bauten besetzt, um zuletzt mit dem World Financial Center, das dem World Trade Center vorgelagert ist, einen beispielhaften postmodernen Baukomplex als Abschluß zu erhalten.

Die Bebauung vor Errichtung des World Financial Center

Minoru Yamasakis **World Trade Center**, der höchste (Doppel-)Wolkenkratzer New Yorks, stand (und steht noch heute) in der weniger dicht und weniger hoch bebauten Downtown ziemlich allein. Als »Miessche box« wird dieser Doppelbau oft mißverstanden. Abgesehen von der glitzernden Hellfarbigkeit mit Fernwirkung in Richtung Meer unterscheidet sich der Bau von denen eines Mies van der Rohe vor allem durch die Proportion: Die Türme sind über quadratischem Grundriß errichtet und sehr lang gestreckt. Sie weichen jeder für sich ganz erheb-

102. Ludwig Mies van der Rohe, Crown Hall, Illinois Institute of Technology, Chicago, 1950–56.
103. Die Downtown New York mit ihren wichtigsten Wolkenkratzern in zeitlicher Abfolge: 1. Cass Gilbert, Woolworth Building, 1913; 2. Minoru Yamasaki mit Emery Roth & Sons, World Trade Center, 1966–73; 3. Cesar Pelli, World Financial Center, 1982–88; 4. Emery Roth & Sons, 17 State Street Building, 1982–87; 5. Shreve, Lamb & Harmon, Empire State Building, 1931 (letzteres in Midtown, vgl. Abb. 9).
104. Minoru Yamasaki mit Emery Roth & Sons, World Trade Center, New York, 1970–76. Zustand vor dem Umbau des Platzes und der Errichtung des Vista Hotel.

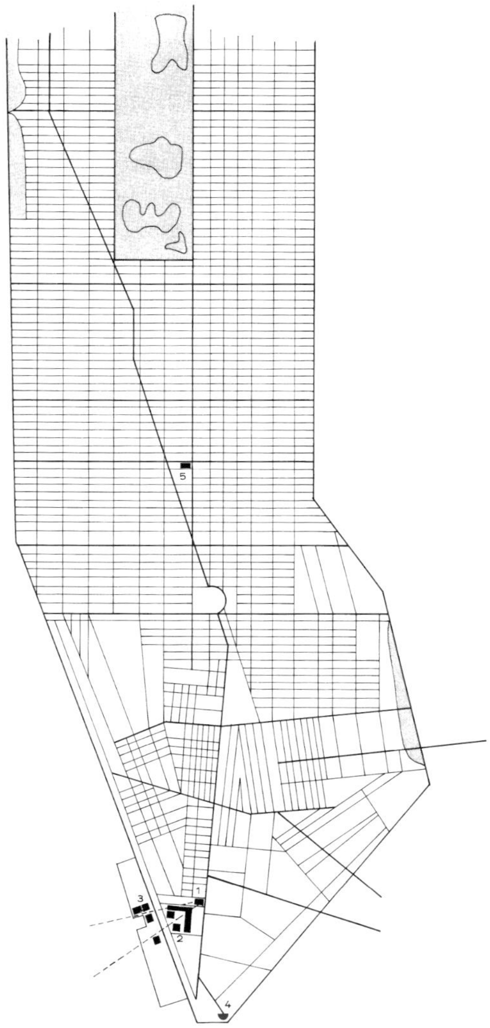

lich vom Proportionskanon des Internationalen Stils ab, der gerichtet ist und bei dem die Höhe und die Breite nicht gänzlich außer Verhältnis zueinander stehen. Der Übergang zur Postmoderne erscheint nahe. In der Tat erfolgte die Fertigstellung des Pennzoil Building fast zeitgleich. Erst beim Fernblick von Süden nimmt man beide Türme als Einheit wahr, und die Proportionen sind denen des Internationalen Stils angenähert. Der veränderte Grundriß ist aber städtebaulich von entscheidender Bedeutung. Manhattan, an dessen Südspitze Downtown aufragt, hat die Form einer langgezogenen, geraden Halbinsel; entprechend verlaufen die Hauptstraßenzüge parallel und orthogonal. Die Südspitze hat demgegenüber die Form eines Dreiecks und weist entsprechend verwinkelte Straßen auf. Ihren ausgezeichneten Referenzpunkt hat sie nicht auf diesen geraden Achsen, sondern schräg nach Südwesten hin in Liberty und Ellis Island. Dort steht die Statue of Liberty, das Wahrzeichen der Neuen Welt, dort hat(te) die Einwanderungsbehörde ihren Sitz, eine für diesen »ersten« Hafen der Neuen Welt sehr wichtige Institution. Die große Gestaltungsidee des World Trade Center ist noch dem Internationalen Stil verhaftet und besteht in der Vermittlung zwischen beiden Richtungen, den geraden Achsen des Hauptteils von Manhattan und der Schräge an der Südspitze. Die Bauten sind nach dem Straßenraster von Manhattan ausgerichtet, sie folgen demnach den orthogonalen und parallelen Linien der wichtigsten Straßen und der Halbinsel als natürlicher Großform. Sie nehmen also in der Ausrichtung das Raster der in Midtown entstandenen Wolkenkratzerstadt auf, insbesondere stehen sie parallel zum Empire State Building, das in Midtown wie ein Riegel die Mitte der Halbinsel quer besetzt. Doch beide Türme des World Trade Center stehen über Eck zueinander, wobei sie in Nord-Süd-Richtung eine gemeinsame Fluchtlinie haben, während in West-Ost-Richtung zwischen beiden Bauten eine Lücke entsteht, der eine entscheidende Bedeutung zukommt. Sie öffnet die Sicht zwischen den Gebäuden hindurch hinaus auf das Meer. In der orthogonalen Ausrichtung folgen die Bauten so dem Verlauf der Halbinsel. Durch ihre Übereckstellung und durch die Lücke wird der Hauptbewegungszug jedoch in seiner Ausrichtung gebrochen, so daß er zum Meer hin schräg zu den Inseln hinüber verläuft, die den Hauptbezugspunkt bilden. Welch ein großer städtebaulicher Gedanke! Jetzt wird auch die quadratische Grundrißform verständlich, denn Bauten über Quadratgrundrissen wirken richtungsneutral und damit anders als die Quader des Internationalen Stils; sie können daher anschaulich eher in die für den Richtungsumbruch notwendige Rotation versetzt werden. Zudem sind beide Bauten groß genug, um die zwei größten Bewegungszüge Manhattans zu prägen: den durch das Raster in Midtown vorgegebenen und den dazu schräg

verlaufenden von Downtown zu den Inseln. Die Türme des World Trade Center stehen geradezu im Brennpunkt zwischen beiden. Bis Anfang der 80er Jahre befand sich zwischen den beiden Gebäuden ein leerer Platz, der zum Meer hin geöffnet war. Aus dem Tumult der Stadt kommend, betrat man zunächst diesen Platz (vgl. Abb. 104), ging dann weiter durch das große Tor, das beide Bauten bilden, und erreichte schließlich das Meer mit seinem nochmals weiteren Horizont. Die Postmoderne verbaute diesen Durchblick auf den unteren Stockwerken durch das Vista Hotel von 1981 und erlag auf dem Platz dem horror vacui. Die außerordentlich überzeugende Gestaltungsidee wurde dadurch zerstört: der leere, doch noch begrenzte Platz als Übergang von dem hektischen Treiben in der überfüllten Stadt auf der einen Seite zu der unbegrenzten Weite des Meeres auf der anderen!

Nach 1973 wurde die **Uferlinie von Downtown** mit Wolkenkratzern besetzt und der ältere, niedrigere Baubestand verdeckt: vom World Financial Center im Nordwesten über 17 State Street an der Südspitze von Manhattan bis fast hin zur Brooklyn Bridge im Nordosten. Diese Kette von Bauten zeigt die typisch postmodernen Charakteristika, insbesondere die durchgehende Verwendung von glitzernden Materialien, die Monotonie der Parataxe, und eine prononciert vorgeführte Aufsprengung der Reihe.

Bereits für das World Trade Center und die Chase Manhattan Bank (1960) wurde gleißendes Metall verwendet. Bei den Bauten der Postmoderne ersetzen Hochglanzpolitur und Verspiegelung die letzte metallene Mattigkeit, die man von den Bauten des Internationalen Stils kennt. Das World Financial Center als Abschluß nach Nordwesten besteht aus spiegelndem Material, ebenso die beiden Vielkantgebäude der Continental Insurance und des Financial Square H. R. Row, die den Abschluß nach Nordosten bilden, und 17 State Street, das an der Südspitze liegt. Alle wichtigen Punkte sind demnach mit spiegelnden Bauten besetzt. Nicht einmal Houston glitzert so stark. Offenbar wurde hier Venturis Parole *Learning from Las Vegas* wörtlich genommen, mit dem Ergebnis, daß sich die Formensprache durch Parataxe, Monotonie und fehlende Einheit auszeichnet. Auf Grund der Vielzahl extravaganter Bauten kann keiner von ihnen eine Führungsrolle übernehmen. Dazu trägt auch der Umstand bei, daß sich viele Bauten ähneln: Fast alle weisen vorspringende Teile auf wie die Spitze selbst, oder quaderförmige Erweiterungen im unteren Bereich und prismatisch gebrochene Vorsprünge, die sich über die ganze Höhe erstrecken. Die Parataxe wirkt nicht nur durch die Gestaltung der einzelnen Bauten, sondern auch dadurch besonders stark, daß alle Bauten in ihrer Ausrichtung der Uferlinie folgen und keiner sich – wie das IBM Gebäude in Chicago und auch noch das World Trade Center – bewußt gegen diese verkantet. Sie alle stehen jeweils in einem schwachen Winkel zueinander wie Glieder einer »Perlen«-Kette, die vom Ufersaum vorbestimmt wird. Das Herrische und Klare fehlt. In 17 State Street an der Südspitze wird die Reihe gesprengt: Zunächst wird mit diesem Bau ein Keil in die Einheit der beiden schwarzen, über Eck stehenden Kuben dahinter getrieben, an deren schwächster Stelle, der Übergangsstelle, der neue Bau plaziert ist; sodann werden in 17 State Street auch die beiden Ketten der Uferbebauung getrennt, im Nordosten (rechts) durchgehend neu und glitzernd, im Nordwesten hingegen, zumal vor Errichtung des World Financial Center, noch weitgehend mit älteren, winkligen und niedrigen, meist rot-braun-farbenen Bauten. Das Gebäude ist allerdings etwas klein. Und der Wölbung wohnt nicht jene Kraft und Spannung inne, die man beispielsweise bei 333 West Wacker Drive in Chicago von Kohn, Pedersen & Fox ausmachen kann. Das starke Glitzern und Spiegeln täuscht nicht über die Tatsache hinweg, daß der Bau die Südspitze von Manhattan zwar aufsprengen soll, daß ihm dieses jedoch nicht gänzlich gelingt.

Das World Financial Center und die verschiedenen Projekte

Vom Meer aus gesehen, wirkte das World Trade Center stets wie ein Tor, das in die Stadt hineinführt. Der Blick fällt von dort direkt auf das 1913 errichtete Woolworth Building, den wichtigsten älteren Bau von Downtwon New York. Diese Aussicht wurde, anders als die gegenläufige auf das Meer hinaus, durch das Vista Hotel nicht verbaut, und es war die Aufgabe der Architekten des World Financial Center, sie weiter auszugestalten.

1985 wurde der Vorschlag Cesar Pellis zur Ausführung angenommen. Für die Errichtung der Bauten benötigte man drei Jahre. Zwei weitere Projekte stammen von renommierten Architekten(büros) der Postmoderne. Der neue Wolkenkratzerkomplex mußte vor allem auf den Blick vom Hudson River im Westen wirken. Hierbei waren Vorgaben zu beachten: Die bestehende Bebaung stufte sich vom World Trade Center zur Südspitze hin sukzessive herunter, und, viel wichtiger für die Ausführung, die beiden Türme, einfache, rechtwinklig-geometrische Körper, hatten einen gewaltigen Ruck in die rechtwinklige Rasterung gebracht, mit dem die

Schrägrichtung thematisiert wurde; außerdem war der ältere Baubestand noch präsent, neben dem World Trade Center wirkte er miniaturhaft klein. Dies gilt besonders für den Turm des Woolworth Building von 1913 und das Barclay-Vesey Gebäude von 1926. Der letztgenannte Bau, der nördlich vom World Trade Center steht, heute aber verdeckt wird, ist der wichtigste und einzige im Stil reine Art-Déco-Wolkenkratzer von Downtown; dunkel und verwinkelt trat er in den prononciertesten Kontrast zu dem unmittelbar südlich angrenzenden glitzernden und in der Form so schlichten Doppelturmkomplex.

Besonders ungestalt und zugleich fast megaloman wirkt der ausgeführte Komplex des World Financial Center von der Landseite, immerhin auch der des Haupteingangs. Wichtiger ist dennoch die Schauseite vom Meer aus gesehen. **Cesar Pelli** wählte das glitzerndste der Materialien, das spiegelnde Glas der Postmoderne, zugleich aber auch die (postmoderne) Materialvielfalt: Die Glaskörper wachsen aus Gehäusen von poliertem Stein heraus, das Dach ist aus Kupfer. An Materialien wurde nicht gespart. Die Hochfinanz zeigt ihre Potenz. Wichtiger ist jedoch der Unterschied zu den anderen Projekten in der Formensprache. Schon den Einzelgebäuden liegt die Idee zugrunde, daß mehrere geometrische Körper ineinander geschachtelt sind und die inneren aus den äußeren nach oben hervorstoßen. Die entsprechende Grundidee gilt für die Wolkenkratzereinheit als Ganzes und für das Zusammenspiel mit dem World Trade Center. Denn auch die verschiedenen Gebäude des World Financial Center staffeln sich sukzessive in die Höhe, und die beiden Türme des World Trade Center stoßen nochmals in gleicher Weise aus dem »Fuß« des blockhaften »Felsen-«Massivs hervor, welches der neue Komplex bildet. Dies erinnert an späte Art-Déco-Einheiten (S. 17), und in der Tat vermittelt das World Financial Center den Grundeindruck der Bauten dieses Stils: Als Einheit wirkt es wie an die Erde gefesselt – die Bauten sind am Fuß eingemauert und erscheinen so wie eine verwinkelte, wenig klar artikulierte, dumpfe Masse. Mit diesem Leitgedanken sind die Vorgaben allenfalls perpetuiert, jedoch nicht neu interpretiert. Denn wie beim Artikulieren der Massen die Energie fehlt, so vermißt man auch hinsichtlich der Vorgaben die mutige Stellungnahme. Das World Trade Center wird im unteren Bereich in eine schwerfällige Masse gebannt; vieles von dem »Ruck«, den es in das Stadtbild brachte, geht so verloren. Die rechtwinklige Ausrichtung am Straßenraster des Hauptteils von Manhattan bleibt dominant. Daß die Schräge eine gewisse Rolle spielt, wird nur noch an einer Stelle deutlich, dort, wo vom Meer aus gesehen der Blick auf das Woolworth Building fällt. Und diese Ansicht wird insofern monoton gestaltet, als das Prinzip vom World Trade Center kopiert wird: Zwei rechtwinklig zum Straßenraster gestellte (Mittel-)Gebäude werden zueinander versetzt. Pelli bringt auch sonst keine Spannung in seine Gestaltung. Mit der Wahl aller möglichen Dachformen wird kein deutlicher Gegenakzent zum World Trade Center gesetzt, der den Mut zur Entscheidung, die Betonung und Kontrastierung einer bestimmten Dachform erfordert hätte. So kann weder die Grundausrichtung noch die Dachform die notwendige Spannung zum World Trade Center einerseits und zum älteren Baubestand andererseits aufbauen. Gleiches gilt für die Form der Baukörper, die in ihrer

105. Blick auf die Südspitze von Manhattan heute. In der Mitte das 17 State Street Building.
106. Downtown New York. »Kleiner« Schrägdurchblick nur durch das World Financial Center auf das Woolworth Building.

107. New York, Downtown. »Großer« Schrägdurchblick sowohl durch das World Financial Center als auch durch das World Trade Center auf das Woolworth Building.

geometrischen Rechtwinkligkeit wiederum dem Doppelturm zu sehr gleichen. Selbst die Abstufung zum Süden erfolgt zu wenig prononciert, um als Interpretation des durch das Stadtbild vorgegebenen Themas besonders hervorzustechen.

Überzeugender wäre schon der Vorschlag von **Giurgola & Mitchell** gewesen. Diesen Architekten gelingt der visuelle Ausdruck für die allgegenwärtige Verwerfung der Richtungen der Straßenzüge, die die Hauptvorgabe in Downtown Manhattan darstellt: Sie wählen die Verkantung der einzelnen Baukörper als Leitmotiv. Orthogonale und Abschrägung beherrschen gleichermaßen die Gestaltung der gesamten Einheit. Bisher war der Verkantung im Straßenbild nur dergestalt Ausdruck verliehen worden, daß im World Trade Center die einzelnen »boxes« gegeneinander versetzt wurden. Als Einzelgebäude aber blieben diese orthogonal und dem Straßenraster in der Ausrichtung verpflichtet. Giurgola & Mitchell hingegen ließen die Schräge auch in die Gestaltung des Einzelgebäudes einfließen. Die Wände werden schräg angelegt und die Winkel in den Einzelgebäuden spitz und stumpf. Die Schräganlage in Downtown Manhattan wird nun nirgendwo deutlicher als in Blickrichtung schräg über das Meer auf den wichtigsten »historischen« Wolkenkratzer, das Woolworth Building. Durch die Lage des World Financial Center war es vorgegeben, daß verschiedene Ansichten aufeinander folgen würden. Der Blick des Betrachters, der den Komplex von Norden in südlicher Richtung passiert, muß (zumindest) zweimal auf das Woolworth Building fallen: zuerst allein nur durch den Gebäudekomplex des World Financial Center hindurch, sodann, sobald sich das World Trade Center hinter das World Financial Center geschoben hat, gleichzeitig durch beide Komplexe hindurch. Im Gegensatz zu Pelli kopieren aber Giurgola & Mitchell nicht einfach die Lösung des World Trade Center, sondern differenzieren zwischen beiden Schrägblicken, dem »kleinen« allein durch das World Financial Center hindurch und dem »großen« durch das World Trade Center vorgegebenen. Für den Blick schräg durch das World Trade Center öffnen sich die Gebäude des Modells Giurgolas & Mitchells wie ein breiter Trichter, und zwar rechts neben dem angrenzenden zweiteiligen Zentralgebäude. Damit wird der Rahmen in der Horizontalen ebenso groß dimensioniert angelegt wie er es – auf Grund des World Trade Center – bereits in der Vertikalen ist. Ganz anders gestaltet sich der »kleine« Schrägdurchblick, der allein durch das World Financial Center fällt. Hier wählten Giurgola & Mitchell eine schachtartige Schräge, eng und

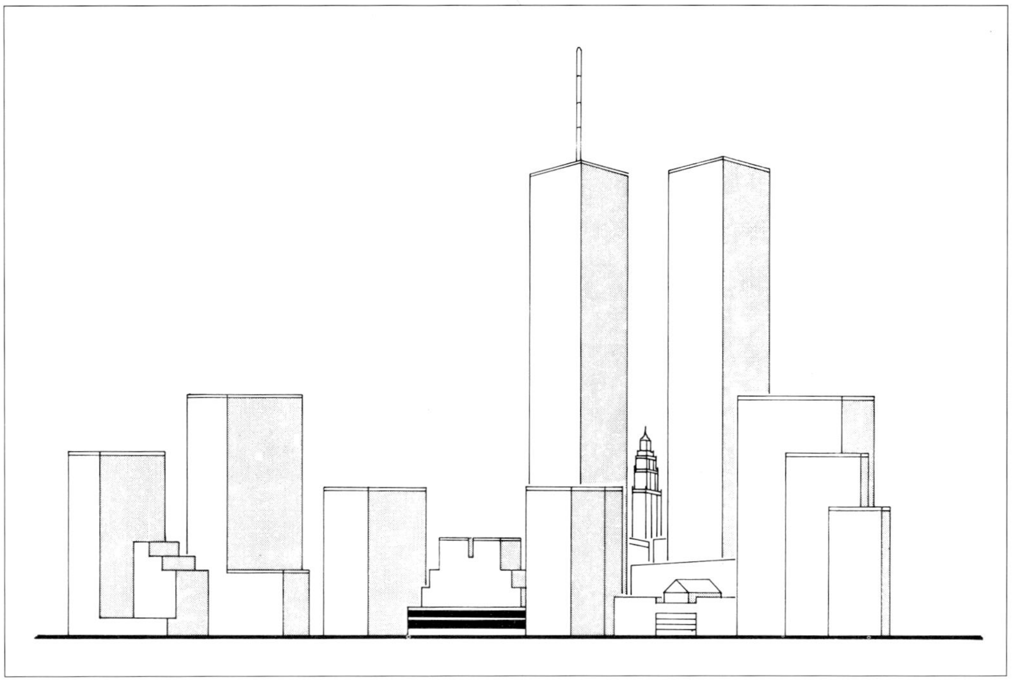

lang, zwischen parallelen Mauern und eindeutig ausgerichtet. Der Schacht entstand zwischen dem zweiteiligen Zentralgebäude und seinem links angrenzenden Nachbarbau. Der Gedanke des Fokussierens trat an die Stelle der Idee der Öffnung. Der Rahmen ist klein in der horizontalen und vertikalen Ausdehnung. In dieser differenzierten Schrägblickinszenierung liegt die eigentlich große Idee des Entwurfs. Darüber hinaus thematisieren die Architekten an prominenter Stelle, an den beiden Eckgebäuden in ihrer unterschiedlichen Form, die Abstufung der Downtown zum Süden hin.

Mehr als nur einen Hauch von Genialität hat allein der Vorschlag von **Kohn, Pedersen & Fox**, in dem sich die postmoderne Ästhetik in der Blüte ihrer Gestaltungskraft zeigt. Hier werden die Vorgaben interpretiert und ganz neue Maßstäbe gesetzt. Schon das Zusammenspiel mit dem World Trade Center und besonders die Schräge als Hauptproblempunkt im Stadtbild von Downtown werden noch überzeugender durchgestaltet. Die Verwerfungen im Stadtbild waren ein Ergebnis der unterschiedlichen Ausrichtung von Geraden, der orthogonal angelegten Straßenzüge in Midtown und der schräg geführten Hauptachsen in Downtown. Ihre vollständige Auflösung kann nur die gänzlich ungerichtete Form leisten, der Kreis. Mit dem Zylin-

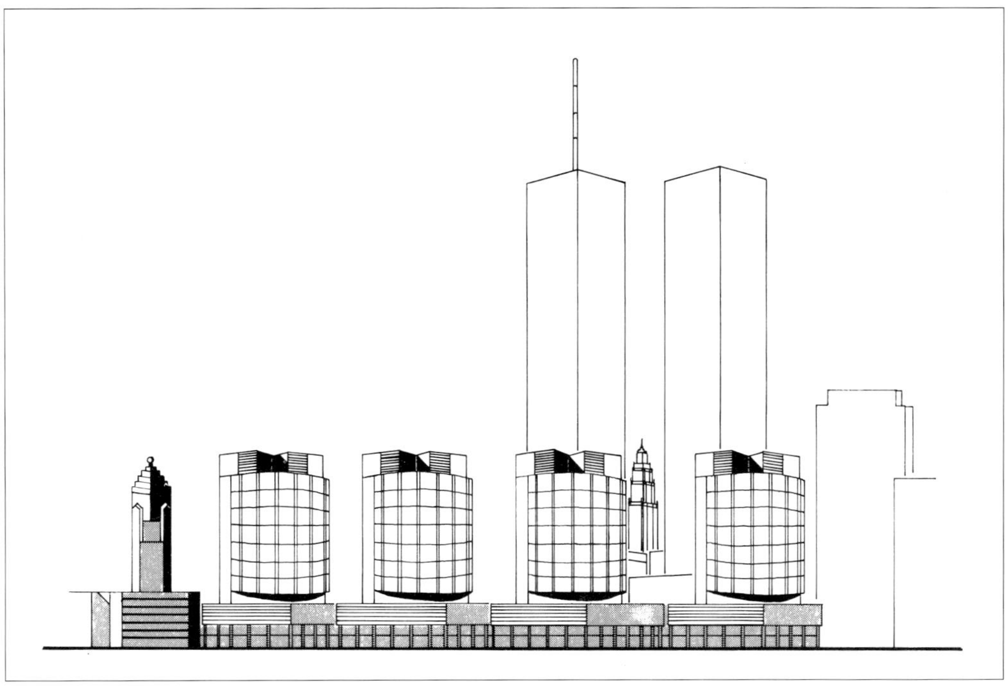

108. Mitchell & Giurgola, Projekt für das World Financial Center, New York, 1982. Blickwinkel wie in Abb. 107.
109. Kohn, Pedersen & Fox, Projekt für das World Financial Center, New Nork, 1982. Blickwinkel wie in Abb. 107.

der auf kreisförmigem Grundriß wählten die Architekten die umfassendste Lösung, zugleich aber auch erstmals eine, die die körperliche Größe des World Trade Center als tatsächlich existentes Problem thematisiert: Nur mit der dezidierten Gegenform, der plastischeren Rundform, ist diesen Giganten ein Gegenpart zu bieten. Gegen zwei gewaltig emporragende und lange Vierecktürme wird das Gewicht der stämmigen und runden, sehr kompakten Masse gesetzt. Der Größe des World Trade Center ist nur durch Vielzahl zu begegnen. Erst bei Kohn, Pedersen & Fox wird deutlich sichtbar, wie eine ganze Legion von Gebäuden gegen die schlanken Riesen gestellt wird. Dafür ist die Gleichförmigkeit das entscheidende Gestaltungsmittel. Hier entsteht eine »Armee«. Und der zusätzliche kleine Turm läßt sie noch geballter und größer erscheinen. In ihm und den Dachaufsätzen der Zylinder wird zusätzlich die Schräge auf die zweite mögliche Weise thematisiert, ihre Auflösung unter Beibehaltung eines Systems von Geraden; zwei Möglichkeiten sind denkbar, beide dividieren die Architekten mit kristalliner Klarheit auseinander: Die im World Trade Center gefundene Lösung der Schrägversetzung orthogonaler Körper gegeneinander kehrt in nuce wieder, und zwar in den Dachaufsätzen der Zylinder; die andere Lösung, bei welcher der orthogonale Körper in sich um 45° gedreht wird, ist im Turm verwirklicht, denn dieser ist unten nach dem Straßenraster ausgerichtet, während oben ein schräggestellter geometrischer Körper aufgesetzt wird. Wichtige Formen sind in diesem Vorschlag so durchdacht, daß sie mehrfache Funktionen überzeugend erfüllen. Der schräggestellte Körper auf dem Turm ist pyramidal gestaltet, so wie auf dem Woolworth Building. Damit weckt das Türmchen neben den vier massiven Zylindern auch eine Assoziation an die Entwicklung, die das Stadtbild in den letzten Jahrzehnten nahm: Das Woolworth Building als der historisierende Hauptbau der früheren Wolkenkratzerarchitektur ist in den 70er Jahren von einer ganzen Masse schwerer Wolkenkratzer überflutet und an den (nördlichen) Rand gedrängt worden. Genau dasselbe scheint dem Türmchen im Projekt von Kohn, Pedersen & Fox zu widerfahren. Das Woolworth Building ist auch hier wieder der Zielpunkt des Schrägblicks, des Hauptmotivs, das alle Vorschläge zu gestalten hatte. Kohn, Pedersen & Fox inszenieren ihn nicht mehr nur in zwei Etappen, einem Durchblick nur durch das World Financial Center einerseits und einem Durchblick durch das World Financial und das World Trade Center andererseits. Auch die bei Giurgola & Mitchell zu findende Differenzierung zwischen beiden Etappen wird weiter vereinfacht und gleichzeitig vertieft. Der Vorschlag wäre nicht erst in den Schrägansichten besser als die anderen gewesen, sondern hätte schon weiter im Norden mit bewußter Gestaltung eingesetzt, dort, wo der Blick noch frontal, d.h. im Winkel von 90° auf die Einheit aller genannten Bauten fällt. Von links nach rechts hätte man gesehen: das Woolworth Building mit Pyramidendach; rechts daneben und etwa gleich hoch das verwinkelte, in Quadern aufgelöste Barclay-Vesey Building mit geradem Dach; nochmals rechts davon und schon mächtiger den wiederum mit einem Pyramidendach besetzten, jetzt aber schräg gestellten Turm des neuen Komplexes; und ganz rechts als Fortissimo und völlig im Kontrast dazu die bewußt monotone gewaltige Reihung runder, kompakter, bodenverhafteter Formen in Vielzahl und schlanker, eckiger, kantig harter, hoher Türme. Doch entscheidend sind die Schrägblicke, auch sie wären noch prägnanter herausgekommen. Weiter nach Süden fahrend hätte man zunächst das Woolworth Building hinter dem Barclay-Vesey Building verschwinden sehen. Danach wäre der Turm des Woolworth Building wieder aufgetaucht, zunächst »verdoppelt« neben dem ähnlich gestalteten Turm, den der Vorschlag von Kohn, Pedersen & Fox enthält, sodann in jeder der engen vertikalen Freiräume zwischen den zylinderförmigen Bauten, die nahe zusammengerückt sind. Zur Enge der Fokussierung des Blicks wäre in dieser Gestaltung der Eindruck des Flüchtigen gekommen, das in jeder Blickverengung liegt, sobald sich der Betrachter bewegt. Diese schnelle Wiederholung hätte dazu geführt, daß der Betrachter geradezu begierig gemacht worden wäre, länger, d.h. durch eine breitere Öffnung, schräg auf das Woolworth Building blicken zu können. Die Hoffnung trügt nicht. Die letzten beiden Zylinder werden auseinandergerückt, so entsteht ein breiter Freiraum für einen »großen« Blick zwischen den beiden Türmen des World Trade Center hindurch auf das Woolworth Building. Mit diesem Kunstmittel gehen die Architekten jedoch über die bisher angesprochenen Topoi hinaus: Schräge, Verwerfung im Straßenraster und Zusammenspiel mit den zwei Turmriesen.

Vier identische Zylinder stehen nebeneinander. Die Einzelteile sind gleich, keines ragt hervor, nirgendwo wird gestaffelt. Und die Zylinder sind auf einer geraden Linie aneinandergereiht. Parataxe war eines der Hauptcharakteristika der postmodernen Uferbebauung von Downtown. Trefflicher als durch die Identität in der Formgebung und die strikte Einhaltung einer Linie in der räumlichen Stellung kann Parataxe in einem Mikrokosmos nicht wiedergegeben werden. Zur Parataxe kam als zweites Hauptcharakteristikum in der Uferbebauung das der Aufsprengung hinzu. Auch dieses wird schlagend in diesen Mikrokosmos gebannt. Durch die Gleichheit der Formen und Abstände in den Zylindern treten auch kleine Unterschiede deutlicher hervor als in Pellis kunstvoll gestaffeltem Ensemble, in dessen Reichtum die Akzente untergehen. Drei benachbarte Zylinder sitzen auf einem Sockel. Der vierte ist von den anderen deutlich abgerückt und befindet sich auf einem isolierten Sockel. Die Einheit wird sehr anschaulich aufgebrochen. Und ebendies war doch das Thema, das man vorher mit dem 17 State Street Building für die Kette von Bauten an der Südspitze hatte gestalten wollen. Kohn, Pedersen & Fox setzen es in ihrem Mikrokosmos viel überzeugender um. Nimmt man all die anderen Gestaltungsideen hinzu, wird klar, welche Chance verpaßt wurde, als man den Vorschlag abgelehnt hat. Hier finden sich treffliche Ausprägungen der ganzen Bandbreite postmoderner Grundideen, von der Parataxe über die Aufsprengung geschlossener Einheiten bis hin zur Bezugnahme auf den historischen Bau. Hinzu kommt der sehr gelungene Kontrast und zugleich das Zusammenwirken mit dem World Trade Center. Für die Architektur am Ausgang der Postmoderne, zumal den Städtebau, ist es ein herber Verlust, daß das Projekt nicht für die Ausführung gewählt wurde. Keine Jury-Entscheidung der letzten zweieinhalb Jahrzehnte hat eines der wichtigen Stadtbilder dieses Jahrhunderts so grundlegend gestört und so sehr der gestalterischen Chancen beraubt. Was die Schwere, die Zusammenballung, die Bewegungsfähigkeit und das Gewicht betrifft, befinden wir uns mit dem Vorschlag von Kohn, Pedersen & Fox fast wieder im Internationalen Stil. Allerdings haben sich die Themen nach einem Vierteljahrhundert Postmoderne geändert. Hier werden postmoderne Themen mit der Kraft des Internationalen Stils durchgespielt. Wir sind im Barock.

7. Und nun Barock?

Klassik, Manierismus, Barock: typische Inhalte, doch keine scharfen Grenzziehungen

Klassik (Hochrenaissance) und Manierismus unterscheiden sich in den zentralen Charakteristika sehr stark voneinander. Ebenso verhält es sich mit dem Internationalen Stil und der Postmoderne. Die Architektur einer klassischen Epoche zeichnet sich dadurch aus, daß sie versucht, den beiden Grundkräften in der Architektur, der Bewegungsfähigkeit und der Gewichtigkeit, besonders prononciert Ausdruck zu verleihen. Dies erfolgt in einem sehr intensiven Wechselspiel, das der gegenseitigen Steigerung dient. Im Inhalt herrschen einfache Aussagen vor, die direkt aus der Form entwickelt werden und auf diese zurückwirken. Die Architektur des Manierismus und der Postmoderne lebt dagegen von der Reaktion: Einzelne oder viele Elemente der vorausgegangenen Epoche werden entweder sehr dezidiert negiert oder aber isoliert herausgegriffen, überspitzt und in ihr Gegenteil verkehrt. Weniger geklärt ist jedoch, was für den Barock als die Epoche nach der Klassik und dem Manierismus typisch ist. Wiederum mag ein Blick auf das geschichtliche Modell des 16. und 17. Jahrhunderts dem Verständnis der heutigen Entwicklung förderlich sein.

Am Verlauf der Architekturgeschichte des 16. und frühen 17. Jahrhunderts fällt zunächst auf, daß Werke der verschiedenen Epochen keineswegs zeitlich klar zu scheiden sind. Palladios Fassade von S. Giorgio Maggiore weist keine manieristischen Eigenschaften auf; sie verkörpert die vollkommene Hochrenaissance. Zugleich hat sie die zentralen Stilentwicklungen des Barock beeinflußt. Mit seiner Entstehungszeit im zweiten Drittel des Jahrhunderts fällt das Werk mitten in die Hauptphase des Manierismus. Gleiches gilt für Michelangelos St. Peter, dessen Kuppel(projekt) in Form einer Hemisphäre den Idealen der Hochrenaissance in noch stärkerer Weise verpflichtet war, als es die Ausführung ahnen läßt. Die wichtigsten Mantuaner Bauten Giulio Romanos, die Prägebauten des Manierismus, gab es zu dieser Zeit bereits; und die Hauptwerke des nordischen Manierismus entstanden nahezu zeitgleich. Der Manierismus lebte bis ins frühe 17. Jahrhundert hinein fort, in der Villa Scipio Borgheses beispielsweise, der immerhin als wichtigster Mäzen dieser Jahre in Rom galt. Und Rom war die Stadt, in der sich der Übergang vom Manierismus zum Barock in der Entwicklung der Architektur vollzog. Der führende Architekt des aufkommenden Barock, Carlo Maderna, hatte zu dieser Zeit mit der Fassadengestaltung von S. Susanna bereits sein Hauptwerk errichtet. Die verschiedenen Stilrichtungen überschneiden einander zeitlich. Bis etwa 1520, vor dem Tode Bramantes und Raffaels, fehlten manieristische Elemente ganz. Entsprechendes gilt bis auf wenige Ausnahmen auch für unser Jahrhundert, zumindest bis zum Tod von F. L. Wright und bis zum Spätwerk der beiden Hauptmeister des Internationalen Stils, Le Corbusier und Mies van der Rohe. Zu

Beginn der zweiten Dekade des 17. Jahrhunderts wurde in Rom der Manierismus durch den Barock endgültig abgelöst. Zwischen 1520 und 1610 findet man demgegenüber nicht nur einen Stil. Der Manierismus dominiert zwar zeitweise, neben ihn treten jedoch stets andere Stile. In den ersten Jahrzehnten dieses Zeitraums entstanden noch wichtige Bauten der Hochrenaissance, im letzten die ersten Barockbauten. Die Überschneidungen zwischen den Stilrichtungen sind auf mehrere Faktoren zurückzuführen. In Rom gelang es Michelangelo für eine lange Zeit, seine von der allgemeinen manieristischen Tendenz weitgehend unabhängigen klassischen Ideen zu entwickeln und durchzusetzen; im Veneto führte die geographische Absonderung dazu, daß das Vorbild Roms – Bramantes, Raffaels und Michelangelos – nicht so übermächtig wirkte, daß es zu heftigen Reaktionen gegen die Hochrenaissance Anlaß geboten hätte. Das Fehlen exakter zeitlicher Grenzziehungen widerspricht jedoch nicht einer Unterteilung in einzelne Epochen, die zunehmend nur als Hilfsmittel zum Verständnis der Kunstwerke in ihrer Individualität und weniger als abgeschlossene Kategorien mit eindeutigen Anfangs- und Schlußdaten aufgefaßt werden. Koselleck hat in der Diskussion um den Beginn der Neuzeit das Konzept der Epochenschwelle eingeführt und damit das der punktuell gesetzten Stichdaten verdrängt, die der Welthistorie mit einem Schlag eine epochal neue Richtung gegeben hätten. In der Kunstgeschichte, die weder die Geburt von Herrschern noch siegreiche Schlachten als besonders markante Daten kennt, muß ein Konzept, das mit Epochenschwellen arbeitet, tendenziell noch überzeugender sein.

Eine allzu abgeschlossene, fest umrissene Beschreibung dessen, was den Barock im 17. Jahrhundert ausmachte, würde nur den Blick dafür verstellen, daß die Entwicklung, die wir seit Mitte der 80er Jahre erleben, nicht streng parallel zur damaligen verläuft und auch in Zukunft nicht verlaufen muß. Unsere Zeit **ist** nicht der Barock. Und doch sind Parallelen in den Hauptpunkten unverkennbar. Der Topos der Bewegungsfähigkeit in der Architektur stand in den bisherigen Ausführungen im Mittelpunkt. Zentrale Aussagen des Barock hierzu sind sehr signifikant. Wegweisend bei der Darstellung von Bewegungsfähigkeit war in der Hochrenaissance Michelangelo, bei ihm wurde diese jedoch im Bau gebannt, d.h. sie wurde als ein Drängen im Bau dargestellt. Der Manierismus verwinkelte und verkeilte die Hauptbewegungszüge so sehr, daß die Bewegungsfähigkeit zerstört wurde. Das wurde an Vignolas Treppenanlage für die Farnesischen Gärten deutlich. Gerade an diesem Beispiel wird jedoch eine charakteristische Entwicklung sichtbar: Treppenanlagen von einer solchen Komplexität kannte die Hochrenaissance nicht; der Barock nahm die Treppenanlage als Typus auf, verlieh ihr jedoch eine klare Bewegungsrichtung, d.h. den Wert, den einige Dekaden zuvor die Hochrenaissance besonders intensiv gefördert hatte. Treppenanlagen zeichnete von nun an ein klar gerichteter Bewegungszug aus. Die Chancen, die im Typus liegen, den der Manierismus hervorgebracht hat, wurden umfassend erst durch den Barock realisiert, indem dieser ihn unter Rückgriff auf den Geist und die Gestaltungsprinzipien der Hochrenaissance fortentwickelte. Eine ganz ähnliche Entwicklung konstatiert man für einen zweiten Zentralbereich innerhalb der Ausbildung großer, »urbanistischer« Bezüge: Neben den Treppenanlagen wählte der Barock zur Verwirklichung seiner großen Bewegungszüge vor allem die langen Achsen. Entwickelt wurden sie in der Zeit des römischen Manierismus, in der man begann, die Stadt mit ihnen zu durchziehen. Bekannt sind die Schneisen, die Sixtus V., sternförmig von S. Maria Maggiore ausgehend, durch Rom schlagen ließ, und die Errichtung von Obelisken an deren Enden. Daneben nimmt sich die Via Giulia des Hochrenaissancepapstes Julius eher bescheiden aus. Bereits vor Sixtus V. wurde in Caprarola solch eine lange Schneise von der päpstlichen Familie Farnese durch den Ort auf den Palast zu geschlagen. Diese Achsen sind jedoch sehr schmal; ähnlich eng und geradezu stranguliert erscheinen die Tiefenzüge auf den manieristischen Bildern. Das gestalterische Prinzip aus der Hochrenaissance, dem mit dieser »Quetschung« von Bewegungszügen entgegengetreten wurde, war das einer frei atmenden Komposition, klar gefügt und geballt, nie aber unangenehm eng. Der Barock griff die Idee der Achse auf und verlieh ihr in den Schlössern mit Gärten und Belvedere-Anlagen, aber auch auf den Plätzen, etwa dem von St. Peter, Freiheit und Breite. Der Barock verband demnach zweierlei: einen Typus, den der Manierismus zwar entwickelte, dessen Möglichkeiten im Hinblick auf die Bewegungsfähigkeit er jedoch geradezu zerstörte; und die wohlige Proportion, wie sie für die Hochrenaissance bezeichnend geworden war. Eine ähnliche Entwicklung vollzog sich auch in anderen Gattungen. Zu nennen ist der Übergang in der Skulptur von Michelangelo über die figura serpentinata zu Berninis Plastiken. Diese zeigen nicht die im Block gebannte Bewegungsfähigkeit wie bei Michelangelo, sondern eine, die, obwohl ausgreifend, doch als klar gerichtet und nicht als unendlich ondulierend wahrgenommen wird. Wendet man sich von den markantesten Typen aus dem

110. Daniele da Volterra, S. Giacomo in Augusta (degli Incurabili), Rom, 1592–1602.
111. Johann Bernhard Fischer von Erlach, Karlskirche, Wien, 1715–37.

Bereich des Urbanismus ab und denjenigen im Kirchenbau zu, so stößt man auf einen, der in der Hochrenaissance als höchste künstlerische Aufgabe angesehen wurde: den Zentralbau. Hier läßt sich eine analoge Entwicklung feststellen. Diesmal griff der Manierismus vor allem den Wert der Gewichtigkeit und Einheit an und suchte statt dessen die Fragmentierung. Die (Kreis-)Rotunde der Hochrenaissance wurde zum Ovalraum gestreckt, wodurch eine Voraussetzung zu strömender Bewegung entstand. Der Ovalring als Hauptträger dieser neuen Bewegungsmöglichkeit wird jedoch unterbrochen, wie beispielsweise im Achtarkadenraum von Vignolas S. Anna dei Palafrenieri (1572 ff.), dem ersten bis in den Grundriß durchgeführten Ovalraum, wo die Arkaden auf den Hauptachsen höher gebaut werden als die auf den Diagonalachsen. Ungleich stärker ist dann die Tendenz zur Zerstückelung in Daniele da Volterras S. Giacomo in Augusta (degli incurabili). Das Oval zerfällt in zwei Hälften, die jeweils als in sich zusammenhängende Fassaden ausgebildet sind; zwischen diesen erhebt sich die hohe Arkade auf der Längsachse, die das Gebälk durchstößt und zergliedert. Die ovale Form hat die Anlagen dazu, eine mit Gewichtigkeit gepaarte Bewegung zum Ausdruck zu bringen. Diese Anlagen hat aber erst der Barock fruchtbar gemacht, indem er das Oval nicht mehr zergliedert. Es entsteht ein gespannter Ring, der durch seine klare Ausrichtung Bewegungsfähigkeit und Dynamik sichtbar macht. Der Barock nimmt wieder aus dem Manierismus den neu erfundenen Typus, doch aus der Hochrenaissance die Gestaltungsprinzipien. Sowohl die Klassik (Hochrenaissance) als auch der Manierismus haben demnach Eingang in die Epoche des Barock gefunden, die im Geist der Hochrenaissance näher steht als dem Manierismus. Wie verhält sich dazu die Entwicklung des letzten Jahrzehnts, gibt es nicht Ansätze zu analogen Entwicklungen?

F. L. Wright: Manierismen vor dem (postmodernen) Manierismus?

Manierismen gab es schon vor der Postmoderne, einen Manierismus jedoch nicht. Die Moderne bleibt auch mit F. L. Wright, der von allen Architekten dieser Zeit Manierismen am meisten schätzt, klassisch. Ein Blick auf Wright mag so das Bild abrunden, das man von den Werken des Barock als Nachfolgeepoche der Klassik und des Manierismus entwerfen kann. Bei Wright zeigt sich, in welcher Weise Manierismen in die unerschütterliche Klassik integriert werden können. Heute erkennt man dagegen, wie man aus dem Manierismus zu den Werten der Klassik zurückfinden kann. Wright hat die Zeit, die die Form sprengte, die Bewegung aufgliederte und die großen, einfachen Aussagen in Frage stellte, nicht mehr erlebt. Für die Werke am Ausgang der Postmoderne bildet demgegenüber der Wiederaufbau von Blöcken oder sonstigen geschlossenen Formen eine spürbare Herausforderung, ebenso die Neuordnung, Klärung und Befreiung der Bewegungszüge und ein Herantasten an neue, pathetisch gefühlte Aussagen.

Nach den folkloristischen 20er Jahren (S. 21) baute Wright 1935-39 das Kaufmann House (**»Fallingwater«**). Es wurde allseits als Neuanfang gefeiert, doch als Neuanfang wofür? War nicht Wright mit seiner offenen Feindschaft gegen die »box on stilts«, gegen den Wolkenkratzer als den bevorzugten Gebäudetypus des Internationalen Stils, und mit seiner stärkeren, teils folkloristischen Dekorfreude bereits ein Vorläufer der Postmoderne? Und kommt nicht gar noch das Element der viel prononcierteren Naturverbundenheit seiner Bauten hinzu, die er in den Boden eingräbt und denen er vegetabile Formen verleiht? War nicht der große amerikanische Architekt der ersten Hälfte des Jahrhunderts vielleicht Vater dieses ersten genuin amerikanischen Stils in der Architektur? Die Extravaganz vieler seiner Formen täuscht über Grundlegendes hinweg. Wright war neben Le Corbusier und Mies van der Rohe der einzige, der in diesem Jahrhundert die Stilentwicklung zweimal prägte, beide Male im Einklang mit den Grundgedanken des Internationalen Stils: ab 1900 mit den beweglichen Grundrissen (S. 21) und mit den ersten Monumentalwerken dieses Stils in den 30er Jahren. Extravaganz und im Keim angelegte Manierismen mögen später in der Postmoderne fruchtbar geworden sein; doch sind sie, ganz anders als in der Postmoderne, fest in die Gesamtaussage des Baus integriert – ähnlich wie bei Michelangelo im 16. Jahrhundert.

Auch bei Wright kommt dem Einklang von Bewegung und Gewichtigkeit eine zentrale Bedeutung zu. In seinem Frühwerk ist Gewichtigkeit nur in den horizontal stark ausladenden Dächern und den Bandfenstern spürbar. In den 30er Jahren jedoch, vor allem im Haus »Fallingwater«, waren beide Werte monumental ausgebildet. Die Gewichtigkeit wird durch die gewaltigen, quergelagerten Betonblöcke verkörpert. Für ein Privathaus wirken sie geradezu überdimensional, zumal für eines, das vor den 50er Jahren entstanden ist. Die Blöcke rufen Assoziationen an die beherrschenden Felsen darunter wach und wirken infolgedessen noch gewichtiger. Die Intensität der Bewegung kommt dadurch zustande, daß die überschweren Blöcke optisch in eine Rotationsbewegung geraten und zu schweben scheinen, was dem Schritt, den Le Corbusier in der Unité d'habitation tut, vergleichbar ist. Das Haus »Fallingwater« ist eine frühe Grundidee für die gewaltigen Spiralen des späten Meisterwerks, des Guggenheim Museum (1943–46, 1956–59). Die einfließenden »Manierismen« sind hier noch gänzlich integriert, sie beziehen ihre Rechtfertigung aus der Bauaufgabe. Dies gilt schon für die zusammengedrückt wirkenden Fenster, deren Gestaltung durch das übergroße Gewicht der Blöcke bedingt ist. Das eigentlich harte, scharf geschnittene und somit energisch aktive Material Beton erstreckt sich in diesem Fall horizontal – das ist die weniger energische Dimension. Das schmale, schwache Mäuerchen aus gemörteltem Naturstein ragt demgegenüber nach oben auf und hat die beiden schweren Betonquader miteinander zu verankern. Diese eigentlich paradoxe Konstellation ist dadurch zu erklären, daß die Natur die verschiedenen Dimensionen vergleichbar gestaltet: Schwer ist der horizontal ausgerichtete Fels, leichter und durchbrochen wirken die Bäume mit ihren Zweigen und das fallende Wasser.

Den Schlußpunkt in Wrights Werk bildet das Marin County Civic Center in **San Rafael** nahe San Francisco (1957–66). Wiederum sind inhaltliche Elemente fest verarbeitet und in die Gesamtaussage des Baus integriert, eines Baus immerhin, der auf Grund seiner zeitlichen Nähe zur Postmoderne und der Anzahl der damals ungewöhnlichen Gestaltungsmittel am ehesten als deren Gründungsbau angesehen werden könnte. Der langgestreckte Bau besteht aus einer Mittelrotunde und zwei langen, lagernden, brückenartigen Seitenflügeln, die in einem flachen Winkel zueinander stehen. Mit diesem Gebäudekomplex wollte Wright nach seinen eigenen Worten die umliegenden Hügel durch Brücken verbinden. Dieses einfache Grundkonzept zieht sich als roter Faden durch die ganze Gestaltung. Brücken prägen das Bild der Region, der Bay Area. Es gibt fünf davon, zwei der wichtigeren werden durch eine Insel auf halbem Weg unterbrochen, was dem Konzept der Mittelrotunde zwischen den Brückenarmen vergleichbar ist. Das Bild der sich von rechts herabstufenden Brücke findet aber, betrachtet man den Komplex von Süden, auch in der unmittelbar umgebenden Natur eine Entsprechung, und zwar durch die unterschiedlich hohen langgestreckten Hügelgrate hinter dem Bau, die von oben optisch auf den flachen Bau drücken. Von der anderen Seite her gesehen, ist die Mitte dominant, die nunmehr räumlich hervortritt, höher aufragt und mit der scharf geschnittenen Terrasse darunter und der goldenen Nadel als steilstem Element unüberschnitten im Vor-

112. Frank Lloyd Wright, Kaufmann House (»Fallingwater«), bei Mill Run, Pennsylvania, 1935–39.
113. Frank Lloyd Wright, Solomon R. Guggenheim Museum, New York, 1943–59.

114–116. Frank Lloyd Wright, Marin County Civic Center, San Rafael, Kalifornien, 1957–66. Brückenflügel, Mittelrotunde und Gesamtansicht.

dergrund steht; auch dieser Anblick findet seine Entsprechung in der Natur, da der Bau nicht mehr von oben durch Hügelkonturen überdeckt ist. Noch stärkere Anklänge an die Postmoderne mag man in der Buntfarbigkeit sehen: Braun, Blau und Gold. Dieser grundsätzlich antiklassische Zug findet jedoch ebenfalls eine starke inhaltliche Begründung, die ihn von der postmodernen Vielfarbigkeit unterscheidet. Der untere erdbezogene Bereich des Gebäudes ist braun; darüber breitet sich weit und blau wie der Himmel das Dach aus; und das in den Himmel ragende, spitze und stechende Element, der Turm aus Blech, ist golden wie die Sonne. Der Bau steht inmitten der weiten Natur! Die Postmoderne wird die Vielfarbigkeit, d.h. das Formale, ohne den sie rechtfertigenden Naturbezug übernehmen – wie im 16. Jahrhundert für Michelangelo der Bezug auf die Natur und der Wettstreit mit ihr immer wesentlich für seine Kunst war, während seine Nachfolger hingegen die von ihm gefundene formale Aussage, die sogenannte Maniera, nur als solche übernahmen und damit den sinnentleerten Manierismus begründeten. Auch die Vielfalt der stilistischen Mittel macht aus dem Civic Center keinen postmodernen Bau. Auf den ersten Blick wirkt der Turm buddhistisch oder oriental-exotisch, römisch wirken die Aquädukte, die Geländer erinnern an den Jugendstil, während die Kuppelkalotte keiner Stilrichtung genau zuzuordnen ist. Dennoch ergibt sich aus der Vielfalt der Eindrücke ein geordnetes Bild. Grundlegend ist die Idee der Brücke; folglich wirkt die Aquäduktform als Leitmotiv. Das Aquädukt ist römisch. Die wichtigste römische Dachform ist die flache Kuppelkalotte, die ihre monumentalste Ausprägung in der Hagia Sophia fand. Und diese erhielt später ihre Minarette, wodurch der charakteristische Kontrast zwischen nadelartiger Spitze und flacher Kuppel geschaffen war. Mit einem Aquädukt allein hätte Wright kein Civic Center bauen können, so nahm er die Bauform als Ausgangspunkt. Der Streifzug durch die römische Architekturgeschichte ist sehr zwingend geordnet – wie stets bei Wright. Auch in seinen Maya-, Azteken- und Pueblomotiven im indianischen Südwesten oder in seinen niederen Prairie Houses, die für den flachen Mittleren Westen entwickelt wurden, findet man eine ähnlich strenge Ordnung. Zugleich treten jedoch auch die Manierismen so unverkennbar zutage wie bei dem späten Michelangelo: Das Dach wird an der Stelle durchlöchert, an der darunter der Laufgang entlangführt. Bei Regen wird er naß. Die Stützen der Kuppelkalotte in der Mitte werden ostentativ zerbrochen, und die schwersten Teile, die beiden Aquäduktmauern, werden auf Miniatursäulchen gestellt, die man fast nur als Kapitellchen bezeichnen kann; die Kuppelkalotte ist durch eine Schattenzone abgetrennt, die den Bau zergliedert, während dem unteren Bereich, der in den Boden eingelassen ist, die Bewegungsfähigkeit fehlt. Die Oberfläche wirkt glatter und ist weniger tief strukturiert als noch in den 30er Jahren oder bei Mies van der Rohe. Der nächste Schritt ging in Richtung Hochglanzpolitur.

Die 80er Jahre: Zurückdrängung des Manieristischen, auf dem Weg zum Barock

Wrights Bauten fußen in der Klassik der Moderne. Manierismen sind innerhalb dieses klar abgesteckten Rahmens nicht mehr als Extravaganz und Faszinosum. Ganz anders ist das Ergebnis bei den Bauten, in denen der Weg zurück zu den prägenden Prinzipien der Klassik, des Internationalen Stils, gesucht wird, für die jedoch der Manierismus der Postmoderne das allgegenwärtige Umfeld darstellt. Seit etwa einem Jahrzehnt ist eine große Anzahl solcher Bauten entstanden. Spezifisch für sie ist das Komposite. Im Vergleich zu den postmodernen zeichnet diese Werke neuerlich eine ungleich größere Gewichtigkeit aus und gleichzeitig eine sehr einfache und klare Form der Bewegungsfähigkeit. Diese ist aber nicht mehr titanisch – wie in Ronchamp –, sondern von ätherischem Charakter und stellt damit eine Weiterentwicklung der Aufgelöstheit postmoderner Werke dar. Das Faszinierende daran ist, daß die Kombination der Kräfte in einem sehr pronuncierten Wechselspiel mit dem Inhalt steht, in dem man zwar wieder ein reiches Maß an Pathos findet, das jedoch weniger titanisch, sondern stärker differenziert wirkt. Einem Meister des Internationalen Stils wäre diese Art von Pathos fremd gewesen. Diffuses, schimmerndes Licht, wie man es oft in islamischen Bauten findet, und die Eigenart einer fremden Religion sind Themen, die dem postmodernen Denken mehr entgegenkommen als dem des Internationalen Stils. Dasselbe gilt für die Thematik der Offenheit und Durchsichtigkeit der demokratischen Verwaltung, mit der über Demokratie kritischer und weniger hoffnungsfroh nachgedacht wird als noch zu den Zeiten, in denen man auf die Verbrüderung aller Menschen hoffte und dafür das Symbol der offenen Hand erfand oder eines für die drei regionalen Gewalten. Der Internationale Stil hätte wohl überhaupt nicht den Impetus und das Vokabular besessen, um der Kuppel von St. Peter eine grundsätzlich neue Diktion zu geben. Ebenfalls postmodern differenziert ist es, quer durch das Museum einen Weg für den einfachen Mann zu bauen; man rückt ab von der ganz hohen Form des Pathos, die dem Internationalen Stil eigen ist, zugunsten einer, die stärker am Durchschnitt orientiert ist. Charakteristisch für eine neue Phase erscheinen mir vier prominente Architekten mit vier Hauptwerken: Richard Meier aus dem Kreis der New York Five; James Stirling, ein Hauptmeister der europäischen Postmoderne; Helmut Jahn, der wohl führende Wolkenkratzerarchitekt; Paolo Porthoghesi, der führende Postmoderne im großen Architekturland Italien. Die vier Werke erschöpfen nahezu die gesamte Bandbreite wichtiger Bauaufgaben: vom Kulturbau über den Staatsbau bis hin zum religiösen Versammlungsraum. Alle vier Werke zeigen sich, zumal im formalen Vokabular, als Erben eines postmodernen Umfelds.

Das Frankfurter Kunstgewerbemuseum

Hier baute der führende Kopf der New York Five, jener Gruppe, die sich den ätherischen weißen 20er Jahren verschrieben hat (S. 52). Auf den ersten Blick scheint es, als habe sich seit dem Haus in Old Westbury nichts Entscheidendes verändert. Postmodernes – im hier weit verstandenen Sinne – scheint aus so vielem zu sprechen. Vieles wirkt noch sehr manieristisch. Das beginnt bei einem Detail, der Regenrinne im Innenhof, die verschlungen und über eine weite Strecke – wie ein Äquadukt – zum Brunnen geführt wird, die aber zum Dach hin auf etwa einen Meter unterbrochen ist, so daß sie das vom Dach herabströmende Regenwasser nicht aufnehmen kann – viel Form und wenig Funktion. Das setzt sich in der Überfeinerung der Materialbehandlung fort: Abschattiert wird allein in unterschiedlichen Weißtönen. Postmodern-manieristisch erscheint zuletzt sogar der Bauwerkstyp allgemein, das Museum. Dieses ist in Europa und speziell in Deutschland zur wichtigsten Bauaufgabe geworden. Für keinen anderen Bautyp läßt sich eine ähnliche Massierung der führenden Architekten und der hervorragenden Bauten feststellen, nicht für den Geschäftsbau und nicht für das Privathaus. Allein in Frankfurt entstanden u.a. Ungers' Architekturmuseum, Behnischs Postmuseum, Holleins Museum für moderne Kunst, Peichls Erweiterung des Städelschen Kunstmuseums; in anderen

117. Richard Meier, Museum für Kunsthandwerk, Frankfurt am Main, 1982–85. Flußseite.

Städten etwa das Wallraf-Richartz-Museum von Busmann und Haberer, Holleins Mönchengladbacher Museum am Abteiberg, Peichls und Schultes Bonner Ausstellungshallen und in Stuttgart Stirlings Staatsgalerie sowie – schräg gegenüber – Isozakis Projekt eines Museums für zeitgenössische Kunst; aber auch unbedeutendere wie die Schirn in Frankfurt und die Neue Pinakothek in München. Vasari, der auf Grund seiner *Vite* wohl bekannter ist als jeder andere Manierist, errichtete mit den Uffizien das erste Museum überhaupt. Und wenn Sedlmayr das 19. Jahrhundert als einen »Manierismus« qualifiziert, als den Manierismus nach dem von ihm so genannten »apollinischen Zeitalter«, so erkennt er gerade im erdrückenden Übergewicht der Bauaufgabe Museum ab etwa 1820 ein zentrales Symptom für den *Verlust der Mitte*. Aus dieser Zeit wird in der Tat auch Stirling die wichtigsten Inspirationsquellen für seine Staatsgalerie wählen: Schinkels Altes Museum (1824–32) und seine Vorläufer, insbesondere Boulées und Durands Museumsentwürfe von 1783 bzw. 1802–05. Das Museum ist also für den Manierismus als Zeitgeist wichtig. Denn der Stil, der sich mehr an einem anderen Stil mißt als an den Vorgaben, welche das Medium und die geistige wie soziale Umwelt schaffen, d.h. der Manierismus, muß das Museum als Hauptaufgabe entdecken. Hätte man demnach im Kunstgewerbemuseum (und im Stuttgarter Bau) Paradebeispiele der Postmoderne zu sehen?

Das Gegenteil scheint der Fall zu sein. Diese Werke weisen über die Postmoderne hinaus, im Formalen wie im Inhaltlichen. Was die inhaltliche Aussage betrifft, ist der Frankfurter Bau unter den vier hier ausgewählten Bauten der am wenigsten prägnante. Jedoch formal gesehen, muß man ihn – gerade bei einem so stark formal, ja formalisierend denkenden Architekten wie Meier – als bemerkenswert bezeichnen. Charakteristisch für den Bau ist seine Zusammensetzung. Er hat zwei Schauseiten, diejenige, die zur Stadt und zum Main hin ausgerichtet ist, sowie diejenige, die sich dem Park zuwendet, der mainabwärts angrenzt. Diese beiden Seiten sind auch die Eingangsseiten, auf denen die Wege ins Herz des Museums führen. Die anderen beiden Seiten sind durch nah angrenzende Nachbarbauten und durch Bäume stärker verstellt; eine weist zum Angestelltenparkplatz. Die zur Stadt hin ausgerichtete Hauptseite besteht aus drei Einheiten: zwei Kuben und einem offenen Mittelbereich. Der Kubus links war als historistischer Bau vorgegeben. Den Kubus rechts errichtete Meier. Die Ausführung und die Planskizzen zeigen sehr deutlich, daß Meier sich am älteren Bau orientierte, in den Proportionen ebenso wie in den fünf Fensterachsen und in der Traufhöhe, die er sehr markant in der Horizontallinie anzeigt, welche er durch die oberen Fenster führt. Zwischen den beiden Kuben liegt ein unruhig erscheinender, offen gehaltener Mittelbereich. Diesen (klassisch) dreiteiligen oder tripartiten Aufbau, der in der Postmoderne aus der Mode gekommen ist, findet man zur Parkseite hin wieder, diesmal jedoch mit den beiden Eckkuben in Meiers eigenem Vokabular und mit einer deutlich stärker aufgefüllten, aber noch immer unruhigen Mitte. Findet man in dieser Zusammenstellung nicht wieder den (postmodernen) Topos des in der Mitte aufgesprengten, d.h. des zertrümmerten Kubus? Und liegt in der Zusammenstellung nicht wieder Parataktisches? Denn nahezu Identisches wird doppelt wiedergegeben; ist dies nicht das markanteste Gegenteil von Einheit (s. S. 71)?

Eine Hauptform des Barock für den Profanbau, die einzige, die stark genug war, in den Kirchenbau transponiert zu werden, entwickelte Bernini für den Louvre. In den berühmten ersten beiden Projekten gab er dem Bau an den Ecken durch große Kuben Festigkeit – später wur-

118. Gianlorenzo Bernini, 2. Projekt für die vordere Fassade des Louvre, Paris, 1665.

119. Richard Meier, Museum für Kunsthandwerk, Frankfurt am Main, 1982–85. Parkseite.

den es ganze Pavillons –; dazwischen aber konnte sich eine Wölbung entwickeln, konkav in dem einen Projekt, konvex in dem anderen, das für die Entwicklungsgeschichte der barocken Architektur eine noch größere Langzeitwirkung erzielen sollte. Bernini baute demnach den Kubus der Hochrenaissance durch starke Eckpylone neu auf. Aus den Leerräumen, die der Manierismus in die Kubusform gerissen hatte, entnahm er die dynamischen Anlagen und ließ Bewegung, jedoch nicht Leere, zwischen den Eckkuben wirken. Vor diesem Hintergrund erscheint der Frankfurter Bau in einem neuen Licht. Denn Meier behandelt den Kubus, die Form, die der Internationale Stil zur wichtigsten gemacht hatte, völlig anders als die Postmoderne. Er zertrümmerte den Kubus nicht, sondern baute ihn aus Einzelkuben neu auf. Dem historisierenden Kubus gesellt er einen zweiten, modernen für das andere Eck hinzu. Meier bricht den Kubus nicht auf, sondern setzt ihn neu zusammen, indem er dem einen Eckkubus einen zweiten hinzugesellt. Im Verhältnis beider Kuben zueinander wird deutlich ein zweiter Topos des Internationalen Stils spürbar: Der zweite Kubus orientiert sich in der Gestaltung zwar an dem vorhandenen, historistischen, was der Postmoderne entspricht; zugleich bringt er ihn aber auch – in Anlehnung an die Moderne des Internationalen Stils – in eine straffere, mächtigere Form. Die Form wirkt derartig mächtig, daß Meier den alten Kubus vor dem allzu starken neuen optisch zu schützen suchte, indem er eine schmale Trennwand einführte. Der Wettstreit mit den von den Vorgängern verwendeten Stilen lebt als Idee wieder auf. Es gilt nicht mehr das Prinzip der behutsamen Anlehnung.

Die Mitte zwischen beiden Blöcken mag unruhig und wenig mächtig wirken. Hier gewinnt die Zweiansichtigkeit spezielle Bedeutung. Das Museum steht in der Frankfurter Museumszeile. Von der Stadt aus erreicht man zunächst die bisher beschriebene Seite. Die Parkseite stellt die zweite Hauptseite dar. Meier arbeitet wiederum mit zwei Kuben an den Ecken, die diesmal identisch sind; die Mitte jedoch füllt er hier dicht auf, die Körper werden zahlreich und beginnen aus der Mitte hervorzutreten. Hier ist der Kubus nicht nur in seinen Eckbastionen neu zusammengesetzt und aufgebaut, sondern erscheint auch in seinem Mittelteil mächtiger. In der Zweiansichtigkeit wird jedoch ein zweites Thema durchgespielt, das wiederum in Verwandtschaft zum Geist des Internationalen Stils steht. Zwei ähnlich gestaltete Seiten lassen die bestehenden Unterschiede um so stärker ins Auge stechen. Eines der wichtigsten Anliegen des Internationalen Stils war es, das Spannungsverhältnis zwischen Symmetrie und Asymmetrie zu gestalten. Die Postmoderne vermag ihm wenig abzugewinnen. Im Frankfurter Bau ist diese Spannung so eingesetzt, daß ein zentrales Thema der Postmoderne, das der Integration alter Stile, hier des historistischen Baus, auf sehr eindringliche Weise Gestalt annehmen kann. Die erste Schauseite bietet sich dem Betrachter, der von der Stadt über die Mainbrücke kommt, zunächst aus schräger Blickrichtung von links dar. Der so übereck wahrgenommene Bau befindet sich anschaulich in der Mitte des L-förmig angelegten neuen Trakts.

Die Gestaltung wirkt symmetrisch. Denn für diesen Blick tritt auch links vom alten Bau Meiers Gebäude mit einem Flügel hervor. Je näher man jedoch dem Museum kommt, desto mehr wird die Asymmetrie zwischen beiden Kuben, dem alten und dem neuen, deutlich. Das Verhältnis des alten Kubus zum neuen ist somit nicht statisch, sondern wechselt mit dem Standpunkt des Betrachters. Und dieser Wechsel der Perspektive ist intendiert; denn der Weg führt am Gebäudekomplex vorbei und nicht als lange Achse auf den Bau zu. Das Verhältnis des alten Teils zum neuen ändert sich je nach Blickrichtung und wird auf diese Weise besonders problematisiert. Anders ist das Bild auf der Parkseite. Hier ist die frontale Sicht durch einen einzigen, senkrecht auf die Mitte des Komplexes zuführenden Weg vorgegeben und fest, und es herrscht ein anderes Prinzip vor, das aus einer klaren Symmetrie und einer neu geschaffenen festen Ordnung besteht. Man fühlt sich an den IIT-Komplex (und auch Le Corbusiers UN-Komplex) erinnert; aber auch eine Verwandschaft mit Stirlings Anlage der Staatsgalerie in Stuttgart ist nicht von der Hand zu weisen.

Die Stuttgarter Staatsgalerie

Auch der Stuttgarter Bau kann sein postmodernes Erbe nicht verhehlen. Evident ist dies in den Details wie den herausgebrochenen Steinen der vorderen Umfassungsmauer, die manieristischen Vorbildern entnommen sind, aber auch in der hypertrophen Befestigung sehr leichter Materialien, etwa der »Glasdächlein« an den Eingängen. Welche Aussage findet sich nun in dem Bau zu dem hiermit angeschlagenen Thema von Tektonik und **Gewichtigkeit**? Auf den ersten Blick scheint es das Anliegen des Architekten zu sein, die Kraft des Kubus anschaulich auf sehr subtile Weise zu brechen. Über dem Rundbau im Zentrum erhebt sich ein orthogonaler Bau im Hintergrund. Er ist wie der obere Teil des Kopfpavillons auf der rechten Seite gelb-

120, 121. James Stirling, Michael Wilford and Associates, Neue Staatsgalerie, Stuttgart, 1977 bis 1983. Gesamtansicht und Teilansicht mit dem Kopfbau der angrenzenden Alten Staatsgalerie.

122. James Stirling, Michael Wilford and Associates, Neue Staatsgalerie, Stuttgart, 1977 bis 1983. Blick auf die Mittelrotunde.
123. Le Corbusier, Mehrfamilienhaus in der Weißenhofsiedlung, Stuttgart, 1927.
124. James Stirling, Michael Wilford and Associates, Neue Staatsgalerie, Stuttgart. Rückgebäude.
125. James Stirling, Michael Wilford and Associates, Neue Staatsgalerie, Stuttgart. Rechter Seitentrakt mit Kammertheater.

farbig und dadurch als aufgesockelter Teil charakterisiert. Dieser orthogonale Teil wird so gestaltet, als entstammte er dem Internationalen Stil, und zwar durch seine Rechtwinkligkeit, seine Sperrigkeit und seine Monotonie, vor allem aber durch ein offensichtliches Le-Corbusier-Zitat auf der Rückseite. Er vermittelt schon, wenn man ihn gesondert sieht, kaum den Eindruck von Gewichtigkeit. In der Seitenansicht ist er hoch und schmal, hinzu kommt eine überhöhte Aufstelzung auf der Rückseite. In der Vorderansicht ist er in drei Vorsprünge zergliedert, ohne einen oberen Abschluß und farblich matt. Darüber hinaus hat er im unteren Bereich auf der anderen Seite der Symmetrieachse ein Pendant, den grünfarbigen, vollständig verglasten Körper der Eingangshalle, in dem alles Feste des »Klotzes« umgewertet ist: Die harten Kanten werden zu weichen Kurven, die fensterlose Schließung zu einer Fensterfront ganz ohne Wand und die Architekturfarbigkeit zu einer energischen Naturfarbigkeit. Fehlte dem Klotz des Internationalen Stils als Einzelbau demnach bereits die Gewichtigkeit, so wird ihm in einem zweiten Schritt auch noch im größeren Zusammenhang seine Standfestigkeit ganz ostentativ genommen: Er wird von seiner Aufsockelung, dem mächtigen Rundbau unten, anschaulich seitlich heruntergerückt. Diesen Eindruck hat der Betrachter, der auf der Straße vor der Staatsgalerie von links nach rechts am Gesamtkomplex vorbeischreitet, für den der »Klotz« nach rechts, d.h. aus dem Zentrum der Ansicht, wandert; ein ähnlicher Eindruck entsteht bei dem Betrachter, der auf den Baukomplex zugeht, während er den »Klotz« hinten verschwinden sieht. Der »Klotz« verliert so optisch seinen Sockel und damit seine Stabilität. Auch der »Sockel«, der gewaltige runde Unterbau, der aus der Ferne als Inbegriff einer großen Gewichtigkeit wahrgenommen wird, verliert diese visuelle Qualität, je mehr man sich ihm nähert. Das massive Herzstück erscheint dem herantretenden Besucher zunehmend wie eine Ruine, denn es wird aus der Nähe deutlich, daß es allein aus einer dünnen Mauerschale ohne weitere Bausubstanz besteht. Das Konzept der Ruine und das der Standfestigkeit widersprechen einander. Der Manierismus und der einsetzende Historismus liebten daher die Ruine, mehr als jede andere Epoche. Alle diese Gestaltungsmittel scheinen noch postmodern. Wievieles unterscheidet jedoch diesen Bau von den vorangegangenen postmodernen! Die Rotunde ist eine Ruine, jedoch was für eine! Die innen halbkreisförmig ansteigende Rampe hat sonst in der abendländischen Architekturgeschichte nur Mykene, das Trutzigste, was die griechische Architektur hervorgebracht hat. Und wie fest ist der Bau sowohl nach den Seiten als auch nach oben hin in den Hang eingefügt! Die Flügel haben die Form fester Eckkuben mit der diesmal in der Rotunde konvex vorgewölbten Mitte – dies ist wieder der Grundaufbau Berninis! Auch das Aufbrechen der Rotunde erhält eine andere Qualität, da es inhaltlich motiviert wird. Die Rotunde öffnet sich dem Licht und der Umgebung. Damit wird sie als das Herzstück allgemein zugänglich gemacht und nicht mehr als ein Raum verstanden, der allein dem gebildeten Museumsbesucher vorbehalten ist. Zudem wirkt der Bau überall, selbst in der aufgebrochenen Rotunde,

schwer und fest gebaut. Dies liegt daran, daß die Gewichtsverteilung zwischen Baukörper und Dekor, vergleicht man sie mit vorangegangenen postmodernen Beispielen, umgekehrt wird. Venturis Bild von der »Scheune«, die »dekoriert« wird, trifft auch in Stuttgart auf den Baukörper zu, in den verfremdende Elemente gesetzt wurden. Die Verteilung der Stile für Scheune und Dekoration erfolgt in diesem Fall jedoch anders als es in der Postmoderne üblich war. Bisher war die Scheune, d.h. der Baukörper, im (post)modernen Vokabular gestaltet, in der Dekoration übernahm man die Säulen, Giebel und Architrave älterer Stile. Jetzt ist dies umgekehrt: Der Baukörper wird der älteren, gebauten und damit festen Architektur angeglichen, so daß er wie eine alte Burg mit Rampen wirkt; erst der Dekor wird dem High-Tech oder dekonstruktivistischen Ansätzen entnommen. Ruhiger Körper und schäumender Dekor – das Verhältnis dieser Elemente zueinander hat nichts Manieristisches mehr, sondern stellt die naheliegende, geradezu klassische Ordnung dar.

Die **Einfügung** in den Baubestand der Umgebung ist ein weiteres zentrales Thema der postmodernen Architektur. Wiederum erscheinen die Lösungen auf den ersten Blick typisch postmodern. Dies gilt vor allem für die rechte Seitenansicht, d.h. den Übergang vom rechten Kopfpavillon zur Nachbarbebauung aus dem späten 19. Jahrhundert, der sehr plastisch in drei Schritten vorgeführt wird: Ganz links, zur Straße hin, erscheint diese Seitenansicht noch ganz im Stil der modernen Architektur mit dem Grundvokabular des Internationalen Stils. Sie ist glatt und geschlossen und hat Fensterbänder und Stahlelemente. In der dazu orthogonal stehenden vorspringenden Wand wird die Geschlossenheit schon stärker aufgelöst, die größeren, getrennten Fenster kommen hinzu, der Übergang zu einer weiteren notwendigen Stufe der Auflösung und Verwinkelung wird geschaffen. Denn in der wiederum zur ersten Wand parallel stehenden Mauer ganz rechts, die an den älteren Bau in der Seitenstraße angrenzt, werden Auflösung und Verwinkelung in Übereinstimmung mit diesem älteren Bau gegeben, insbesondere mit Giebel und Erker, den Elementen der älteren, nicht der Architektur des Internationalen Stils. Nur die Oberfläche ist glatt wie im Internationalen Stil. Sukzessive nähert sich die Gestaltung in drei Schritten derjenigen des älteren Nachbarbaus an, dem sie auf der dritten Stufe sehr nahe ist. Doch nicht nur diese herantastende, postmoderne Form der Anpassung an den umgebenden Baubestand findet sich in der Stuttgarter Staatsgalerie; diese Form ist sogar buchstäblich nur ein Nebenaspekt. Viel wichtiger ist die Form der Einfügung des Gesamtbaus in der vertikalen wie in der horizontalen Ausrichtung, die sehr fest und auf große Bezüge angelegt ist. Stirling verwendet wichtige Elemente der barocken Gartenarchitektur, die typischerweise einen Hang erschließt: die rund vorkragenden Innenmauern, die der Orangeriearchitektur entstammen; die Rampen, die den Hang erschließen; und vor allem die zentrale Rotunde, die mit Pflanzen überwachsen ist. Wieder wird also eine typisch manieristische Bauform herangezogen – neben der des Museums und der der Ruine die dritte. Denn das Museum selbst, das unter diesen Gartenwegen liegt, wäre die erste »Grotte« der modernen Architektur. Damit ist jedoch nur eine Seite dieser Gestaltung angesprochen. Die andere betrifft die Umgebung. Die Hanglage ist für das Museum (und Stuttgart generell) prägend. Das Museum bildet seinen eigenen Hang aus, es erschließt und beherrscht also sehr dezidiert einen ganzen Landstrich. Das ist nach langer Zeit wieder ein großer Zugriff auf die Umgebung; die »Gartenarchitektur« atmet den Geist des Internationalen Stils. Noch deutlicher wird dies bei der geradezu genialen Idee, mit der Stirling den Bau in der horizontalen Ausdehnung in die Umgebung einfügt. Die U-förmige Ehrenhofanlage des älteren Baus der Staatsgalerie wird in ihm wieder aufgenommen. Es bleibt jedoch keineswegs bei dieser äußerlichen, häufig benannten Idee. Stirling verinnerlicht die alte Ordnung. Sein Bau wird als symmetrisch wahrgenommen, tatsächlich ist er aber, isoliert man den modernen Teil, evident asymmetrisch. Die Mittelrotunde fassen zwar symmetrisch die nach innen gewölbten (Orangerie-)Umfassungsmauern ein; das Kopfstück rechts hat jedoch auf der linken Seite nur den alten Bau als Pendant. Mit anderen Worten: Die Symmetrie, die man zunächst wahrnimmt, bezieht einen Teil des alten Nachbarbaus mit ein. Man kann einen neuen Bau wohl schwerlich fester in den alten Baubestand einfügen als durch diese Form der Verkettung, die den alten Bau für den neuen unersetzlich macht und die darüber hinaus das Thema von der Spannung zwischen Symmetrie und Asymmetrie aufgreift, das für den Internationalen Stil so bedeutend war. Das Thema »Dekor« ist ein weiteres, das für diesen Kopfteil von Wichtigkeit ist. Die Architektur der Moderne stand der Dekorfreudigkeit der Architekten früherer Jahrhunderte sehr kritisch gegenüber. Gerade der Kopfteil des Gebäudes, der das Pendant zum alten Bau bildet, bleibt bei Stirling völlig dekorfrei, strenger als alle anderen Teile der (Neuen) Staatsgalerie. Damit lebt die Vorliebe des Internationalen Stils, einen Kontrast zwischen alt und neu herzustellen, in der Staatsgalerie wieder auf.

126. James Stirling, Michael Wilford and Associates, Neue Staatsgalerie, Stuttgart, 1977–83. Seitlicher Zugang zum Museum und zum Kammertheater.

Doch zeigen sich nicht postmoderne Gestaltungsprinzipien zumindest darin, daß die wichtigsten **Bewegungszüge** unübersichtlich und verkeilt erscheinen? Die Wege sind zwar nunmehr wieder farblich klar hervorgehoben und damit in ihrem Verlauf geklärt. Denn nur eine einzige (postmoderne) Farbe, Violett, kennzeichnet die Geländer. Sind die Wege aber nicht verkeilt und dysfunktional angelegt? Der Hauptanstieg in der Mitte, über die Serpentinen, führt doch keineswegs letztendlich ins Museum, sondern über die ansteigende Rampe in der ruinösen Rotunde zuletzt wieder hinten aus dem ganzen Baukomplex heraus. Und die rechte Hauptterrasse ist anders als die ihr entsprechende auf der linken Seite nicht von außen erreichbar; man muß vielmehr weit und verwinkelt gehen, um dorthin zu gelangen: Zuerst geht man ganz links außen in das Museum hinein, dann muß man dieses durchqueren, ebenso die ruinöse Rotunde, daraufhin aus der Rotunde eine große Treppenflucht hinaufsteigen und schließlich noch auf winklig angelegten Wegen um die Rotunde herumgehen. Die Wegführung erscheint verwinkelt und dysfunktional. Bei genauerer Betrachtung ergibt sich jedoch folgendes: Der Komplex wird von zwei Wegen durchquert. Sieht man diese unterschiedlichen Themen zugeordnet, so verschwindet plötzlich jeder Manierismus, der allein dem formalen Spiel verhaftet wäre. Welches Thema greift Stirling im bereits beschriebenen Hauptanstieg auf? Unter einem imposanten Windfang führt der Weg zunächst nach unten in die Tiefgarage! Die Bewegung wird so stranguliert, denn sie wird in ein winziges Loch geführt; zugleich stehen der eindrucksvolle Windfang und das kleine Loch in einem offensichtlichen Mißverhältnis. Beide Gestaltungsmittel sind evident manieristisch. Aber ist dieses Schlupfloch in die Tiefgarage denn überhaupt mehr als eine erste (ironische) Einstimmung in das Hauptthema: Neben den hohen musealen Begierden gibt es in dieser Welt auch banalere. L. Fiedler hatte die literarische Diskussion der Postmoderne mit einem Artikel im *Playboy* (!) eröffnet, der den Titel trägt: »Cross the border, close the gap«. Kunst durfte nicht nur, jenseits klarer Grenzen, einer Elite vorbehalten sein. Kunst sollte für alle da und spielerischer, weniger hermetisch sein. Die gesamte postmoderne Architektur hat diesen Anspruch jedoch nicht ein einziges Mal so treffend eingelöst wie dieser Bau. Erstmals führt der Hauptweg, ein Verbindungsweg zwischen zwei Straßen, auf dem beispielsweise eine Hausfrau vom Einkauf nach Hause gehen kann, mitten durch den Ehrenhof des Museums, durch ein pathetisch groß gedachtes Freilichtmuseum. Alles Spielerische und Verwinkelte hat unter diesem Gesichtspunkt seinen Sinn. Stets geht es um beides, um Volk und Kunst. Auch andere, nicht nur die Besucher sollen sich in diesem Museum ergehen. Vergleichbares findet sich im Foyer, dessen Gestaltung geprägt ist von der reinen, sehr kunstvoll geschnittenen Rotunde einerseits und dem grünen Fußboden mit Noppen andererseits, der in seiner Farbigkeit an Pop-art, d. h. Popular Art, erinnert. Ganz anders gegeben ist der zweite Weg. Seinen Ausgang nimmt er vom rechten seitlichen Eingang von der Stadt her, der zugleich den primären Zugang von der Tiefgarage herstellt, in der die

Besucher ihren Wagen abstellen. An diesem Eingang werden sie sofort mit dem zentralen Thema eines Museums konfrontiert: Beim Durchblick erscheint hinten der Kopfbau des alten Museums, Älteres wird also vom neu geschaffenen Bau gerahmt und somit auch »ausgestellt«. Anders als der erste Weg führt dieser zweite auch sehr direkt ohne Stufen, Rampen oder Biegungen zum Eingang des Museums hinüber. In ihrem Gesamtkonzept erscheint die Bewegung plötzlich wieder kristallin einfach. Die hier angeschlagenen Themen aber waren noch nicht ins Bewußtsein gerückt worden, bevor die Postmoderne sich mit dem Internationalen Stil kritisch auseinandergesetzt hatte.

Für Stirlings Bau gilt somit: Die zentralen Themen, die Gewichtigkeit, die Bewegungszüge und die Einpassung in den alten Baubestand sind deutlich herausgearbeitet, wobei auch die Mittel des Kontrastes und der Asymmetrie eingesetzt werden. Die genannten Kräfte spürt man wieder ungleich reiner als in den Jahrzehnten zuvor. Und alle Mittel sind auf die Aussagen zugespitzt, denen sie dienen. Dies entspricht dem Geist des Internationalen Stils. Die Themen sind jedoch solche, die sich in der postmodernen Diskussion entwickelten. Beim Bau eines Museums sind heute vor allem zwei Fragen wichtig. Die erste betrifft den Vergangenheitsbezug, hier verkörpert durch den bereits vorhandenen benachbarten Bau, die zweite das Verhältnis zum Publikum: Zeigt sich der Komplex der Allgemeinheit gegenüber offen, oder bleibt er verschlossen? Allein auf diese beiden Fragen konzentriert sich Stirling, für sie findet er in seiner Gestaltung die einfachst möglichen Antworten. Er erreicht eine Prägnanz, die nach der Zeit des Internationalen Stils für viele Jahrzehnte verloren schien.

Das State of Illinois Building

Auf die Museen, welche über die Postmoderne hinausgehen, folgen politische und religiöse Bauten. Eine inhaltliche Dimension lag hier näher und ist leichter zu fassen. Jahn errichtete mit dem State of Illinois Building in Chicago den Initialbau des neuen Geistes im politischen Bereich. Der Bau entstand für den US-amerikanischen Bundesstaat Illinois. Chicago ist zwar keineswegs Hauptstadt dieses Staates, geriert sich hier aber als solche. Schließlich ist die Stadt ja auch ungleich bedeutender als Springfield. Natürlich kann auch dieser Bau das postmoderne Erbe nicht verhehlen. Das gilt für die atektonische Auffassung eines schwebenden Pfeilers ebenso wie für das »Paradox« der Säule, die sich hinter einem Pfeiler befindet, auf diese Weise von ihm verdeckt wird und nicht mehr als Ordnung erscheint. Entsprechend verhält es sich mit der unklaren Grenzziehung zwischen dem Innen- und dem Außenraum, mit der Farbvielfalt und der Entwicklung des Baukörpers durch mehrfaches An- und Zerschneiden des Kubus (S .70, 76 und 77). Der Eindruck ist jedoch ein ganz anderer als bei postmodernen Bauten. Das Gebäude wirkt keineswegs wie eines, das mehrfach zerschnitten wurde. Vielmehr fühlte sich eine ganze Reihe von Betrachtern, denen ich diesen Bau vorstellte, an das

127. Murphy/Jahn, State of Illinois Building, Chicago, 1985. Gesamtansicht.

Guggenheim Museum erinnert, d.h. an einen der gewichtigsten Bauten der Klassik der Moderne, den Höhepunkt im Spätwerk Wrights, den er aus den Monumentalblöcken des Kaufmann Hauses »Fallingwater« entwickelt hatte.

Beim State of Illinois Building zeigt sich der neue Geist verstärkt auch im Inhaltlichen. Nach eigenen Aussagen wollte Jahn mit dem Innenraum dieses Gebäudes Werte der Demokratie, insbesondere die Freiheit und die Durchsichtigkeit, zum Ausdruck bringen. Dieser Eindruck stellt sich unmittelbar ein, weil die Blicke nicht kanalisiert werden, sondern alle Bereiche einsehbar sind, und weil im Außenbau eine Dominanz des Straßenrasters nicht zugelassen wird. Derartige Mittel hätten dem Internationalen Stil so noch nicht zur Verfügung gestanden. Durchsichtige, leichte Räume zu schaffen, war aber stets das Anliegen der Postmoderne. Die im State of Illinois Building hierfür gefundene klare Form war jedoch der Postmoderne vor der Mitte der 80er Jahre noch unbekannt. Zudem hat der Bau jetzt wieder eine sehr klare Großform, die darüber hinaus auch überaus beredt erscheint.

Zunächst vermittelt der Innenraum den Eindruck einer Kuppel. Die Kuppel war stets ein katholisch-kirchliches Würdemotiv, das seine höchste Ausprägung in Michelangelos St. Peter erfuhr und infolgedessen für die Verkörperung der Demokratie im antikatholischen Amerika wenig geeignet erschien. Die St.-Peter-Kuppel schmückt in Amerika jedoch eine Vielzahl von Kongreß- d. h. Parlamentsgebäuden, wie man sie in zahlreichen Einzelstaaten der USA, aber auch in der Bundeshauptstadt findet. Jahn verlieh ihr erstmals ein modernes Gewand, und allein dies ist schon ein großer Schritt. Anschaulich erneuert er die hier verkörperte Demokratie, für die bisher Formen älterer Stile verwendet wurden. Das Vokabular eines Le Corbusier hätte hier zu gebaut gewirkt, um diese Erneuerung einer überkommenen Form deutlich zu machen. Die aufgeregtere Diktion postmoderner Stilmittel mit Aufzügen, Röhren, Spiegeln und Versatzstücken ist zur »Modernisierung« einer in der älteren Architektur bereits geprägten Form geeigneter. Zugleich formt aber das Symbol den ganzen Baukörper, bleibt nicht mehr bloßer Zusatz, bloßer Dekor! Die Stimmlage von Chandigarh ist wieder erreicht, wenn auch mit einem vorgeprägten Motiv der Übernahme. Chicago erhält also – nach der Art einer Hauptstadt – einen Bau für den Kongreß.

Auf diesen Schritt der Erneuerung folgte ein zweiter. Der Europäer Jahn verband mit Demokratie nicht primär St. Peter. Dachte er an Rom, so sah er das Sinnbild für Demokratie eher in der altrömischen, republikanischen Tradition. Unter den altrömischen Bauten ist das Pantheon der wichtigste Kuppelbau. Für den Chicagoer Bau wurde von ihm das Opaion entlehnt, jener

128–130. Murphy/Jahn, State of Illinois Building, Chicago, 1985. Vorplatz mit der Plastik von Jean Dubuffet und Innenraum.

131. Michelangelo, Kapitolsplatz, Rom, ab 1538. Stich von Etienne Dupérac vom Zustand von 1569, heute weitgehend wiederhergestellt.

große kreisrunde Schnitt in den Scheitel der Kuppelkalotte, der im kalten Chicago allerdings verglast werden mußte. Mit dem Opaion überformte Jahn die Kuppel und nahm ihr so das gar zu Katholische. Einen noch wichtigeren Bezugspunkt stellt das altrömische Kapitol dar, der Hort der Republik, dem Michelangelo, selbst ein Verfechter republikanischer Ideen, das Gesicht gab. Eines der auffälligsten Merkmale an Michelangelos Gestaltung ist das Muster auf dem Platz mit einem durchgezeichneten Stern in der Mitte, der von einem Großmuster durchsteckter, sich schneidender Linien mit einem Bruch in jeder Überschneidung eingefaßt wird. Dieser äußere Kranz ergibt wieder einen vielzackigen Stern. Das Muster ist so ausgefallen, daß der Zitatcharakter des entsprechenden Musters im untersten Stockwerk des State of Illinois Building nicht zu bezweifeln ist, zumal die Bezugnahme auf das Kapitol durch ein weiteres Gestaltungsmittel bestätigt wird: Von der Tribuna darüber, durch welche das beschriebene Muster unten zu sehen ist, gehen radial Strahlen aus. Und auch dieses Strahlenmuster ist wieder eng mit dem Kapitol verbunden. Denn als im Barock Michelangelos Platzgestaltung verändert wurde, legte man exakt solch ein Strahlenmuster auf die neue Pflasterung; erst Anfang unseres Jahrhunderts wurde das barocke Muster entfernt, um Michelangelos Gestaltung wiederherzustellen. Dieses Muster von Michelangelo wird häufig zitiert, so beispielsweise von Isozaki in der Anlage des Bürgerzentrums in Tsukuba (1979–83), dort freilich ohne die spezifische Durcharbeitung. Und gerade die zwei unterschiedlichen Arten, wie das Vorbild zitiert wird, stehen für den Unterschied zwischen Manierismus und Barock. Das Zitat ist bei Jahn wieder in einen klaren Gesamtzusammenhang eingebunden, in dem es seinen festen Platz hat. Statt eines isolierten Zitats findet man wiederum ein ganzes Netz von Assoziationen: Von der St.-Peter-Kuppel, dem amerikanischen Regionalismus, führt die Assoziationskette zu Referenzwerken, die eindeutiger als Sinnbild der Demokratie zu verstehen sind, insbesondere zum Kapitol, dessen Namen im US-Amerikanischen ja tatsächlich der Ort für das höchste Staatsorgan trägt. Und einen besonders feinsinnigen Ausdruck findet das geknüpfte Netz in der Idee, in dem zentralen Muster das Wechselspiel seiner Geschichte anzudeuten: Über das Muster des Michelangelo breitete Jahn das barocke, das sich jedoch in der Mitte dem älteren öffnet; und an sonnigen Tagen legt sich über alles das Muster seiner Kuppel, die diesem Jahrhundert entstammt.

Die neue Klarheit und das neue Pathos verhindern jedoch nicht – und auch dies ist charakteristisch für den Barock – die teils beißende Ironie: Michelangelo hatte beim schon bestehenden Senatorenpalast am Kopfende des Kapitolplatzes einen römischen Brunnen unten im Zentrum zu erhalten und dennoch einen Eingang zu schaffen; die geniale Lösung war dort die, über dem Brunnen eine zweiläufige Freitreppe zur Mitte zu führen. Bei Jahn finden wir sowohl den Brunnen als auch die zweiläufige Treppe, die hier aber nur eine Rolltreppe ist und nicht hinauf zum Sitz der republikanischen Institutionen führt, sondern hinaus auf die Straße.

Das Islamische Zentrum mit Moschee in Rom

In den zwei postmodernen Jahrzehnten, die Mitte der 60er Jahre begannen und bis in die erste Hälfte der 80er Jahre andauerten, entstanden kaum pathetische Bauten. Eine Ausnahme findet sich gerade im Bereich der religiösen Versammlungsräume. Es handelt sich um St. Peter, eine Kirche, die sich unter dem Citicorp Building in New York befindet. Sie wirkt bullig und ist voll drängender Energie, so daß ein starker Kontrast zur ausgedünnten Oberfläche des Wolkenkratzers darüber entsteht. Das überzeugende Hauptmotiv bildet ein Riß, der den gesamten Bau quer auftrennt und so den Weg in die Kirche weit öffnet. Dieses überdimensionierte Kirchentor stellt in der Architektur ein altes Motiv dar, das vor allem bei barocken Kirchenbauten häufig eingesetzt wurde. Die zwei postmodernen Jahrzehnte kannten aber auch kaum wahrhaft regionale Stile, obgleich man gerade auf diesem Gebiet mit großem Anspruch angetreten war. Auch hier ist der Blick auf die Geschichte älterer Architektur aufschlußreich. Die Ideen der Klassik der Hochrenaissance hat erst der Barock in nationalen, d.h. nicht europaweiten Stilen durchgearbeitet; der Nationalstil stellt eines der zentralen Charakteristika der Entwicklung hin zum Barock dar, während der Manierismus in dieser Frage versagte. Wirklich regional kann ein Stil nicht werden, der sich mit Bezug auf einen (Vorgänger-)Stil entwickelt; ein regionaler Stil entsteht durch die Verarbeitung tatsächlicher Gegebenheiten und Traditionen einzelner Länder oder Regionen. Solche regionalen Stile förderte erst das barocke Zeitalter zutage. In Spanien entstand beispielsweise jenes feinsinnige Gespinst einer in der Etikette nahezu erstarrten Hofkultur, die durch Philipp II., III. und IV. verkörpert und zugleich durch Velazquez malerisch dargestellt wurde. Diesen standen die strengeren, religiös erneuerten, gleichzeitig aber auch bodenständigen Niederlande eines Frans Hals und Rembrandt gegen-

über. Wieder ein anderes Bild findet man im Frankreich eines Ludwig XIII. und Ludwig XIV. und eines Poussin, eines Mansart und Perrault, ein Bild des Strengen und Luziden. Und heute? Möglicherweise ist mit der Erstarkung des Ostens, auch Ostasiens, oder mit der neuerlichen Islamisierung Grund für eine stärkere Entfaltung der regionalen Stile gelegt. Die Stuttgarter Staatsgalerie steht zu Recht in Mitteleuropa, sie ist fest und so einem Schinkel, einem Bernini und einem Fischer von Erlach verpflichtet. Im Vergleich dazu wirkt das State of Illinois Building amerikanischer, was nicht nur auf das Motiv der Kongreß-Kuppel zurückzuführen ist. Ein tief islamisch geprägtes Werk in Rom zu schaffen, ist wohl erst einer Zeit gegeben, die die Achtung vor dem Regionalen zunehmend verinnerlicht.

Portoghesi schuf die größte Moschee außerhalb der islamischen Welt. Der Leiter der Biennale in Venedig, des Höhe- und vielleicht schon Endpunkts postmodernen Denkens, tat hier einen Schritt weit darüber hinaus. Ein irakischer Architekt baute mit. Das Licht des Korans war Leitthema, zielsicher in Rückgriff auf die sogenannte Sure des Lichts (24. Koransure) ausgewählt: »Gott ist das Licht der Himmel und der Erde. Sein Licht ist einer Nische vergleichbar, in der eine Lampe ist. Die Lampe ist in einem Glas. Das Glas ist, als wäre es ein funkelnder Stern. Es wird angezündet von einem gesegneten Baum, einem Ölbaum, weder östlich noch westlich, dessen Öl fast schon leuchtet, auch ohne daß das Feuer es berührt hätte.« Doch das Licht findet seine Antwort im aufwärtsstrebenden Gebet, im Licht des Menschen. Und so setzt sich der Text fort: »Licht über Licht. Gott führt zu seinem Licht, wen Er will ...« Diese Sure, berühmt auf Grund der angeführten Zeilen zum Licht, thematisiert recht verschiedene Aspekte des Leuchtens. So ist Allah das Licht im Glas, im Kristall, d.h. auch indirekt, schimmernd, nicht zu laut, Licht, das »*fast* schon leuchtet«. Allah ist die Öllampe. Er ist aber auch Licht, das zugleich den Menschen mit seinem Gebet und dem, was göttlich in ihm ist, seinem Licht, zu sich emporführt. Wie gestaltet nun Portoghesi dieses Licht?

Zwar werden auch für dieses Werk von der Architekturkritik eine Vielzahl von Bezügen angeführt; es sind weit über zwanzig Werke, die als Inspirationsquellen genannt werden. Und man will sehr verschiedene Traditionen erkennen. So seien die oben kelchförmig knospenden Strebenbündel, aus denen die Gurte wachsen, auf denen wiederum die Kuppel leicht aufliegt, geformt wie betende Hände – dies in einer Moschee! Auch die Beschreibung Portoghesis erweckt den Eindruck einer sophistisch ausgeklügelten Kopfarchitektur. Hat die postmoderne Vielfalt und Beliebigkeit auch hier Eingang gefunden? Das Gegenteil ist der Fall. Erstmals seit seinem frühen Meisterwerk, der Casa Baldi, gelingt es Portoghesi, daß *ein* Thema die Gestaltung ausschließlich beherrscht, das Thema des Lichts und seiner Kraft. Das entspricht dem Geist des Internationalen Stils. Seit Ronchamp hatte es ein solches Lichtwerk nicht mehr gegeben. Das postmoderne Erbe freilich liegt im aufgelösten Vokabular und in der Differenzierung verschiedener Aspekte des Lichts. Das Licht hat keine präzise Funktion, sondern viele, und vermittelt den Eindruck des Schwebenden. Postmoderne und Internationaler Stil gehen eine Symbiose ein, welche dem islamischen Geist feinsinnig entgegenkommt. Denn es ist für einen romanischen Architekten ungleich heikler, für diese fremde Religion zu bauen, als ein Lichtwunder für eine katholische Gefallenenkapelle zu schaffen. Ohne dies zu wollen, trifft Jencks diese Symbiose mit seiner Charakterisierung des Werks, das er als »modernistische Nervi-Struktur in Ferienstimmung« beschreibt. Nervi gilt ihm dabei als der geniale italienische Konstrukteur des Internationalen Stils; mit der »Ferienstimmung« ist die leichtere Stimmung der Postmoderne angesprochen. Wie baute Portoghesi das Licht, was daran ist islamisch?

Das Licht im Kristall, das nicht zu Direkte dieses Lichts, das Schimmernde, der Halbschatten, all dies ist typisch für islamische Gotteshäuser, und in dieser Weise setzt es Portoghesi in seinem Gebäude ein. Das nicht gebündelte Licht ist eher dem postmodernen Geist verpflichtet. Die fehlende Bündelung ist für die konkrete Bauaufgabe jedoch inhaltlich motiviert. Formale und inhaltliche Qualitäten treten demnach in ein Wechselspiel. Die fallenden und die von unten aufsteigenden Lichtbahnen, die sich treffen, symbolisieren die göttliche Energie und die menschliche, welche auf sie antwortet. Dem Licht aus der Kuppelkalotte antwortet ein indirektes von unten. Gespeist wird es durch einen (außen sichtbaren) Horizontalschnitt, der die Kuppel vom quadratischen Unterbau abhebt; nach innen wird diese Lichtquelle durch ein Mauerband verdeckt, das, da es nach oben geböscht ist, das Licht aufwärts kanalisiert, so daß sich beide Lichtbahnen treffen. Auch hier verbindet sich ein der Postmoderne verpflichtetes formales Mittel mit der inhaltlichen Aussage, die die Gestaltung in all ihren Aspekten durchdringt. Den Horizontalschnitt kennt auch schon Ronchamp; dort aber bricht das Licht direkt herein und vermittelt den Eindruck einer intensiven Bewegungsenergie im abgehobenen Monolith. Diese Stelle, die die Energie zum Ausdruck bringen konnte, wird von der Postmoderne ka-

132. Paolo Portoghesi mit Vittorio Gigliotti und S. Mousawi, Moschee des Islamischen Zentrums, Rom, 1976–93.

schiert. Die Verunklärung fügt sich hier jedoch wiederum schlüssig in die Gesamtaussage des konkreten Werkes ein. Ein drittes Element der Lichtgestaltung bedarf der Hervorhebung. Licht kann Baukörper entmaterialisieren. Portoghesi, berühmt auch als Kunsthistoriker, erkannte, daß bereits die byzantinische Architektur das Licht zum Auflösen der Bausubstanz einsetzte und daß die islamische die Tektonik mit Hilfe des Lichts zeitweise sogar völlig außer Kraft setzte. Auch in Portoghesis Bau werden Stützen vom Licht durchbrochen, sie werden grazil und zu einem Stützenwald. Besonders geeignet erscheint auch hier eine postmoderne atektonische Formensprache, was sich beispielsweise in der Pfeilerform zeigt, die in ein Bündel von Streben aufgelöst wird. Diese erscheinen lianenförmig, jugendstilartig-vegetabil, lebend und schwellend. Auch dies steht im Einklang mit dem Geist des Islam, in dessen Gotteshäusern man konsequenter als in jeder anderen Religion auf die Darstellung des Menschen verzichtet. Statt dessen herrschen pflanzliche Motive vor. Geradezu knospend die aufstrebenden Pfeilerstücke! Die Auf- und Ablösung wird in der Kuppelgestaltung besonders deutlich. Unten sieht man die maurischen durchsteckten Bögen, darüber die römisch-byzantinisch-osmanische Flachkuppel, beides unverbunden übereinander und auch farblich zart voneinander getrennt – die Kuppel hat einen Schimmer von hellem Blau. Helmut Jahn konnte zwei Muster übereinanderblenden, die den Kapitolsplatz zu verschiedenen Zeiten schmückten; Portoghesi blendete zwei Architekturtraditionen übereinander, die beide islamisch sind und zugleich einen Bezug zu Europa haben. Beide Architekturtraditionen erhält er in ihrer Eigenständigkeit, er trennt sie auch rein materiell voneinander. Portoghesi spricht von der islamischen Tradition, in der Bögen durchsteckt werden und zugleich voneinander materiell gesondert bleiben, als von der Quadratur des Kreises, der Verbindung von Block und Kuppel, von irdischer Vierzahl und göttlicher Kreisform. Ihm selbst aber, dem Nichtmoslem, gelingt es, mit Mitteln, die ohne das Erbe der Postmoderne undenkbar wären, einen Raum zu schaffen, der ein Gefühl tiefer Gläubigkeit in einer ihm fremden Religion vermittelt. Der Bau weist weit über die Postmoderne hinaus mit seinen klaren Aussagen zu den Bewegungszügen, die durch die Lichtbahnen und die zahlreichen, zugleich aber doch auch klar geeinten Streben zum Ausdruck kommen, und mit der eindeutigen Einbindung aller Mittel der Auflösung in eine (einzige) pathosreiche, klare und zugleich tiefgründige Gesamtaussage.

Das erste Meisterwerk der Moderne, die Villa Savoye von Le Corbusier, hatte die »promenade architecturale« durch die ganze Villa hinauf ins Licht geführt. Die promenade wurde geradezu zelebriert. Vielleicht sind wir heute wieder Zeuge eines ähnlichen Geistes: Mitten durch ein Museum führen offene, lichtgebadete Wege; und die Lichtkuppel einer islamischen Moschee ist in einer Einfachheit und Diaphanie gestaltet, die nur allzu deutlich spüren lassen, daß die Postmoderne bereits der Vergangenheit angehört.

8. Epilog

Leben wir wirklich in einer Zeit der Inflation der Stile? Die Frage muß eindeutig verneint werden. Die Moderne stellt sich als ein kompaktes Ganzes im Formalen wie im Inhaltlichen dar: Die architektonischen Grundkräfte der Bewegungsfähigkeit und des Gewichtes werden auf das Äußerste gesteigert. Sie treten miteinander in ein lebhaftes Wechselspiel und bilden gerade deswegen zugleich eine feste Einheit. Aus den formalen Werten werden die inhaltliche Aussage und der Umweltbezug entwickelt. Dabei ist die Tendenz zum Naheliegenden und zum Pathos unverkennbar, wobei das Abgleiten ins Banale jedoch vermieden wird. Auch die Postmoderne stellt ein kompaktes Ganzes dar, geeint vor allem in der Hauptstoßrichtung. Postmodern ist, was die Moderne in ihren formalen Werten bekämpft und sich auch im Inhaltlichen absetzt. Es ist auf den formalen Bereich bezogen, die Liebe zum Atektonischen, zum Labilen, zum Aufgebrochenen, zugleich zu Darstellungsformen, die den Wert der Bewegungsfähigkeit übersteigern, ihn verkomplizieren und damit auch sich totlaufen lassen. Postmodern ist im Inhaltlichen zum Teil das allzu Evidente und Grelle, der neonbeleuchtete Stiefel für die Piazza d'Italia, zum Teil aber auch das Verklausulierte, stets aber die Suche nach Inhaltsbetrachtung und die Kritik an einer angeblich inhaltsentleerten Moderne. Postmodern ist jedoch vor allem – und dies wird für eine mögliche Zukunft nach der Postmoderne fast wichtiger – das Sich-Ablösen vom Weltbild der Moderne, das beeindruckend und geschlossen war, voller Pathos in seinen besten Werken, das aber nicht mehr unseres ist. Mit ihrer Unruhe, dem Hang zu Bizarrem, aber auch zu Differenziertem und Fragendem schuf die Postmoderne die Grundlage für die Entwicklungen, deren Zeugen wir heute sind: Seit gut einem Jahrzehnt werden nun der postmodernen, suchenden, pluralistischen Welt sehr prägnante Symbole gerade für diese ihre Geisteshaltung gegeben. Man setzt demnach die Themen der Postmoderne gestalterisch um, tut dies aber in einer ähnlichen Weise, wie der Internationale Stil seinen Themen Gestalt gab, also im Geist des Internationalen Stils. Man versucht vor allem, das Naheliegende und Zentrale prägnant zu fassen. Beispiele sind die Stuttgarter Staatsgalerie, das Frankfurter Kunstgewerbemuseum, Jahns State of Illinois Building und Portoghesis Islamisches Zentrum in Rom. So wie der Barock das Pathos der Hochrenaissance mit den Gestaltungsideen des Manierismus verband, werden heute Themen der Postmoderne mit dem Geist des Internationalen Stils verbunden. Nicht umsonst strebte der Hauptmeister der Barockarchitektur in Zentraleuropa, Fischer von Erlach, nach der *Universellen Architektur* – in seinen gebauten Werken ebenso wie in seinem Kompendium.

Eine Inflation der Stile hat es in diesem Jahrhundert somit nie gegeben. Dies allein ist jedoch nur die halbe Antwort auf die einleitende Frage. Wir verlassen darüber hinaus auch die Jahre, in denen die **Stilbezüge inflationär** zu werden drohten. Welches Beispiel wäre hierfür augenfälliger als eines, in dem ein neuer Bau mit einem alten in Kommunikation tritt, die Kommunikation von Stilen also zum Leitthema wird; und welcher ältere Bautyp ist eindringlicher als der der Kathedralen?

In Ulm öffnete Richard Meiers Stadthaus im November 1993 die Tore. Sein Gegenüber findet es im Ulmer Münster – neben dem Kölner Dom, dem Straßburger Münster und dem Prager Veitsdom, der in Größe und Anspruch herausragende gotische Kirchenbau auf (damals) deutschem Boden. Das aufkommende Bürgertum hat keinen zweiten Bau von ähnlicher Bedeutung hervorgebracht; architekturgeschichtlich ist in diesem Werk der ganze Reichtum dieser im ausgehenden Mittelalter so florierenden Bürgerstadt verewigt – neben Nürnberg der wichtigsten im Reich. Der Bezug zur Tradition wurde in der Postmodernendiskussion so häufig in den Mittelpunkt des Interesses gestellt. Kein Architekt jedoch wagte sich bisher ähnlich prominent an einen alten Bau von auch nur annähernd vergleichbarer Qualität heran. Jetzt erst

133. Richard Meier & Partners, Stadthaus Ulm, 1985–93. Durchblick auf das Münster aus der Fußgängerzone.

erhält der Stilbezug das »moderne« Pathos des Großartigen. Was aber gelang Richard Meier im einzelnen?

Im 19. Jahrhundert, als der prägende Turm fertiggestellt wurde, wenig später als in Köln und auch ein wenig höher, »befreite« man das Münster von der engen Bebauung der Umgebung, die noch aus dem Mittelalter und dem Frühbarock stammte, so daß ein weiter Platz entstand. Verloren ging die Enge der einfassenden Bebauung, durch die der aufstrebende Charakter des Kirchenschiffs und des Turms ungemein gesteigert worden war. Die alte Bebauung hatte es vorher auch nicht zugelassen, daß ein Blick über eine größere Distanz, d.h. ein »distanzierter« Blick auf das Münster gefallen wäre. Der Betrachter wurde direkt unter dieses Bauwerk gezwungen. Auf eine so nahe Distanz mußte es fast dem Himmel zugehörig erscheinen, so als schwebte es in anderen Sphären. Gänzlich trostlos war der Platz geworden, als nach den Zerstörungen des Zweiten Weltkriegs Häuser in der nüchternen Sprache der Nachkriegszeit errichtet wurden, die in Form und Material anspruchslos waren. Ihre Giebel erinnerten an die alte Bebauung, machten den Verlust dadurch jedoch nicht wett, sie ließen ihn nur noch schmerzlicher spüren. Auf diese öde Weite des Platzes wurde der Besucher unvermittelt entlassen, der bisher durch die Fußgängerzone zum Münster gekommen war.

Ulm hat seine ursprüngliche Bedeutung nicht wiedererlangt. Das Münster jedoch hat aufs neue seinen Rahmen. Denn das Thema »Rahmen« dominiert im neuen Stadthaus unnachgiebig über alle anderen. Wieder ist es ein Thema, das postmodernen Architekten lieb geworden war; wieder wird es jetzt aber durchgeführt mit der typisch modernen Kraft zur ehernen Selbstbeschränkung, zur Konzentration auf eine Aussage allein.

Ein Rahmen hat zunächst Halt zu gebieten, in diesem Fall dem unkontrollierten Strömen der Menschen, das von der breiten Fußgängerzone her drohte, die sich bisher übergangslos in den Platz ausgeweitet hatte. Mit dem neuen Bau änderte sich die Situation grundlegend. Ähnlich wie vorher nur bei der Villa Stein Le Corbusiers treten geschlossene Mauern und weit aufgerissene Teile zueinander in Kontrast (S. 40). Die geschlossene Mauer ist nun gegen die Fußgängerzone hin eingesetzt – die offenen Teile formen den Platz. Wie ein Bollwerk, wie ein Riegel wird die Mauer am Ende der Fußgängerzone aufgerichtet; in diesem Bau ist dem Herankommenden überdeutlich gemacht, daß dort etwas ganz anderes folgen muß. Nur unten in der nackten Wand bleibt ein schmaler Fensterstreifen, durch den man, tritt man ganz nah heran, schon einen Blick in die Höhe des Turmes erhaschen kann, fern noch, entrückt durch die Strukturen im Stadthaus, die sich davorschieben. Formal ist Meier zur Bodenfreiheit und dem sehr breiten, »gewichtigen« Mauerband darüber zurückgekehrt. Das war die Gestaltungsidee in der Villa Savoye (S. 36). Anders als Le Corbusier dort wählte Meier hier jedoch den

134, 135. Richard Meier & Partners, Stadthaus Ulm, 1985–93. Blick vom Münsterturm auf das Stadthaus und Blick aus dem Stadthaus auf den Münsterturm.
136. Gianlorenzo Bernini, Kolonnaden von St. Peter, Rom, 1656–67 (Fassade. von Carlo Maderna). Stich von Giambattista Piranesi.

Rundkörper. Damit stellt er uns vor die Wahl. Man kann rechts weitergehen und befindet sich dann außerhalb des Platzes, nicht mehr an seinem Rand wie bisher, sondern auf der »Straße« an der Häuserzeile Münsterplatz 37-46; man kann sich aber auch für den verbliebenen Rest des Münsterplatzes entscheiden. Wer auf das Münster zugeht, hat sich dafür entschieden – und gegen die Straße rechts. Dies wertet den Bau auf. Doch wie hat sich das Bild des Münsters selbst verändert?

Die Bischofsstadt Köln hat eine Zweiturmfassade, in Ulm entstand nur ein Turm. Daher konnte die Festigkeit des Kölner Vorbildes nicht erreicht werden. Als man den Turm aus dem Gewebe der engen Bebauung befreite, mußte er isoliert, fast labil wirken (die Statik des Turms war tatsächlich im Verlauf seiner Geschichte mehrfach gefährdet). Für den Betrachter, der früher auf den Platz kam, stand das Münster keineswegs im Zentrum, sondern links, d.h. ab»seits«. Ganz links befand sich ein weißer kubischer Bau aus den 50er Jahren, rechts war Leere, Leere auch im Zentrum des Platzes. Das neue Stadthaus schuf hier zweifach Abhilfe. Es entstand ein Rahmen, so daß der Turm nicht mehr labil wirkt. Zudem ist der Blick auf den Platz jetzt schräg ausgerichtet, so daß der Münsterturm ins Zentrum gerückt erscheint und in der Mitte keine Leere mehr herrscht. Mit dem Stadthaus erhielt der Turm die zweite Flanke und wird jetzt auch optisch auf der rechten Seite abgestützt.

Dem Münsterturm einen Rahmen zu schaffen – dies war auch das Thema der Gestaltung im einzelnen. So folgte im Aufbau Ring auf Ring, stets größer und aufs neue umeinander gelegt. Man fühlt sich an die Ringe von Häuserreihen erinnert, die sich um ihr altes Zentrum legen. So stellt außerdem und vor allem der ganze Innenraum des Neubaus letztlich nichts anderes dar als ein Behältnis für den alten Turm. Die giebelförmigen Dächer sind verglast, und zwar jeweils nur in der Hälfte, d.h. mit demjenigen Schrägdach, das in Richtung Turm weist. Der Bau ist demnach auf den Turm ausgerichtet. Er wird geradezu zu einer überdimensionierten camera obscura für den Turm, der in diesem weit geöffneten Dachschaufenster zu schweben und einer anderen Sphäre anzugehören scheint – der frühere mittelalterliche Eindruck ist wiederhergestellt. Nur die filigran gestalteten gewinkelten Treppen in der Mitte des Neubaus führen anschaulich zu diesem Turm hinauf. Gerade dies hat die Architekturkritik sofort trefflich beschrieben.

Ein guter Rahmen muß jedoch auch einen anderen Charakter haben als das Bild. Und so wird das Stadthaus als Rahmen auch deutlich gegenüber dem Turm abgesetzt, dies vor allem in drei Punkten: Zunächst ist der neue Bau bei aller Eleganz in der Linienführung viel puristischer mit seinen geschlossenen Wänden, die als klare einfache Flächen wirken; sie werden zwar auch durchbrochen, doch nie filigran-steinmetzartig, sondern großflächig-geometrisch –

der Rahmen sollte einfacher sein als das Bild. Sodann dominiert mit eherner Konsequenz die horizontale Linie als Gegengewicht zur vertikalen im Turm; horizontal verlaufen außen die mächtig lastenden, geradezu architravartigen oberen Abschlußstücke und innen das Hauptaufbauelement, die im runden Baukörper umlaufenden Absätze, die gerade nicht spiralförmig steigend angeordnet sind wie etwa im berühmten Vorbild, dem Guggenheim Museum; man sieht: Der Rahmen sollte dem Bild Schranken entgegensetzen. Und zuletzt steht hier das Weiß gegen das Dunkel im Turm, Kontraste entstehen zwischen dem Neubau und dem Turm und ebenso zur Umgebung. Hatte sich der Turm bereits dunkel vom lichterfüllten Himmel abgehoben, so hebt sich umgekehrt der neue Bau in seiner Helligkeit sehr stark von der dunklen Bodenzone ab.

Bezogen auf die Bodenzone erfüllt der Bau eine weitere Rahmenfunktion. Ließe man sie unerwähnt, wäre nur eine Seite beschrieben, die allerdings die wichtigere ist, nämlich die Ausrichtung auf das Münster. Für das Stadthaus ist aber auch die Beziehung, die es zum Platz hat, von Bedeutung, da es sich ganz zu diesem hin öffnet. Vom Platz aus gesehen, ist es zugleich zu der hinter ihm liegenden angrenzenden Straße und zur Stadt hin durchlässig, was durch die ausgiebige Durchfensterung, insbesondere aber durch den zentralen breiten Durchgang zwischen den beiden Baukörpern gewährleistet wird. Was Meier damit beabsichtigt, wird mit dem dreifachen Giebelaufsatz oben angedeutet, der die Giebelarchitektur des ursprünglichen Platzes zitatartig in der Höhe nochmals wiedergibt, zugleich aber die dahinterliegenden Gebäude verdeckt, die diese Giebelarchitektur allzu trocken neu ausgeformt hatten. Damit verdeckt der Neubau die etwas öde Nachkriegsarchitektur, ohne jedoch den Platz von dem hinter ihm liegenden Stadtgewebe abzuschneiden. Diese Art der Platzgestaltung hat in der älteren Architektur niemand vollendeter praktiziert als Bernini, und zwar mit der Errichtung der Kolonnaden vor St. Peter. Auch hier ist die Grundidee die einer materiellen Durchlässigkeit mittels vierfacher Säulenreihe bei gleichzeitiger visueller Rahmung und Abgrenzung gegenüber dem chaotischen Baubestand dahinter. Mit den Kolonnaden hatte Bernini übrigens ein zweites bewirkt, und auch diese Lösung ist der Idee Meiers, dem Münsterturm Stütze von der entblößten Flanke her zu geben, artverwandt. Die St.-Peter-Fassade war für zu breit befunden worden. Bernini ließ sie schmaler und stärker aufgerichtet erscheinen. Dazu schloß er zum einen die Kolonnaden direkt an die Fassade an und brachte damit die für den Betrachter am Eingang des Platzes gigantisch erscheinenden Säulen in Relation zur Fassade; überragt nun die Fassade die Säulen noch recht erheblich, so wird ihr so der Wert großer Höhe vermittelt. Zum anderen ließ Bernini den ersten Teil der Flügel, die Wände, die die sogenannte Piazzetta rahmen, zusammenlaufen; die Piazzetta ist demnach nicht rechteckig, sondern verjüngt sich nach unten trapezförmig; dies fällt dem Betrachter, der am Eingang der Kolonnaden, ganz unten am Platz, steht, kaum auf, er nimmt lediglich ein bißchen weniger von der Fläche der (zusammenlaufenden) Wände wahr; es entsteht jedoch der Eindruck, als entspreche die Fassade in ihrer Breite nur dem verjüngten Maß am unteren Ende der Piazzetta.

Daß Meiers wichtigste Bauten des letzten Jahrzehnts, das Kunstgewerbemuseum in Frankfurt und das Ulmer Stadthaus, Berninis Bauten nicht zitieren, sondern deren Grundprinzipien neu ausformen und ihnen so im tiefsten Sinne artverwandt sind, kommt nicht von ungefähr. Wir sind in einer Phase angelangt, die wie der Barock die Summe einer über ein ganzes Jahrhundert aufgebauten Architekturtradition ziehen kann. Meier entnimmt den weißen Villen Le Corbusiers nicht mehr nur relativ beliebig Formeln, sondern setzt jetzt die Hauptprinzipien der beiden wichtigsten unter diesen um, der Villa Stein und der Villa Savoye bei Paris. Mit diesen Mitteln ist es ihm möglich, das postmoderne Zentralthema der Annäherung neuer Bauten an einen älteren Baubestand mit einer für die Postmoderne gänzlich untypischen Direktheit und Einfachheit anschaulich zu machen. Und im Barock war kaum ein Werk stärker Inbegriff dieser Summe, des Weltumfassenden, als die Kolonnaden von St. Peter. Eine Summe ziehen, heißt aber vor allem eines: den Mut zu haben, das ganze Jahrhundert in seinen Werten schätzen zu lernen und nicht eine Hälfte davon zu verwerfen. Moderne und Postmoderne bilden gemeinsam den Nährboden für eine Dritte Moderne.

Index
Kursive Ziffern verweisen auf Abbildungsnummern

Bildnachweis

Alvar Aalto Foundation 60
Atelier Hans Hollein 79, 89, 90
M. Babey 27, 32, 33, 37, 62
Morley Baer 46, 47
Renato Baldassari 36, 110
Bauhaus-Archiv (Junkers) 5
Tom Bernard 87
Cameraphoto 58
Chicago Historical Society 7 (Taylor), 12 (Hedrich-Blessing), 11, 24 (Chicago Architectural Photographing), 55 (Hedrich-Blessing), 96 (Calvin Hutchinson), 102, 112 (Hedrich-Blessing)
John Donat 65
Empire State Building, managed by Helmsley-Spear, Inc. 9
Esto 23 (Ezra Stoller), 57 (Peter Mauss), 85, 97 (Ezra Stoller), 117, 119 (Wolfgang Hoyt)
Fondation Le Corbusier 26, 34, 35, 40, 41, 43, 52–54, 56, 123
Bildarchiv Foto Marburg 1, 2, 16, 18–20, 22, 71–75
Frank Lloyd Wright Archives 59
I. Gronkowski 84, 95
Oswald Grube 13, 129, 130
Stefan Grundmann 15, 17, 38, 77, 114–116, 124, 131, 133–136
Haberl 98
Katharina Hantschmann 39
Hedrich-Blessing 42, 63
Steffen Krämer 111
Waltraud Krase 120, 125
Michaela Lenz 6, 69, 121, 122, 126
Nathaniel Liebermann 76
Lohan Associates 31
Phyllis Dearborn Massar 21
McCracken 51
Norman McGrath 48, 78
Meier 82
Messent 44
Molitor 8
Murasawa 61
Murphy/Jahn 83, 127, 128
Musée des Arts Décoratifs, Paris (Fonds Lévy) 28
Musei Civici di Como 3
The Museum of Modern Art, New York (Mies van der Rohe Archive) 4, 99, 100
New York Historical Society 25
Lawrence Okrent 92
Paschall/Taylor 50, 86
Richard Payne 67, 88
The Port Authority of New York and New Jersey 104, 107
Paolo Portoghesi Umschlag, 132
Kevin Roche John Dinkeloo and Associates 64
Rockefeller Group 10
Bernd Roßmöller 94, 103, 108, 109
Schwedisches Nationalmuseum 118
Bernard Vincent 93
William Watkins 45
James Wines 80
Ulrike Wolf 68, 70, 91, 105, 113